make space

82명의 크라우드펀딩 참여자

make space 의 출간을 위해 크라우드펀딩으로
참여해주신 분들입니다. 후원해주신 모든 분들께
감사드립니다.

강두루	김명현	도종현	사광호	원대로	이승주	전유진	최종언
강수근	김미엽	마정민	서진호	유미자	이승혜	전현수	하윤
강정돈	김민	박병용	손정순	윤선희	이영권	정욱	하혜경
강정한	김민석	박유찬	송지현	윤성원	이장형	조용석	한윤석
강현주	김보윤	박재진	스페이스노아	윤순천	이정아	조형례	황보훈
고슬비	김성균	박주연	안나현	이동길	이주명	조희승	
곽재영	김양근	박진규	엄오동	이동헌	이창호	주솔로몬	
구기연	김영준	박진녕	염경선	이명희	익명	차경민	
구자정	김태규	박혜진	오의진	이미현	임현석	천영환	
구현모	김태헌	박희옥	오주희	이상명	장용석	최영현	
권용근	김희윤	배준호	오진택	이상선	장종균	최재훈	

John Wiley & Sons, Inc.
이 책은 중성지로 인쇄되었습니다.

Copyright © 2012
by Scott Doorley and Scott Witthoft.

펴낸 곳 John Wiley & Sons, Inc.
뉴저지 호보컨
캐나다 동시 발행

HASSO PLATTNER
Institute of Design at Stanford

make space

창의와 협력을 이끄는 공간 디자인

스콧 둘레이 Scott Doorley와 스콧 위트호프트 Scott Witthoft

데이비드 켈리 David Kelley의 서문

공간은 중요하다.
우리는 다른 사람의 얼굴을 읽듯이
물리적 공간을 읽는다.

우리가 의식하든 못하든, 공간에 따라 일하는 방식이 달라지는 것을 느낀다. 예를 들어, 일반적인 사무실에 들어가 보면 그곳은 사람들이 서로 소통 없이 일하는 공간이라는 것을 알 수 있다. 고립된 책상, 적막한 복도, 거대한 테이블이 있는 회의실을 보면 모든 사람이 서로 완벽하게 분리되어 있다는 것을 알 수 있다. 우리가 커다란 기계를 사용하여 작업하던 때부터, 그리고 공간의 크기가 우리의 사회적 지위를 결정했을 때부터, 대부분의 작업 공간들은 산업적 노동 유형에 따라 디자인되었다.

1978년 친구들과 아이데오IDEO를 창업했을 때, 우리는 기존과는 다른 방식으로 일해야 한다고 생각했다. 우리는 기술자였고 여전히 넥타이를 매고 일을 했지만, 회의할 때에는 마룻바닥에 둥글게 앉아 회의했다. 이렇게 함으로써 지위의 높낮이에 상관없이 우리는 서로에 대해 마음을 열 수 있었다. 이때부터 공간은 아이데오와 디스쿨의 문화적 가치를 보여주는 핵심이 되어왔다. 우리는 혁신이 팀 스포츠와 같이 협업을 통해 이뤄지는 것으로 생각한다. 그래서 '나'만을 위한 공간보다는 '우리'를 위한 공간을 더욱 필요로 한다. 협업과 창조는 특별하게 지정된 어떤 공간에서 이루어지는 것이 아니다. 반면에 서로 다른 사람, 다른 장소, 다른 관점 등을 받아들이면서 공간을 통해 만들어지는 것이다.

나는 아이데오 그리고 스틸케이스Steelcase 에서의 업무 경험을 통해 공간이 행동에 큰 영향을 끼친다는 것을 일찍이 깨달았다. 디스쿨에서는 학생들의 창의력과 자신감을 키워주는 새로운 교육 환경을 만드는 것을 매우 강조하고 있다. 새로운 공간을 만들면서 우리가 직면한 도전 중 하나는 학생과 교수진의 위치를 동등하게 만드는 것이었다. 여러분이 우리 수업에 참여한다면 누가 선생이고 학생인지 구별하기 어려울 것이다. 혁신은 이처럼 평등 속에서 가능하다. 직장 상사나 교수가 교실 앞에 서 있으면 사람들은 그들을 마치 "무대 위의 현인" 처럼 느낀다. 그리고 '만약 상사가 이 아이디어를 싫어하면 어쩌지?' 하는 두려움에 자신의 아이디어를 나누는 것을 주저하기도 한다. 공간 내 물리적 관계를 재설정함으로써 사람들이 적극적으로 참여하도록 만들 수 있다. 결과적으로 열린 공간을 통해 더 좋은 아이디어를 얻고, 아이디어를 더 발전시킬 수 있다. 물론 창의적인 공간을 만드는 방법이 한 가지만 있는 것은 아니다. 누구든지 공간에 있는 물건들을 이리저리 옮기면서 그 순간 필요한 가장 적절한 공간으로 만들어갈 수 있다.

우리 학생들은 우리가 바라던 최대의 기대치 이상의 결과를 보여주었다. 매우 다양한 배경을 가진 학생들은 서로 다른 곳에서 왔지만, 이곳에서 깊이 있는 협업을 경험하고 있다. 우리 졸업생들이 – 학교 관리자에서 기업인까지 – 자신의 조직을 시작할 때 이와 같은 가치를 염두에 둔 공간을 만들어가고 있다.

학교 교실에서든 또는 수십억 달러 매출의 기업 사무실에서든 공간은 혁신과 협업을 위한 도구가 된다. 공간을 꼭 원래 상태 그대로 유지하며 사용할 필요는 없다. 공간은 우리가 일할 때나 일상생활을 할 때 깊이 있고 의미 있는 협업을 할 수 있게 돕는 도구다.

처음에 우리는 트레일러에서 디스쿨을
시작해야 했다. 물론 우리가 원해서
그랬던 것은 아니었다. 우리의 공간
디자인을 담당한 팀은 이 분야에 대한
전문 지식이 거의 없었다. 우리는
정식으로 첫 번째 작업 공간을 갖기
전까지는 일 년에 한 번씩 이사해야
했다.

들어가는 글_조지 캠벨George Kembel

스탠포드 캠퍼스 중심부에 있는 현재 우리 건물은 새롭게 단장되었기 때문에 초기 열악했던 상황을 상상하긴 쉽지 않을 것이다. 지나고 나서 보니 우리가 원하지 않더라도 선택할 수밖에 없었던 상황 덕분에 우리는 공간에 대한 다양한 영감을 얻을 수 있었다.

우리는 매년 이사를 했던 것이 전체 조직을 실험하고 발전시켜 가면서 배울 귀중한 기회였음을 깨달았다. 그리고 공간 디자인과 전혀 관련 없어 보이는 팀 덕분에 기대 이상의 결과를 내기도 했다. 우리가 근사한 공간을 찾는 것은 아니었다. 우리는 단지 학생들이 실패를 두려워하지 않고, 스탠포드처럼 복잡한 생태계도 변화시키는 경험을 배울 수 있는 공간을 찾고 있었다. 결국 우리 팀 모두는 이러한 도전정신에 잘 맞는 경험을 할 수 있었다.

우리는 자신의 작업 공간에 만족하는 사람들에 비해, 조금 더 적극적으로 작업공간을 변형시킬 수 있었다. 그리고 혁신가가 되기 위해 디스쿨에 공부하러 온 수천 명의 학생, 교수진, 그리고 프로젝트 파트너와 같은 사람들과 함께 일상의 경험을 통해 이러한 새로운 아이디어를 테스트해 볼 수 있었다.

처음에 우리는 팀 활동이 잘 이뤄지도록 공간을 활용했다. 그리고 디스쿨이 색다른 공간임을 나타내고 또한 공간을 통해 우리의 가치를 투영하고자 했다. 프로젝트 수행을 수월하게 하고 서로의 진행사항을 공유할 수 있는 팀 공간과 소파들을 교실 안쪽에 배치했다. 디스쿨이 사무공간이 아닌 작업공간임을 명확하게 보여주기 위해 카펫을 걷어내어 콘크리트 바닥을 드러냈다. 그리고 입구 근처에 책상을 두어 누군가 안으로 들어왔을 때 제일 먼저 사람이 마주치도록 하였다. 이것은 우리의 우선 가치 중 하나가 인간 중시임을 강조하려는 조치였다.

이러한 과정을 통해 새로운 공간이 생기면 우리의 방법을 실험해 봐야 한다는 것을 배웠다. 또한 이사하고 나면 지속해서 반복 적용하여 공간을 발전시켜가야 한다는 것 또한 배웠다. 마지막으로, 시설을 만드는 프로젝트나 시선을 끄는 작품이 아닌, 행동을 변화시키는 방법으로서 공간을 생각해야 한다는 것을 배웠다. 우리는 서로가 더욱 공감대를 형성하기를 원했다. 그래서 작업 중인 내용을 공유하고, 깊이 있게 고민할 수 있는, 그리고 팀원들 간에 서로 친해질 수 있는 공간을 더해 우리의 공간을 좀 더 인간적으로 만들었다. 또한, 우리는 우리 팀이 개별로 일하기보다는 협업하기를 원했다. 그래서 협업 공간은 넉넉히 만들고 개인 공간은 최소한의 필요한 만큼만 구성하였다. 우리는 우리 팀이 긴 시간 둘러앉아 회의하기보다는 일어서서 작업하기를 원했다. 그래서 좌석은 불편하게 만들고, 테이블도 작게 만들었다. 그리고 화상회의 도구나 회의 테이블보다는 자재, 도구, 작업대가 확실히 더 유용했다. 우리는 리더십이 한 사람의 책임자에게 머물러 있는 것이 아니라, 매 순간 관련 전문 지식을 가지고 있는 사람에게로 그때그때 이동하기를 원했기 때문에, 명시적으로 팀원들의 역할을 나타내지 않고 옹기종기 모일 수 있는 공간을 만들었다. 그러한 공간에는 보통 선생님이 서 있는 교실의 앞쪽을 나타내는 표지나 서열을 구분하는 테이블의 머리가 없다.

우리는 학생들과 팀원들 각자 모두에게 공간을 염두에 두고 작업 성과를 증폭시킬 수 있는 환경을 조성해야 하는 책임을 부여하였다. 그렇게 하여 우리는 개개인이 책임감을 가지고 그들의 공간을 돌보는 일종의 공간 관리자가 되기를 기대했다. 만약 이러한 방법이 효과가 없다면, 그들은 방법을 일부 바꾸거나 그도 아니라면 싹 뒤집어엎으면 된다.

이 책은 디스쿨 어드벤쳐d.school adventure 에서 그동안 강의한 내용을 정리하여 여러분만의 독특한 문화를 발전시키기 위해 공간을 어떻게 활용하면 좋을지 도움을 줄 목적으로 쓰였다. 우리의 이야기가 여러분에게 긍정적인 자극이 되기를 바란다. 큰 성과는 사소한 시도에서 비롯되고 급진적인 변화는 작은 움직임이라도 용기에서 시작된다. 그리고 새로운 도전에 익숙해지면 굉장한 일이 벌어질 수 있다. 여러분의 삶, 팀, 그리고 조직에서 혁신을 위한 공간을 만드는 일에 행운이 있기를 바란다!

공간으로 대화하기

산업혁명 이후 20세기 산업은 보다 크고 빠르게 만들기 위한 노력이 주요 동기였다. 실로 그러한 노력들이 자본과 직접적인 연관성을 갖고 있었다. 그리고 제3의 물결이라는 정보를 통해 축적된 다양한 지식산업 또한 트렌드를 분석하고 양적 성장을 위한 도구로 사용되고 있다. 20세기에 등장한 시스템 업무환경 가구들은 이러한 상황을 잘 반영하고 있다.

팀을 나누고, 조직적으로 원활하게 업무를 수행할 수 있고, 개인공간과 회의 공간을 나누어 업무속도를 유지하는 데 지장을 주지 않는다. 책상은 모듈화되었고, 의자는 오랜 시간 앉아 업무를 보는 것에 무리 없게 형태와 재질이 개발되고 발전했다. 이 모든 작업의 키워드는 '효율'. 우리는 그렇게 더 빠르게 주어진 업무환경에 적응해왔다.

그러나 20세기 후반, 심각한 에너지/ 환경문제, 빈부격차와 양적 성장의 한계에 다다르면서 21세기 산업은 다양성을 인정하는 창의적인 산업들에 기대를 걸고 있다.

그리고 이러한 창의적인 산업들을 성장시키고 성공을 이루어가기 위해선 분업을 통한 효율적인 작업보다는 협업을 통한 혁신과 창조에 초점을 두어야 한다. 이러한 목적에 맞춰 최근 Google, Apple, MicroSoft 등의 IT 기업에서 사무공간의 변화는 주목할 만하다. 이에 발맞춘 근무환경 변화는 연구소는 물론, 제조회사나 관공서에 이르기까지 그 변화의 영역을 확대하고 있다. 이제 키워드는 '협업'과 '혁신'이다.

그러면 이러한 공간은 어떻게 디자인할 수 있을까?

공간은 물리적 형태에 의해 결정되어 보통 시각으로 인식한다고 생각하지만, 실은 우리는 모든 감각을 통해서 공간과 소통한다. 빛이 없는 공간에서 소리나 촉감으로 그 공간의 크기나 형태 등을 가늠할 수 있다. 음식점이나 화장실의 기억은 민감한 후각에 결정되는 경우가 많다. 부드럽거나 차가운 표면으로 이루어진 공간 표면이 주는 느낌은 사뭇 다르다.

창의성을 자극하는 높은 천장, 편안함을 느끼게 해주는 색, 행동을 유발하는 촉감, 볼에 닿는 잔잔한 바람이 실내 환경을 쾌적하게 느낄 수 있게 만들고, 추운 겨울 따뜻한 온돌방은 마음까지 편하게 해준다.

또한 그 공간에 언제, 누구와 함께 있었는지는 더욱 풍성한 경험을 자극한다.

결국 공간에 대한 기억은 단순히 물리적, 시각적, 기하학적 형태에 귀속되지 않고, 보다 다양한 주변의 환경적, 맥락적 요소들과 함께 소통한다.

『메이크 스페이스 : 창의와 협력을 이끄는 공간 디자인』은 스탠포드대학 d.school과 환경 협력 이니셔티브 Environments Collaborative Initiative 의 작업을 기반으로, 사람들이 의도적으로 창의성을 키울 수 있는 공간을 개발할 수 있도록 하기 위한 툴이다. 이 책에 소개된 방법들은 직접적이고 다양한 경험을 바탕으로 하는 사례들과, 상황과 행동, 심리적 요소들을 기준으로 분석하고, 공간에 직접 적용 가능한 사례 등을 잘 보여주고 있다.

이러한 사례들을 통해 이 책에서는 새로운 공간이나 기존의 공간을 개조하는 것에 관심 있는 디자이너들에게 재생과 혁신, 팀과 개인이 작업을 전달하는 방식을 향상시키기 위해 구체적으로 환경을 변경하는 데 필요한 구체적인 전략들을 제공한다.

창의적이면서 협업 가능한 환경을 제공하려는 상황에서, 사람들의 행동을 통찰력 있게 관찰할 수 있도록 팀워크를 구성하고, 향상시킬 수 있는 방법을 위해 이 책의 아이디어를 직접/간접 활용할 수 있다.

창의적인 공간을 디자인하는 이유는 물리적 환경을 변경하여 사람의 활동을 개선하는 것과 이를 통해 의식/무의식의 상황에서 자연스럽게 사고하는 방법까지 영향을 주기 위해서다.

공간이란 단순한 물리적 환경이 아니다. 이 책에 나오는 공간을 통해 소통하는 디자인, 혁신과 창조를 이끌어내고 협업이라는 행동과 사고를 유발하는 공간 디자인을 경험함으로써 다양한 가능성을 만들어보자.

우리는 공간을 만들고
공간은 우리를 지배한다
We Make Space.
Space Makes Us.

군대의 정복을 입은 사람과 예비군복을 입은 사람을 떠올려보자. 두 사람을 상상하면 연상되는 자세와 태도, 보폭과 손의 균형, 심지어 눈빛까지 다를 수 있다고 많은 사람들이 동의할 것이다. 우리가 걸치는 옷이 그러하다면, 우리의 거주하고 활동하는 공간이란 옷은 그 구조와 분위기에 따라 얼마나 우리에게 다양한 영향력을 행사할까? 어떤 특정 공간과 환경에서 우리는 어깨에 잔뜩 힘을 준다. 매고 있던 가방 끈을 더욱 조이기도 하고, 옷을 여미기도 한다. 반면 어떤 공간에서는 가방을 내려놓고, 옷을 풀어헤치고, 상대방에게 보다 가깝게 다가간다. 행동이 다르면 태도가 달라지고, 달라진 태도는 소통과 협력에도 영향을 끼친다. 공간이 결국 소통과 협력에 영향력을 끼치는 셈이다.

『메이크 스페이스 : 창의와 협력을 이끄는 공간 디자인』은 공간이 만들어내는 에너지의 비밀을 찾아나서는 흥미로운 책이다. 최근 정부와 민간을 막론하고 자주 거론되는 이야기로 창조경제, 기업가정신, 이노베이션이라는 개념이 있다. 같으면서도 다른 개념들 사이의 공통적인 특징은 바로 창의성과 협업을 강조한다는 점이다. 이를 위해 디자인씽킹과 같은 다양한 방법론들이 소개되면서 누구든지 방법론을 활용해 창의성을 발현하고, 기업가정신을 개발하며, 이노베이션을 이룰 것이라는 기대가 있다. 하지만 방법론을 '잘' 활용해도 만족스러운 결과가 없다는 이야기를 종종 듣는다. 방법론이 잘못된 것일까? 아니면 창의성과 협업은 '누구든지'가 아닌 '누구에게만' 허용된 특별한 역량일까? 다양한 방법론과 접근이 간과한 사실은 '누구든지' 못지않게

기획의도_김정태 MYSC 대표

'어디에서인가' 역시 중요하다는 부분이다. 달리 말하면, 누구든지 창의성과 협업을 이룰 수 있지만, 그것이 '어느 곳이든지' 가능하지는 않다는 것이다. 그동안 우리가 제대로 인식하지 못했던 창의성과 협업을 방법론 관점에서뿐만 아니라 공간 관점에서도 이해할 때 우리는 비로소 "왜 어떤 조직에서는 창의와 협력이 그토록 어려울까?"라는 수수께끼와 같은 질문에 대한 명확한 답을 얻을 수 있을 것이다.

책의 원서를 접하고 나서 마침 MYSC의 사무실을 이전할 기회가 있었다. 그 전에 썼던 사무실은 과거에 변호사 사무실이었던 곳으로 해당 업종의 필요와 분위기에 맞추어 직원들 업무공간이 칸막이로 나누어져 있었다. 옆의 동료와 이야기를 하려면, 자신의 칸막이 문을 열고 나가서 상대방의 칸막이 문을 열고 들어가야 했다. 가까운 자리였음에도 자연스럽게 대면해서 소통하기보다는 이메일과 문서 전달이 주된 소통의 창구가 되었다. 사회혁신 전문 컨설팅과 인큐베이팅 전문조직인 MYSC에게 다양성에 기반을 둔 다양한 토론과 협업이 필수적이지만, 그 당시 공간은 그러한 내용물을 담아낼 수 있는 '그릇'이 아니었던 것이다. 당시의 공간은 토론과 협업보다는 차분한 연구와 분석에 더욱 어울렸다. '공간은 조직의 몸짓 언어body language'라고 말하는 이 책을 통해 MYSC에 처음으로 방문한 사람들이 MYSC의 지향점인 사회혁신을 연상할 수 있는 공간은 무엇일까 고민했다. 그리고 "구성원들의 창의와 협업을 자극하고 촉진할 공간은 무엇인가?"라는 관점에서 새로운 사무실의 공간 기획과 설계가 이루어졌다. 책의

해제를 써주신 메니페스토의 안지용 대표님의 조언과 더불어 건강한 공간을 고민하는 소셜벤처 '도시마을'과 함께 말 그대로 '메이크 스페이스 make space'가 시작됐다. 우리가 공간을 만들었지만, 그 다음부터는 공간이 우리의 행동을 자연스럽게 유도하기 시작했다. 심리학적인 용어로 '공간의 넛지space's nudge'가 생겨난 것이다. 구성원들은 회의실 한쪽 면에 이동식으로 설치된 화이트보드에 자연스럽게 펜을 들고 스케치를 시작했다. 시각적으로 표현된 구상과 아이디어는 다른 구성원으로부터 더욱 빠르고 효과적으로 피드백을 도출해냈다. 'ㅁ'자 형태로 구성된 업무 공간은 각자의 자리에서 앉은 자리에서도 서로를 바라보며 질문을 하고 논의를 하는 문화를 만들어냈다.

'앉은 자리에서 서로 논의하자'는 규칙이 아니라, 공간이 그러한 문화를 자연스럽게 만들어냈다. 그 변화를 경험하면서 이 책이 꼭 한국사회에 소개되어야겠다고 느꼈고, '적정기술·디자인 총서' 시리즈의 하나로 발행하게 됐다. 특별한 방법론이나 막대한 비용을 투입하기 전에 먼저 책상의 배치와 화이트보드의 존재를 통해서도 창의성과 협업을 이끌어낼 수 있으니 이것이야말로 '적정기술'의 구체적인 디자인 사례가 아닐까.

익숙한 격언에 '우리는 책을 만들고 책은 우리를 만든다.'가 있다. 이를 잠시 빌려본다면, 이 책이 말하고자 하는 바를 이렇게 요약할 수 있다. '우리는 공간을 만들고, 공간은 우리를 지배한다. we make space, and space makes us.' 이 책을 통해 우리의 창의력과 협업을 촉진하거나 방해할 수도

있는 공간을 어떻게 설계해야 할지에 대한 인사이트를 얻고, 창의와 혁신을 드러내는 몸짓 언어로 무장한 회사와 조직들이 더욱 많아지기를 기대한다. 책의 출판이 이루어지도록 많은 수고를 해주셨던 대표번역자와 공동번역자 그룹, 그리고 번역 완성도를 높이기 위해 출판 일정이 연기됨에도 기다려주시고 응원해주셨던 크라우드펀딩 참가자 모든 분들께 다시 한번 감사의 마음을 전해드린다. 추후 한국의 상황과 사례에 대한 '한국판 make space' 출판기획도 진행 중이다. 자신들만의 '공간의 넛지'를 뽐낼 많은 회사와 조직의 참여를 기대해 본다.

창의와 협업을 원하는가? 그렇다면 창의와 협업이 이루어지는 공간을 먼저 만들어보자.

책 사용설명서

모듈형 테이블 periodic table

make space는 창의적인 공동체 문화와 습관을 형성하기 위해 공간을 어떻게 활용할 수 있는지 말해주는 책이다. 공간을 구축한다는 것은 어려운 일이다. 그리고 그 공간 안에 문화까지 만든다는 것은 대담하면서도 터무니없이 무모한 일이다. 그것은 마치 허리케인이 몰아치는 동안 풀밭 위에서, 그 풀밭을 찍은 사진이 담긴 10,000개의 퍼즐 조각을 맞추는 일과 같다. 이러한 퍼즐과 같은 어려운 문제는 행동으로 접근해야 한다. 여러분을 둘러싼 환경을 조금씩 바꾸는 일부터 시작해 보자. 그러다 보면 협력을 향상시키는 것과 그렇지 않은 것, 그리고 창조성을 증진시키는 것과 그렇지 않은 것에 대한 비밀을 발견할 것이다. 프로토타입을 만들고 재구성해 보는 것은 복잡한 이슈를 해결하기 위한 비교적 간단한 방법이다. 이것은 마치 퍼즐을 가장자리에서부터 맞춰 가는 것과 같은 원리다. 가장 어려운 부분은 바로 '시작'일 것이다. 이 책은 공간을 변화시킬 수 있는 다양한 방법들로 가득 차 있다. 대부분이 몇 시간 만에, 어떤 것은 몇 분 만에 해낼 수 있을 것이다.

make space는 다섯 개의 카테고리(도구 Tools, 상황Situations, 디자인 템플릿Design Template, 공간 연구Space Studies, 통찰 Insights)로 구성되어 있다. 각 카테고리는 책 전체에 흩어져 기술되어 있으며, 자세한 내용이 궁금하면 안내한 대로 해당 페이지를 찾아볼 수 있다. 우리는 이 책을 읽다가도 언제든지 책을 내려놓고 바로 테스트해 볼 수 있게 책을 구성하였다.

먼저, 영감을 얻을 때까지 책을 충분히 읽는다. 그 다음 이 책을 옆에 두고 작업을 시작한다. 만약 또 다른 아이디어가 필요하면 다시 책을 집어든다. 그러고는 책을 다시 내려놓고 작업을 계속한다.

각 카테고리의 내용과 그 조합을 통해 공간에서 사용하는 가구의 형태와 크기부터 작업 중 틀어놓을 음악에 이르기까지 공간을 빠르고 섬세하게 조절할 수 있다. 그리고 작업과 상호작용을 위한 새로운 방법에 대한 영감을 얻을 수 있다.

도구

공간을 구성하는 유용한 도구를 만들자.
– 가구, 수납 공간, 재료 등

제작 시간이 오래 걸리는 DIY 도구들에서부터 전문가가 필요한 CNCComputerized Numerical Control 가공으로 제작된 가구에 이르기까지, 도구에는 다양한 종류가 있다. 만약 여러분이 장인 정신을 지녔거나 새로운 것을 실험해 보는 것을 매우 좋아한다면, 이러한 도구가 큰 도움이 될 것이다. 이동 가능한 화이트보드인 지랙Z-Rack(20페이지) 은 제작이 쉽고 사람들에게 잘 알려져 있다. 각 도구에 대한 설명은 만드는 방법과 팁 그리고 재료를 구하는 정보를 담고 있다.

상황

**방 하나 크기의 공간에서 빠르고
반복적으로 재배치해 보자.**

단순히 기존의 가구를 재배치하는
것처럼 몇 분 혹은 몇 초밖에 걸리지 않는
노력만으로도 공간을 재구성할 수 있다.
반면, 구조에 대해 충분히 고민을 해 봐야
하는 경우도 있다. 예를 들어, '캠프파이어
형태로 둘러앉아'(36페이지)는 즉각적인
효과를 볼 수 있는 쉬운 방법 중 하나다.
이 책에서 소개하는 여러 경우를 참조하여
바로 여러분의 공간을 구성해 볼 수 있다.
이를 바탕으로 최고의 효과를 위한
자신만의 다양한 방식을 구상해 보길
바란다.

디자인 템플릿

공간 내 모든 요소의 분해

본 책은 오로지 공간에 대해서만
이야기하고 있다. 공간은 그만큼
사람들에게 큰 영향을 주기 때문이다.
디자인 템플릿에서는 창의적 태도와 협업을
증진시키기 위해 공간의 느낌과 공간을
이루고 있는 요소를 어떻게 활용해야
하는지 기술하고 있다. 여기서 템플릿은
우리가 속한 특정한 문화 안에서의 '태도'
(55페이지)에 기반을 두어 만들어졌기
때문에 여러분이 속한 문화와 맞을 수도
있고, 또는 상반될 수도 있다. 어느
경우에서든, 공간을 구성하고자 할 때 기초
작업으로서 도움이 될 것이다.

공간 연구

현장에서 공간 디자인을 직접 경험한
사람들의 이야기

본 책에는 디자이너, 교사, 예술가, 기업인,
관리자, 그리고 연구자들이 실제 생활에서
여러 개념을 활용해 본 사례와 솔직한
경험담이 담겨 있다. 이 사례를 읽을 때
여러분이 마주하고 있는 비슷한 이슈에
대하여 사람들은 어떻게 씨름하고 있는지
이해하며 읽기를 바란다. 여러분은 그들의
이야기에서 풍부한 영감을 얻을 것이다.
뉴욕대학교 디지털 미디어 프로그램인 ITP
학생들이 거대한 "이렉터 세트(erector
sets, 어린이용 조립 완구 – 옮긴 이)"
를 활용하여, 공간을 자신의 필요에 맞게
진화시킨 사례를 참조해 보길 바란다(230
페이지).

통찰

그동안의 "시행착오"를 통해 발견한 핵심사항

이 책에 기술된 통찰 중 일부는 확실히 정답이라는 느낌이 든다. 다른 것은 잘 알려진 원칙으로 이제껏 성공적으로 활용한 것이다. 이 책에 나오는 통찰을 잘 활용하기 바란다. 스스로 해 보는 것이 가장 좋겠지만, 책을 참조함으로써 우리가 이 통찰을 얻기 위해 쏟아 부은 많은 노력에 비해 좀 더 적은 노력으로도 통찰을 얻을 수 있다. 특히 "영장류를 위한 디자인"을 활용해 보길 추천한다.

변화를 위한
공간 만들기

스콧 둘레이 Scott Doorley 와 스콧 위트호프트 Scott Witthoft

make space

공간 연구_변화를 위한 공간 만들기

디스쿨은 스탠포드대학교 어디에나 존재한다. 다양한 분야에서 모여든 학생들은 자신의 분야에서 배운 것을 작업에 적용한다. 그동안 우리가 지나온 위치를 캠퍼스 지도 위에 표시해 본다면 현재 우리의 영향력만큼이나 널리 퍼져 있는 것을 볼 수 있을 것이다. 디스쿨의 첫 공간이 생긴 이후로 디스쿨은 몇 년 동안 네 번이나 자리를 옮겼다. 새로운 환경에 잘 적응하는 혁신자들로 구성된 역동적인 조직을 만들기 위해서라고 하더라도 실로 많은 이사였다.

매번 이사 때마다, 주어진 공간이 꼭 우리가 원했던 장소는 아니었기 때문에 우리는 이를 우리에게 맞는 공간으로 바꾸어야만 했다. 각 건물 규모와 특징에 따라 공간 디자인을 적용해 가면서 창의적 공간을 위한 도구란 주어지는 것이 아니라 스스로를 자극하면서 개선해 가는 것임을 깨달았다. 이때부터 우리는 즉흥적으로 무언가 시도해 보는 것을 즐기기 시작했다.

버치 모듈러 Birch Modular :
소중히 여기지 말아라
캠퍼스 변두리의 이중 트레일러

버치는 20년 된 임시 트레일러로 매우 지저분했다. 디스쿨 총괄디렉터인 조지 캠벨 George Kembel이 말하길, 만일 우리의 기부자가 이 공간을 본다면 기부금을 되돌려줘야 할지도 모른다고 할 정도였다. 그러나 우리는 이러한 버치의 상태 덕분에 실험을 할 수 있었다. 그리고 정말로 그곳에서 다양한 실험을 하였다. 카펫을 뜯어내고, 벽 세우고 허물기를 반복하였으며 바닥을 비롯해 원하는 모든 곳마다 구멍을 뚫었다. 우리는 버치에서의 작업을 통해 우리만의 목소리를 찾을 수 있었다. "그 무엇도 소중하게 여길 것 없이 다양하게 실험하자."

위 : 버치 모듈러
설치 중

아래 : 교수와
학생들을 위한
공간으로 활용되는
버치

스위트홀, 2층 : 모든 것을 바꾸다
교내 사무실 빌딩

스위트 홀Sweet Hall은 사무실로 가득했다.
먼저 우리는 모든 것을 뜯어내어 2층 밖으로
옮겼다. 콘크리트 말고는 아무것도 남지
않았다. 그리고 모든 것에 캐스터를 달아
전체 공간을 롤러스케이트장처럼 만들었다.
의자, 테이블 그리고 벽을 움직이게 하여서
매주 모든 것을 재배치하였다. 때로는 매일
하기도 했다. 이 굴러다니는 가구가
있었기에 어려운 작업을 수행할 수 있었다.
어떤 목요일에는 초등학생을 위한 건물을
디자인하기 위해 실제 크기의 프로토타입을
만들었고, 그 주말에는 포춘지 선정한
500대 기업의 대표들을 대상으로 워크숍을
진행하기도 했다. 물론 가까운 동료들조차
하룻밤 사이에 위치가 바뀐 복사기를 못
찾는 부작용이 있기는 하지만, 이런
유연함은 무한한 재미를 준다.

빌딩 524 : 특별한 공간에서의 실험
캠퍼스 가운데 위치한 100년 된 로프트 빌딩loft
building(공장을 개조한 건물 – 옮긴 이)

스위트 홀은 액체를 다루기 위한 작업
공간이었다. 빌딩 524는 문자 그대로
용수로와 물탱크로 꽉 찬 유체역학
실험실이었다. 게다가 특유의 눅눅한 냄새가
났다. 우리는 예전에 박사들이 사용하던
사무실 10개를 협업 공간으로 변형시켜
보기로 했다. 고급스러운 라운지에서부터
화이트보드로 둘러싸인 방에 이르기까지
특징 있는 환경을 만들어 보기로 했다.
우리는 이러한 여러 옵션을 바탕으로
팀원들이 특정 공간을 선택하여 그들만의
활동을 디자인할 수 있도록 하였다.

수업 중인 스위트 홀.
작업을 하기 전 각
팀이 동그랗게 앉아
있다.

유체역학 실험실로
사용되던 빌딩 524의
모습. 디스쿨로
개조되기 이전의 모습

공간 연구_변화를 위한 공간 만들기

빌딩 550
방랑자 정신을 잊지 말자
캠퍼스 가운데 위치한 100년 된 두 번째 로프트 빌딩

떠돌아다니는 여정 끝에 만난 빌딩 550은 캠퍼스에서 가장 오래된 모형 제작 스튜디오다. 화창한 날 높은 천장은 햇살로 가득 찬다. 이러한 아름다운 환경은 그 자체가 다음을 위한 완벽한 플랫폼이 된다. 그러나 우리가 그 다음으로 갈 곳은 어디일까? 계속되는 이사는 공간을 짓고, 돌이켜보고, 새롭게 만드는 과정을 반복하면서 그 자체가 하나의 이동 시스템이 되었다. 우리는 곧 이사할 것이라는 것을 알고 있었기에 중간에 너무 많은 투자는 하지 않았다. 그리고 우리의 실험적 태도 덕분에 작동하지 않는 물건을 과감히 버릴 수 있었다.

　현재, 우리는 공간 안에 머물면서도 계속 변화하는 것을 중요하게 생각한다. 분기별 업데이트를 통해 프로토타입 결과물을 적극적으로 관리하고, 중요한 실험을 위한 콘셉트 카(78페이지)와 같은 공간을 계속 유지한다. 또한 작업 공간, 교육 공간, 그리고 사회적 공간 간의 경계를 자유롭게 드나들 것을 장려한다. 우리의 여정을 보여주고 미래에 나아갈 방향을 제시해주는

매개체로서의 현재 환경에 감사한다.

디스쿨은 2003년 7월, 데이비드 켈리David Kelly와 조지 캠벨George Kembel, 스탠포드대학 교수 일부, 그리고 베이 에어리어Bay Area(미국 샌프란시스코에 있는 지역 – 옮긴 이) 디자인 전문가들이 함께 설립하였다. 또한 하소 플래트너Hasso Plattner의 금융지원을 받았다. 디스쿨은 2005년 처음 이사를 하였고 현재는 스탠포드대학 내 빌딩 550에 있다.

스콧 둘레이Scott Doorley는 스탠포드대학교 디스쿨의 환경 협업팀Environment Collaborative의 크리에이티브 디렉터이면서 공동 디렉터다. 2006년부터 2007년까지 디스쿨 연구원으로 있었다.

스콧 위트호프트Scott Witthoft는 스탠포드대학교 디스쿨의 환경 협업팀 공동 디렉터다. 2008년부터 2009년까지 디스쿨 연구원으로 있었다.

위 : 빌딩 550 베이 스튜디오 내 상단 구조물

아래 : 스튜디오 한편에서 진행되는 수업

손쉽게 직접 만들 수 있는 화이트보드는 공간 내 작업스타일을 변화시킨다.

지랙
z-rack

디스쿨 내 매우 오래된 물건 중 하나인 지랙은 사실 이동식 옷걸이를 고쳐서 만든 것이다. 일반적인 건축 재료인 샤워보드를 붙이면 지랙은 이동식 화이트보드가 된다. 시중에 판매되는 이동식 화이트보드를 구매하는 값보다 훨씬 적은 비용으로 누구나 쉽게 만들 수 있고 매우 튼튼하기까지 하다. 그리고 작업 공간에서 칸막이로 사용할 수도 있다. 큰 공간을 쪼개어 나누거나 다양한 규모의 팀 작업 공간을 만들 때 아주 잘 활용할 수 있다.

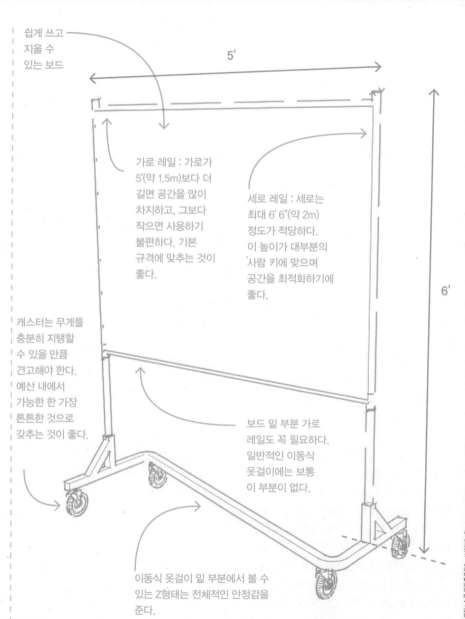

쉽게 쓰고 지울 수 있는 보드

5'

가로 레일 : 가로가 5'(약 1.5m)보다 더 길면 공간을 많이 차지하고, 그보다 작으면 사용하기 불편하다. 기본 규격에 맞추는 것이 좋다.

세로 레일 : 세로는 최대 6' 6"(약 2m) 정도가 적당하다. 이 높이가 대부분의 사람 키에 맞으며 공간을 최적화하기에 좋다.

6'

캐스터는 무게를 충분히 지탱할 수 있을 만큼 견고해야 한다. 예산 내에서 가능한 한 가장 튼튼한 것으로 갖추는 것이 좋다.

보드 밑 부분 가로 레일도 꼭 필요하다. 일반적인 이동식 옷걸이에는 보통 이 부분이 없다.

이동식 옷걸이 밑 부분에서 볼 수 있는 Z형태는 전체적인 안정감을 준다.

만드는 방법

보드 만들기

0.5"(약 1.2cm) 두께 폼보드 또는 0.25"(약 0.5cm) 두께 합판을 가운데 넣어 샌드위치 형태로 샤워보드 패널을 만든다. 이렇게 하면 양면으로 사용할 수 있는 튼튼한 보드가 된다. 패널이 딱딱하면 좋으나 무게가 무거워지므로 패널의 견고한 정도와 무게 사이에서 적절한 균형을 잡아야 한다. 가운데 패널은 가능한 한 단단하고 가벼워야 한다.

보드 고정하기

금속 스트랩을 이용하여 보드를 지랙 프레임에 부착한다. 보드에 구멍을 뚫고 수평 레일을 따라 상단 코너 두 개와 하단 코너 두 개에 고정시킨다.

금속 스트랩 부착

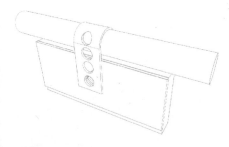

샤워보드 또는 타일보드

샤워보드 또는 타일보드는 건축에서 흔히 쓰이는 재료로 시중에서 판매하는 화이트보드의 대체품으로 사용할 수 있으며 가격도 저렴하다. 사용하다 보면 표면에 자국이 남지만 젖은 수건으로 닦으면 놀랍도록 잘 닦인다.

재료 구하기

이동식 옷걸이 지랙

디스쿨에서는 폭이 4'(약 1.2m)에서 5'(약 1.5m) 사이며 높이가 6'(약 1.8m)인 이중 레일로 된 이동식 옷걸이를 사용해왔다. 고정 가능한 캐스터는 추가로 구매할 수 있다. 션 제임스 엔터프라이즈Sean James Enterprises, Inc(425 Tribble Gap Road, Cumming, GA 30040; 888 866-9826; www.garmentrack.com).

샤워보드

샤워보드는 건축 자재점 또는 지역 목재점에서 구매할 수 있다. 파인 콘 럼버Pine Cone Lumber(895 East Evelyn Avenue, Sunnyvale, CA 94086; 408 736-5491; www.pineconelumber.com)

폼보드

아크 서플라이스Arch Supplies(99 Missouri Street, San Francisco, CA 94107; 415 433-2724; www.archsupplies.com)
유라인 쉬핑 서플라이 스페셜리스트ULINE Shipping Supply Specialists(800 958-5463; www.uline.com)

캐스터

인터스트리얼 캐스터 앤 휠Industrial Caster & Wheel Co.(2200 Carden Street, San Leandro, CA 94577; 510 569-8303; www.icwco.com) 스탠포드 디스쿨에서 사용하는 3"(약 8cm)나 5"(약 13cm) 높이의 빨간색 캐스터를 참고하자.

기타 하드웨어

금속 스트랩과 금속 테이프는 철물점이나 건설자재상에서 구매할 수 있다.
맥마스터 카McMaster-Carr(600 North County Line Road, Elmhurst, IL 60126 ; 630 600-3600; www.mcmaster.com)

참고하기

폼박스
foam cubes

표준 박스 : 16"
(약 40cm)

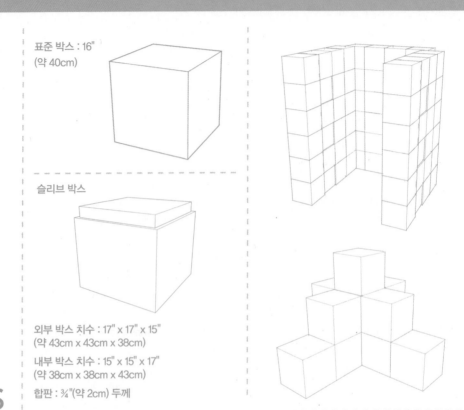

슬리브 박스

외부 박스 치수 : 17" x 17" x 15"
(약 43cm x 43cm x 38cm)
내부 박스 치수 : 15" x 15" x 17"
(약 38cm x 38cm x 43cm)

합판 : ¾"(약 2cm) 두께

편안하게 앉아 있을 수 있는 시간 : 25분

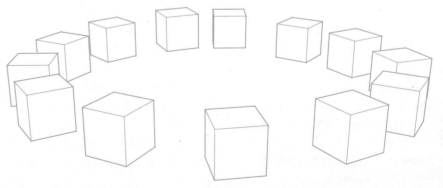

스케치 : 스콧 위트호프트Scott Witthoft

도구_폼박스Foam Cubes

폼박스는 단단하고 가벼우며 쉽게 쌓아 올릴 수 있다. 이를 이용하여 추상적 형태를 가시화시켜 볼 수 있고 상상한 것을 실제로 만들어 볼 수 있다. 또한 가벼운 대화를 나눌 때 편하게 앉을 수 있는 낮은 의자로도 사용할 수 있다.*

만일 이곳에 벽을 만들면 어떻게 될까? 벽을 세워 보자! 우리는 "시각 장애인의 집"을 구현해 보기 위해 폼박스로 어둡고 막힌 방과 침대를 만들어 보기도 하였다. 또한 보안을 주제로 한 브레인스토밍을 진행할 때 폼박스로 "성"을 만들어 보기도 하였다.

폼박스는 형태가 단순하므로 쉽게 활용할 수 있다. 폼박스를 건축용 벽돌처럼 사용하기 위해서는 폼박스에 장식이 없어야 한다. 다양한 색상과 형태를 시도해 보았지만, 회색 정육면체 형태가 가장 적합하다.

폼박스에 앉는 시간은 25분 정도가 적당하다. 이 점을 염두에 두자!

우리는 슬리브를 추가한 다른 방식의 폼박스도 시도해 보았다. 슬리브 박스는 표준박스보다 조금 더 커서 앉았을 때 더 편하다. 표준 박스에 합판 슬리브를 추가하면 장시간 편하게 앉을 수 있는 의자가 된다. 슬리브가 있는 폼박스를 서로 다른 방향으로 연결하면 더욱 단단한 의자와 다양한 형태의 구조물을 만들 수 있다.

디스쿨에서는 수강 학생이 50명인 수업에서 약 150개의 폼박스를 이용하였다. 처음 시작할 때는 20개도 적당하다.

구매할 것

폼박스의 재료인 폼보드를 구할 때는 밀도와 경도 IFD, indentation force deflection를 확인한다. 폼박스를 들어 보거나 폼박스 위에 앉아보면 무게와 단단함을 바로 가늠할 수 있다. 밀도는 2.0에서 4.0 사이가 좋다. 2.0보다 적을 경우 너무 가볍고, 4.0보다 커지면 너무 무겁게 느껴진다. 경도는 70에서 90이 바람직하다. 70보다 낮으면 너무 쉽게 휘청거리고 90이 넘으면 너무 뻣뻣하다. 우리가 주로 사용하는 폼박스의 밀도는 2.0이고 경도는 70이다.

재료 구하기

밥스 폼 팩토리Bob's Foam Factory(4055 Pestana Place, Fremont, CA 94538; 510 657-2420; www.bobsfoam.com)
폼오더Foamorder(1325 Howard Street, San Francisco, CA 94103 ; 415 503-1188; www.foamorder.com)
폼앤모어Foam'n More(1925 West Maple Road, Troy, MI 48084; www.foamforyou.com)

* 우리에게 첫 번째 폼박스를 빌려준 아이데오 IDEO 보스톤 지사에 감사의 인사를 전한다.

시작하기

우유상자나 단단한 종이상자가 주변에 널려 있다면, 높이 쌓아 올려보고 어떤 일이 일어나는지 살펴본다. 상자 중 일부는 다음 회의에서 의자로 사용해 보자.
(참고: 만일 상자를 사용한다면, 내부에 지지대를 넣어 앉았을 때 상자가 쭈그러지지 않도록 해야 한다)

참고하기

인스턴트 /셰어 스튜디오

인스턴트 스튜디오 Instant Studio**는 공동의 창의적 공간으로, 단 몇 초 안에 여러 프로젝트를 수용할 수 있다.**
우리는 방콕 외곽의 야외 메콩 시장에서 영감을 얻었다. 메콩 시장은 기찻길 끝에 위치해 있다. 길가에 있는 상점들은 기찻길 바로 옆에서 과일과 채소를 줄줄이 늘어놓고 판매한다. 기차가 들어오면 사람들은 옆으로 비켜서며 차양을 접는다. 기차가 지나가고 나면 다시 판매를 시작한다. 이런 일이 하루에 여덟 번이나 반복된다.

대부분의 조직에서는 공간이 부족하기 때문에 조직 내 프로젝트 팀 모두에게 스튜디오를 할당하기란 쉽지 않다.
창의적 공간은 태국의 메콩 시장과 비슷하다. 마치 기차가 나타나듯이 프로젝트는 발생하고 공간을 차지한다. 하지만 프로젝트가 기찻길 위에 좌판을 벌이고 나면 다른 프로젝트의 장터는 충분한 공간을 배정받지 못한다.

스튜디오는 이렇게 운영된다.
스튜디오에서는 여러분의 작업을 펼쳐 놓은 상태로 공간을 지저분하게 쓸 수 있으며, 잠시 휴식을 취한 후에 진행하던 작업을 즉각 다시 이어서 할 수도 있다. 도구가 여러분 바로 옆에 구비되어 있기도 하고, 작업 결과물이 사방에 널려 있을 수도 있다.

스튜디오가 힘든 이유는…
프로젝트가 진행되지 않을 때에도 스튜디오가 많은 공간을 차지하고 있기 때문이다. 사실상 쓸모없는 것으로 채워져 있기도 하다.

인스턴트 스튜디오는 이런 문제를 해결한다.
메콩 시장처럼 빠르게 만들고 확장할 수 있는 유연한 스튜디오를 만들면, 작업이 끝났을 때에 다음 팀을 위해 공간을 빠르게 정리하고 비워 줄 수 있다.

시작하기 쉬워야 한다.
여러분은 순식간에 눈치 채고 행동해야 한다. 몇 분 아닌 몇 초 내로 말이다. 시작하는 시간이 많이 걸릴수록 좋은 기회를 놓친다.

인스턴트 스튜디오의 특징 : 수납 갤러리
눈에 띄는 장소에 있는 선반을 활용하면 작업물을 쉽게 꺼내 쓸 수 있고 진행 중인 작업을 보관할 수도 있다. 작업물이 잘 보이도록 큰 패널이나 화이트보드를 사용할 수 있다.

화이트보드 슬라이더
공간 구분을 위해 즉석에서 임시 벽을 세우고 싶다면 슬라이딩 벽을 사용하자. 화이트보드 슬라이더는 아이디어를 빠르게 메모하는 용도로 사용할 수 있다.

물건을 거치하는 방법
벽에 달린 못이나 고리를 이용해서 작업물을 짧은 시간 내에 디스플레이 할 수 있다.

기본설정과 원상복귀
사용자가 창의적일 것이라는 기대는 접고, 사용자에게 공간 사용 방법을 충분히 알려준다. 공간을 원래대로 정리하는 방법을 명료하게 시각화해서 붙여 놓고 틈날 때마다 사용자들에게 이 규칙을 상기시키자.

시작하기

"확장 가능한 공간"(114페이지)에서와 같이, 열린 공간 가장자리를 따라 팀 작업 공간을 배치하자. 팀 활동이 없을 때는 작업을 정리하도록 한다. 폼보드를 "작은 보드"(204페이지)로 자르고 이동식 작업 판에서와 같이 손잡이용 구멍을 낸다. 공용공간에 보드를 매달 수 있게 후크를 설치한다. 필요에 따라 단순한 형태의 선반 몇 개를 달아 공용 사물함으로 활용한다(맥마스터 카McMaster-Carr를 통해 온라인에서 구매 가능하다).

참고하기

맥락이 콘텐츠다

공간은 문화를 전달한다. 만약 이 책의 내용 중 가장 중요한 한 가지만 골라야 한다면 다른 페이지를 볼 필요도 없이 바로 이 부분이다.

레스토랑에서 우리는 음식뿐만 아니라 공간 내 경험에 대한 비용까지도 기꺼이 낸다. 예를 들면 냄새, 음악, 조명, 좌석, 예약과 같은 경험에 대한 비용이다. 이렇게 레스토랑과 같은 공간에서 얻은 영감과 경험을 작업 공간과 교실에 적용해 보자.

환경은 문화적 가치를 표현할 뿐만 아니라, 우리에게 영감을 주기도 한다.
데이비드 바이른David Byrren은 뉴웨이브 밴드, 토킹 헤즈Talking Heads(1974년 미국 뉴욕에서 결성된 뉴웨이브 밴드 – 옮긴 이)의 전 리더이자 매력적인 예술가다. 그는 2010년 2월 테드TED에서 "어떻게 건축이 음악 발전에 도움을 주었는가How architecture helped music evolve"에 대해 설명했다.

"어떤 음악을 쓸 것인가는 주로 상황에 의해 결정된다. 아마도 그림, 조각, 프로그래밍 또는 공연 등과 같은 다른 형태의 창작활동에도 이 비유가 적용될 것이다…"

"…음악이 라디오 마이크 장치를 통해 전달되면서, 우리가 노래를 부르는 방식이 변하였다…"

"쳇 베이커Chet Baker(미국의 재즈 음악가이자 트럼펫 연주가 – 옮긴 이)

는 후앙 질베르토Joao Gilberto(브라질의 보사노바 연주가–옮긴 이)가 했던 것처럼 속삭이듯 노래한다…. 이들은 당신 귀에 대고 속삭이다가 점점 당신 머릿속에 들어와 노래한다. 이런 속삭이는 듯한 소리는 마이크 없이는 전혀 들을 수 없다. 거실처럼 혼자 있는 공간에서 말고는 우리는 보통 이렇게 작은 소리를 들을 수 없다."

"다른 것처럼 창조성도 적응하는 것인 듯하다. 사용 가능한 공간이 생기면 누군가가 작업을 시작하고 그 공간을 차지한다."

예를 들어 :
이 사진은 3일간 진행된 디자인적 사고 design thinking 훈련캠프의 첫날 아침에 찍은 사진이다. 우리는 기차 승차장에서 캠프를 시작했다. 우리는 참가자들에게 밖으로 나가

사람들을 직접 만나면서 그들이 세운 가설을 실험하라고 했다(이 프로젝트 주제는 아침 출근에 대한 것이었다). 기차 소리 때문에 우리 강의가 잘 들리지는 않았지만, 그것이 중요한 것은 아니었다. 기차 승강장이라는 맥락과 환경을 통해 참가자들은 밖으로 나가 출근하는 사람들을 직접 만나보는 것이 왜 중요한지를 이미 느낄 수 있었다.

참고하기

사진 | 스콧 둘리ⓒScott Doorley

영장류를 위한 디자인

우리는 영리한 동물이다. 그 점을 이용하여 우리 몸을 계속 움직이는 방법을 디자인한다.

인간은 큰 뇌를 가졌으며 체구가 작은 동물이다(그리고 대부분의 경우에 다른 동물에 비해 털이 적다). 지난 100년간 작업공간에서 기술적 혁신은 두뇌 사용을 극대화하는 데 초점이 맞춰져 있었다. 책, 컴퓨터, 책상, 사무실은 우리의 두뇌를 최대한 활용할 수 있도록 돕는 데에 초점이 맞추어져 있다.

그러나 침팬지의 움직임을 지켜보자.
동물원에 가서 보면 침팬지는 대부분의 시간을 앉아서 보낸다. 하지만 이들은 오르고, 기어가고, 흔들고, 눕고, 몸싸움도 한다. 그들은 몸가짐과 위치 그리고 움직임으로 공간 내 서열을 정하기도 한다.

다시 사람들을 살펴보자. 책상을 치우고 사람들에게 아무 자세나 취해도 좋다고 말하자. 그리고 어떻게 하는지 지켜보자.
우리 학생들이 취한 자세를 보자. 학생들은 바닥에 눕고, 소파에 걸터앉고, 발가락을 움직이고, 방을 서성거리고, 가로 기둥을 잡고 턱걸이를 하기도 한다. 이 모든 행동이 '수업' 시간 동안 벌어진 것이다.

열린 공간, 편한 의자, 다양한 높이의 의자 등을 활용해서 몸을 움직이게 하는 방법을 찾아보자.
움직임은 건강에 이롭다. 또한 움직임이 있는 바디랭귀지는 의사를 전달하는 수단이 되기도 한다. 팀 작업을 할 때 우리는 각 팀이 차지할 수 있는 공간을 좁게 제공하여 공간 활용에 대해 약간의 제약을 두었다. 그리고 4명으로 구성된 팀에게 2~3인용 테이블을 제공하였다. 테이블이나 스툴 같은 높은 가구에 앉으면 낮은 의자에서보다 쉽게 일어날 수 있다. 일단 사람들이 서 있으면 어느 한 사람이 리더의 역할을 하기보다는 사람들이 돌아가며 리더 역할을 하기 쉬워진다. 그렇게 되면 협의는 더 잘 이뤄질 수 있다.

참고하기

22
도구_폼박스
32
도구_모듈형 테이블
47
디자인 템플릿_속성

식사공간이 재택근무를 위한 공간으로 쓰이기도 하고, 어른들을 위한 거실이 아이들을 위한 놀이방이 되기도 한다. 파티할 때는 주방이 모임의 주된 공간이 되기도 한다. 공간을 디자인할 때 다른 용도도 함께 고민해 보자. 어떤 공간에서 활용 가능한 다른 용도를 찾아볼 때 그 공간이 모든 용도에 완벽히 맞도록 재구성될 필요는 없다. 하나의 공간은 몇 가지 일반적인 용도로 사용될 수 있고 그 용도는 공간 내에서 이뤄지는 활동별로 분류 가능하다.

공간을 재검토함으로써 공간에 대해 재미있고 놀라운 발견을 할 수 있다. 일반적으로 이러한 것은 개인 공간이 아닌 외부 공간에서 잘 일어난다. 물론 개인 공간에서 시도해 보는 것도 의미 있다. 공간은 원래 의도된 목적 이외에 다른 어떤 용도로 활용될 수 있을까? 여러분이 새로 발견한 용도로 공간을 활용하고 싶다면, 어떻게 그 공간을 새로운 용도에 맞게 바로 전환시킬 수 있을까?

참고하기

다양한 상황을 고려한 공간 디자인하기

대부분의 공간은 다양한 용도로 활용된다. 의도했던 것과 다르게 공간을 사용하는 경우는 일상적일 정도로 자주 생기며 이러한 것이 더 재밌기도 하다.

모임 전 잠깐의 준비가 도움이 된다

어떤 모임을 시작하기 전에 공간을 준비할 시간을 가져라.

말하기는 쉽지만 실천하기는 쉽지 않다. 보통 일정은 연이은 여러 활동으로 꽉 차 있을 것이다. 하지만 활동을 시작하기 전 10분에서 15분 정도 공간에 적응하는 시간을 가져 본다면, 이는 모두의 경험을 바꿀 것이다. 이렇게 함으로써 무작정 모임을 시작하는 대신 모임 목적에 맞는 행동을 사람들로부터 이끌어 낼 수 있게 된다.

방향과 분위기, 이 간단한 두 가지는 대부분 어느 장소에서든 조정할 수 있다.

　　방향 : 사람이 사물 또는 다른 사람들과의 관계를 맺을 때 어떻게 자리를 잡는가? 여러분은 프레젠테이션과 같이 사람들이 어느 상황에 집중하길 원하는가? 아니면 서로 대화할 수 있기를 원하는가? 만약 후자라면 의자를 원형 또는 U자로 배열하라.

　　분위기 : 여러분은 모임의 분위기를 어떻게 만들고 싶은가? 활동적인 분위기를 사색적인 분위기로 바꾸려면 조명을 조금 어둡게 하거나 조명의 수를 제한하면 된다. 회의를 장시간 지속할 때는 창문을 열어 (가능한 경우) 신선한 공기가 들어오게 한다. 밖에서 들려오는 작은 소음은 에너지를 발생시키고 주위를 환기시킨다.

참고하기

36
상황_캠프파이어 형태로 둘러앉아
48
디자인 템플릿_속성 : 방향
49
디자인 템플릿_속성 : 분위기
250
상황_원상복귀

디스쿨 강사 마이클 디어링Michael Dearing은 디스쿨 스튜디오 중 한 곳에 학생들을 위해 '카페스타일'의 공간을 조성하였다.

hack

샤워보드showerboard**를**
활용하여 쉽고 저렴하게
메모할 수 있는 벽면을 만들 수
있다.

수직 면을 변형한다.

잘 써지고 지워지는
샤워보드

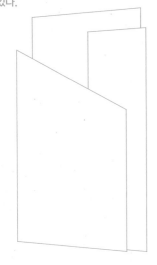

어느 형태로든 자를
수 있다.

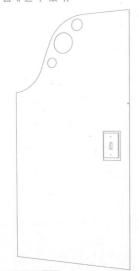

벽에 쉽게 걸 수 있다.

이 책에서 여러 번 언급된 샤워보드 showerboard와 타일보드tileboard는 한쪽 면이 투과하지 않는 재료로 되어 있는 합성건축 자재로, 면 위에 글씨를 썼다 지웠다 할 수 있다. 원래는 샤워부스를 만드는 재료이지만 다른 여러 용도로 활용할 수 있다.
더욱 비싸게 판매되는 화이트보드와는 달리, 샤워보드는 수동 톱 또는 테이블 톱으로 자를 수 있다. 구멍이 쉽게 뚫리며, 일반 스크루로 벽에 고정할 수 있다.

샤워보드는 4' x 8'(약 1.2m x 약 2.4m) 크기 판으로 생산되며 보통 한 장당 20달러 (약 2만 원)가 넘지 않는다. 정말 저렴한 보드가 아닌가! 이것은 같은 규격의 다른 제품에 비해 훨씬 저렴한 가격이다. 하지만 다이아몬드와 달리 샤워보드는 영구성이 없으며 결국 빛을 잃는다. 그러나 이 보드가 무슨 역할을 하든 가격이 얼마든 간에, 최소 1~2년 동안은 우리가 미처 기대하지 못했던 목적까지도 충분히 달성해낼 것이다.

또 다른 놀라움 : 샤워보드는 물과 헝겊만으로도 깨끗이 닦인다. 멋지지 않은가!

재료 구하기

샤워보드
샤워보드는 건축자재점의 욕실 용품코너에서 구매할 수 있다. 몇몇 미국 내 체인은 이를 취급하지 않지만 건축자재점은 취급하기도 한다. 우리는 파인 콘 럼버Pine Cone Lumber(895 East Evelyn Avenue, Sunnyvale, CA 94086; 408 736-5491; www.pineconelumber.com)에서 구매하였다. 솔리드 화이트 타일보드solid white tileboard 또는 샤워보드showerboard를 참고한다.

참고하기

상판

크기 : 31,5" x 31,5"(약 80cm x 80cm, 대부분의
문을 통과할 수 있는 크기다.)
소재 : 11겹의 ¾"(약 2cm) 자작나무 합판

제거 가능한 수납박스 부분

외형 크기 : 너비 26"(약 66cm) x 높이 10"(약 25cm)
x 깊이 15"(약 38cm)
소재 : 11겹의 ¾"(약 2cm) 자작나무 합판(단면 코팅)

금속 다리

크기 : 가로 26"(약 66cm, 하부는 26"(약 66cm),
윗부분은 15"(약 38cm)) x 높이 24.5"(약 62cm)
소재 : 1.5"(약 4cm) 정사각형 모양의 파이프

모듈형
테이블
periodic table

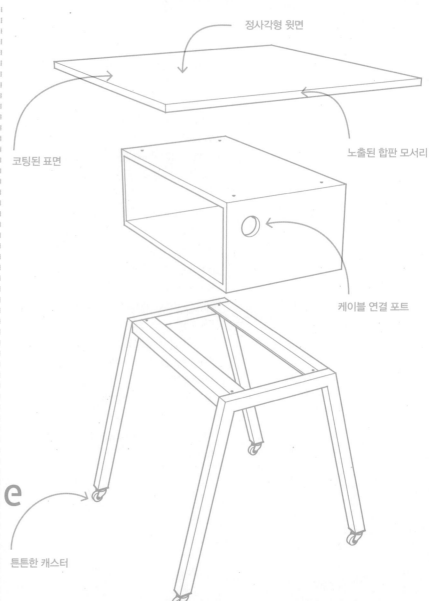

정사각형 윗면

코팅된 표면

노출된 합판 모서리

케이블 연결 포트

튼튼한 캐스터

스케치 : 스콧 위트호프트Scott Witthoft

모듈형 테이블은 팀 작업 공간에서 테이블의 역할을 재정의한다. 사람들은 모듈형 테이블에서 잠깐 쉬거나 위에 걸터앉을 수 있다. 비유하자면 회의보다는 칵테일파티 같은 느낌이다.

모듈형 테이블은 디스쿨 강의실에서 없어서는 안 되는 중요한 수평면이다. 마치 사물 구성의 기본이 되는 탄소 원자처럼 말이다.

　다양한 활동에 맞는 넓은 테이블을 만들어낼 수 있도록 뷔페 형태 배열이 가능하며, 그룹 프레젠테이션을 위한 'L'자 배열도 가능하다. 이처럼 테이블은 역동적 문화를 조성하는 데 도움이 된다. 벗겨진 테이블 표면은 아름답지 않을지라도 사람들이 테이블을 많이 사용하고 다뤘다는 것을 말해준다. 일반 책상이나 테이블과 달리 튼튼한 캐스터와 정사각형 상판이 있어 테이블을 재구성하기 쉽다.

　우리는 사람들의 행동과 태도를 유도하기 위해 의도적으로 테이블의 소재와 크기를 정했다. 수납용 상자가 있는 39"(약 100cm) 높이의 모듈형 테이블은 배를 바다에 고정하는 닻보다는 발사대에 가깝다. 보통 테이블용 의자 높이는 29"(약 74cm)고, 바 높이는 40"(약 102cm)다. 모듈형 테이블 높이는 의자와 바 중간 높이로 디자인해

사람들이 앉은 자세에서도 쉽게 일어날 수 있게 한다. 작업 시간이 길거나 앉아서 작업해야 하는 경우, 수납상자를 빼버리고 의자로 활용할 수도 있다.

재료 구하기

테이블
모듈형 테이블Periodic Tables은 에이치씨에스아이 제조회사HCSI Manufacturing의 스탠 헤익Stan Heick이 제작했다(16890 Church Street, Building 7, Morgan Hill, CA 95037; phone 408 778–8231; www.hcsidesign.com).

캐스터
인터스트리얼 캐스터 앤 휠Industrial Caster & Wheel Co.(2200 Carden Street, San Leandro, CA 94577; 510 569–8303; www.icwco.com). 스탠포드 디스쿨에서 사용하는 3"(약 8cm)나 5"(약 13cm) 길이 빨간색 캐스터를 참고하자.

참고하기

시작하기

테이블을 빠르게 고칠 수 있는 아이디어를 얻기 위해서는 조립형 테이블(246페이지)을 참고하자. 전체 테이블을 높이 39"(약 100cm)로 맞추고 정사각형 상판과 캐스터를 부착한다.

수납용 상자를 제외한 높이 : 29"(약 73cm)

수납용 상자를 포함한 높이 : 39"(약 100cm)

가지고 있는 것으로 시작하기

여러분이 이미 가지고 있는 것에서부터 시작한다면 작은 규모에 적은 비용으로 바로 시작해 볼 수 있고, 또한 작업에 가속도가 붙을 것이다. 그리고 다른 사람들도 당신이 이런 일을 시작한다는 것을 금새 알아차릴 것이다.

협업 공간을 만드는 것은 공간을 얻는 것만큼이나 간단한 일이다.
어디서부터 시작해야 할지에 대해 오래 고민하면 에너지와 시간을 많이 낭비한다. 빈 사무실, 창고의 빈 곳, 빈 회의실이 있다면 망설일 것 없이 그 공간을 빠르게 바꾸어 보자. 옳든 그르든 간에 일단 시작하고 나면 중도에 그만두기 어려울 것이다. 또한 성공의 여부를 두고 따지기도 힘들 것이다. 여러분의 공간이 활용되는 방법을 다른 사람들에게 보여주고 다른 사람들을 참여시키자. 공간 한가운데에서 작업하며 좋은 본보기를 보여주어라.

여러분이 만든 공간을 지속해서 사용하여 그 공간을 활기 있게 유지해라.
공간을 사용한 흔적이 있으면 사람들은 그 공간을 더욱 적극적으로 활용한다. 열기의 흔적은 새로운 아이디어에 대한 신호다. 사용하지 않는 공간, 사용하지 않은 물건 더미, 외면된 구석과 사물함은 공간 분위기를 침체시킨다.

make space

참고하기

자신의 공간을 만드는 것은 대단한 일이다

협업공간을 만들기 위한 가장 좋은 방법은 여러 사람과 함께 만드는 것이다.

이러한 원칙은 여러분 커뮤니티 전체에 적용될 수 있다. 공간을 만드는 일에 참여하기 위해 우선으로 해야 하는 것은 서로 의견을 나누는 일이다. 하지만 실제로 공간을 구축하기 위해서는 단순히 의견을

나누는 것 이상의 헌신과 협동정신이 요구된다. 일단 처음으로 공간을 만들고 나면 다음 단계를 위한 가속도가 붙는다.

내가 있는 공간 일부를 실제로 구성해 보는 일의 중요성은 아무리 과장해도 지나치지 않다.
'짓는다Building'는 행위를 통해 – 나무를 잘라 캐비닛을 만드는 것이든 혹은 재료와 가구를 선택하는 것이든 간에 – 여러분은 시간과 노력을 투자한 소유자로서 공간과 연결될 것이다. 이름만 있는 공간 사용자 그 이상으로 말이다.

참고하기

140()
통찰_사람들이 변화에 대응하는 것을 도와라
180()
통찰_프로젝트 중에 나의 감정선을 인식하라

교수, 교직원, 자원 봉사자 들이 첫 번째 디스쿨 건물 안에 벽을 세우고 있다.

캠프파이어 형태로 둘러앉아

캠프파이어 형태 활동을 계획할 때에는 의자 선택과 운영 시간도 함께 고려해야 한다.
낮은 자세로 편안히 앉아 있으면 사람들 간의 눈높이가 같아지면서 사람들은 편안함을 느낀다. 사실 서양문화에서는 이렇게 웅크려 앉는 자세가 일반적이지는 않다. 따라서 실제 캠프파이어를 할 때와는 달리 운영시간을 비교적 짧게 진행하는 것이 좋다.

캠프파이어 형태 배열은 활동의 질에 큰 영향을 끼친다.
실제 불붙은 장작은 없더라도 바닥에 서로 밀착하여 둘러앉으면, 사람들은 서로를 더욱 잘 인식할 뿐만 아니라 활동 주제에도 더욱 집중한다.

서로 간의 깊은 대화가 필요할 때 캠프파이어 형태로 둘러앉아라.
웅크려 앉으면 서 있거나 의자에 앉아 있는 것에 비해 더욱 편하게 대화를 시작할 수 있다. 캠프파이어 형태로 둘러앉아 있으면 사람들은 안전함을 느끼기 때문에, 민감한 주제에 대해서 언급하거나 토의할 때 유용하게 활용될 수 있다.

make space

시작하기

활동이 끝날 때쯤, 방에 있는 모든 의자를
치우고 원형으로 낮게 앉아보자. 낮은 스툴,
폼박스, 카드보드 박스 위에 앉거나 아니면
바닥에 앉아보자.

참고하기

22
도구_폼박스

47
디자인 템플릿_속성 : 자세

사진_ 설롯 버거스-오번Charlotte Burgess-Auburn

make space

포토 부스

포토 부스는 우리의 공간에 있는 작은 사진 스튜디오다.
포토 부스는 어둡고 방음이 잘되며 조명 조절이 가능한 공간이어야 한다. 또한 필요한 소도구가 세팅되어 있고 배경막이 걸려 있어야 한다. 물론 공간이 클수록 더 좋겠지만, 벽장 크기만 한 작은 공간이라도 괜찮다.

디스쿨의 포토 부스에서 사진 촬영 중인 모바일 기술 사업가 아크사이 코타리Akshay Kothari

포토 부스는 상황을 바꾸는 전환점과 같다. 인스턴트 미디어 프로덕션은 기업 및 학생 프로젝트 수행 시, 점점 필수적인 것이 되고 있다.

스타트 업은 자신의 제품이미지를 직접 촬영할 뿐 아니라, 제품을 사용하는 고객과의 소통을 위한 광고도 직접 제작한다. 유수 기업에서는 트렌드를 실시간으로 반영한 사진과 데모 비디오를 빠르게 만들어 내기도 한다. 학교 수업에서도 또한 멀티미디어를 촬영한 결과물을 점점 더 요구하고 있다.

가능하다면 방이 – 12' x 24'(약 3.7m x 약 7.4m) 혹은 더 큰 – 어느 정도 큰 것이 좋다. 창문은 남쪽을 향하지 않는 것이 좋다 (간접적으로 들어오는 햇빛이 조명으로 적당하다). 또한 커튼을 쳐서 방을 어둡게 할 필요가 있다.

포토 부스를 시작하기 위한 몇 가지 팁이 아래 기술되어 있다. 이보다 전문적인 아이디어가 필요하면 전문가에게 조언을 구하자.

카메라와 삼각대

비디오 촬영과 사진 촬영은 두 가지 모두 중요하다. 카메라 기술이 끊임없이 발전하고 있고 최근 나오는 디지털 카메라는 이러한 두 가지 기능을 모두 가지고 있다.

오디오 장비

마이크는 촬영 대상에 가까이 있어야 한다. 적어도 오디오 입력단자가 있는 카메라와 외장 마이크가 구비되어야 한다.

조명 장비

조명은 촬영의 핵심 요소다. 이 책에서 상세하게 다룰 수는 없지만, 최소한 휴대용 스탠드가 있는 조명 세트를 준비하는 것이 좋다.

그립 장비

그립 장비란 모래주머니, 스탠드, 반사경 등과 같이 조명과 관련이 있지만, 전기 장비는 아닌 것들을 말한다.

배경막

제품 사진이나 인터뷰용 사진을 찍을 때 하얀색 또는 검은색 배경 막을 사용하면 대상을 배경으로부터 쉽게 분리하여 작업할 수 있다.

페인트

검정색의 대안으로 따뜻하고 어두운 회색이 적당하다. 회색은 빛을 흡수하며 따뜻하게 반겨주는 듯한 아늑함을 준다.

부드러운 표면

바닥에 구멍을 뚫을 계획이 아니라면, 여러 겹의 두툼한 카펫을 까는 것이 좋다. 소음과 진동을 줄여준다. 더 많이 줄이려면 벽에 가구용 패드를 부착한다. 가구용 패드는 파란색보다는 회색과 같은 중간색을 선택하는 것이 좋다.

시작하기

소규모로 시작하자. 옷장 혹은 커튼으로 큰 방을 작게 구분하고 누구든 새롭게 생긴 이 공간을 사용할 수 있음을 표시해 두자. 벽을 칠하고 몇 가지 기본 장비를 갖춘 후, 촬영을 시작하라. 제품 촬영인지 영상 촬영인지에 따라 이후 작업 방향 및 추가로 필요한 장비가 결정될 것이다.

재료 구하기

여러분이 사는 지역 주변에 있는 전문적인 사진, 영화, 비디오 상점을 찾아라.

참고하기

56
디자인 템플릿_태도 : 말로 하지 말고, 직접 보여 준다

드러나지 않는 것에 주목하라 : 혁신은 어디에나 있다

참고하기

디스쿨 학생들이 클램프Quick-Clamps 를 사용하여 보드를 보관할 수 있는 장치를 즉석에서 만들었다.

사용자로부터 야기되는 변화에 주목하고 그것을 공간에 반영하라.

협업 환경을 발전시킬 수 있는 가장 효과적인 방법은 공동체 구성원이 이미 적용하고 있는 방안을 관찰해 보고 그것들을 자신들이 제어하여 발전시킬 수 있다고 느끼는 것이다. 조금만 주의를 기울인다면 일상 속 사소한 것에도 문제를 해결할 수 있는 엄청난 팁이 있다는 것을 알 수 있을 것이다.*

기존과 다르게 사용되는 것이 있다면 자세히 살펴보자. 쌓아놓은 의자가 어떻게 사다리로 사용될까? 사람들은 왜 스마트폰을 프레젠테이션 스크린으로 활용하나?

여러분이 발견하는 모든 작은 조각은 새로운 방법을 만드는 기회를 제공할 것이다. 기술과 커뮤니케이션과 관련된 긴급한 요구사항을 해결하고, 사용 가능한 자원에 대해 다시 한 번 생각해 볼 수 있으며 또한 여러분 공동체의 필요에 공감할 수 있게 될 것이다.

*제인 풀튼 수리Jane Fulton Suri의 책 『생각 없는 행동Thoughtless Acts』(Chronicle Books, 2005)에는 실생활에서 발견할 수 있는 사례가 무궁무진하게 기술되어 있다.

분빌 호텔Booneville
Hotel 내 방갈로의
외부 마감 처리
(캘리포니아 분빌에
위치).
호텔 요리사이자
소유주인 스튜디오
128의 조니 슈미트
Johnny Schmitt가
디자인하고 지었다.

소재를 드러내기

나무, 금속, 콘크리트, 유리, 가죽 등과 같이
가공되지 않은 소재를 볼 때 우리는 그
자체로 진정성과 영원함을 느낄 수 있다.
소재를 감추지 말고 드러내 보자.

소재를 드러내 구조 또한 노출시켜 그것이
어떻게 만들어진 것인지를 보여주어 모든
것을 볼 수 있게 하자. 그 공간이 물리적
오브젝트를 만드는 곳이 아니더라도 이러한
시각적 접근을 활용하면 창의적 소통이
가능해진다.

가공하지 않은 소재는 오래간다. 그 소재
들은 손때가 타면서 본래 있었던 자연환경에
서 그러는 것처럼 아름다워 보이기도 한다.
특히 나무 같은 소재는 사용할수록 점점 더
따뜻한 느낌을 준다(그러나 유리나 콘크리
트와 같은 재료는 여기에 해당하지 않는다.
철은 때에 따라 다르다).

소재의 느낌을 살린 가구는 보통 장식을
많이 하지 않는다. 절제된 장식 = 절제된
스타일, 절제된 스타일 = 더욱 영원한 가치.

원재료 그대로 마감 처리 할 경우,
값어치가 떨어져 보일 수는 있다(물론 잘
가공하면 값비싸 보이게 만들 수도 있다).
하지만 재료가 덜 비싸 보이면 사람들은 그
재료를 만만하게 생각하기 때문에 메이커
maker 문화가 증진될 수 있다.

또한 가공하지 않은 소재로 다양한 실험
을 할 수 있다. 톱으로 나무 조각을 잘라 보
자. 마치 합판 조각을 자르는 것처럼 파편을
만들지 않도록 유념하면서 잘라 보자. 이런
재료는 다음 실험에서 다시 사용할 수 있다.
우리는 나무를 가지고 실험하면서 재미있는
경험을 할 수 있었다. 정말 즐거웠다!

참고하기

공간은 조직의 '바디 랭귀지'다.*

의도하든 하지 않든 공간의 형태, 기능, 그리고 마감처리는 그 공간을 사용하는 사람들이 중요시 여기는 가치, 문화 및 행동이 반영되어 있다. 이는 곧, 공간디자이너가 공간을 만드는 사람임과 동시에 문화를 해석하는 사람임을 말한다. 즉, 공간 디자인에는 사람들에게 기대되는 특정한 습관이나 행동을 유도할 수 있는 일종의 법칙이 있다.

디자인 템플릿은 공간의 기본 법칙을 다루기 쉽도록 카테고리화한 것이다. 기존 공간에 대한 요구사항과 가능성을 찾거나 혹은 완전히 새로운 공간을 디자인할 때 이 법칙을 가이드로 활용하면 된다. 기존 공간에서 남는 수납장을 다른 용도로 어떻게 사용할지 고민하거나, 건축가가 새로운 건물을 구상할 때에도 유용하게 쓰일 수 있다. 일단 이 법칙을 이해하고 능숙하게 다룰 수 있게 되면, 간단한 방법으로도 할 수 있는 것들에 대해 놀라게 될 것이다.

디자인 템플릿은 네 가지 카테고리로 구성되어 있어 쉽게 이해하고 시작할 수 있다. 장소와 속성은 공간 속의 각 구역과 특징에 대해 다룬다. 행동과 태도는 공간에 있는 대상과 그들의 행동에 대해 다룬다.

장소 Places

장소란 다양한 목적을 공유하는 광범위한 의미의 공간을 말한다. 모든 공간에는 입구 혹은 개구부와 같은 문턱, 그리고 복도와 같은 전이 공간이 있다.

속성 Properties

속성은 행동에 영향을 주는 공간이나 사람의 특성을 의미한다. 이러한 속성은 강화될 수도 있고 변경될 수도 있다. 예를 들어 앉아 있는 자세는 의자 형태에 따라 여러 가지로 바뀔 수 있다. 빛과 같은 속성은 분위기를 향상시키는 데 사용될 수 있다.

행동 Actions

행동에는 행태와 과업이 포함된다. 예를 들어 디자이너는 자신에게 영감을 주는 시각 자료와 물품으로 업무 공간을 꽉 채우는 경향이 있다.

태도 Attitudes

태도는 문화적 가치와 습관을 말한다. "행동으로 옮기는 자세Bias toward action"는 디스쿨의 핵심 가치다.

새로운 공간을 만들고 협업을 이끌어내는 과정에서 이 네 개의 카테고리를 유용하게 사용할 수 있다. 또한, 여러분의 작업에 쉽게 적용할 수 있도록 우리의 개인적인 경험을 공유하여 각 카테고리의 원리를 설명할 것이다. †

* "공간은 조직의 바디 랭귀지다."라는 표현은 우리의 동료인 크리스 플링크Chris Flink로부터 시작되었다. 크리스 플링크는 디스쿨과 아이데오IDEO 소속이다. 그는 그것이 다른 곳에서 언급된 것이라고 했지만, 우리는 아직 정확한 출처를 알아내지 못했다.

† 디자인 템플릿은 디스쿨의 애덤 로열티Adam Royalty와 데이브 베거로어Dave Baggeroer와의 협업을 통해 정의된 것이다.

장소

장소는 공간을 '구획'하는 데에 영향을 끼친다. 공간은 계속해서 진화해갈 것이기 때문에 공간의 배열을 결정할 때에는 처음부터 세부적으로 공간을 정하는 것보다는 먼저 크게 구역을 나누는 것이 좋다. 사용할 구역을 정의하고 그다음에는 단순하지만 중요한 반영구적인 요소— 바닥재 선택, 벽 처리 등—를 결정한다. 그리고 공간 내 사람들의 행동을 우선으로 고려한 뒤에 구현 방법에 대해서 생각한다.

공간을 '어떠한 행동을 하도록 도와주는 구역'으로 생각한다면, 공간에 대해 관습적으로 생각했던 것에서 벗어나, 멋지고 혁신적으로 공간을 구상해 볼 수 있다. 이렇게 좀 더 넓은 관점에서 공간 디자인 전략을 구상해 보면, 여러분에게 필요한 공간들 간의 비율을 정의하고 주변 공간과의 관계를 생각하는 데 도움이 된다.

우리는 공간이 지원하는 행동에 따라 네 가지 "장소"로 구분하였다. 모든 카테고리 안에서 일부는 겹치기도 한다. 이를 테면, 주방은 다른 공간을 지원해 주는 공간이기도 하면서 모이는 공간이기도 하다. 여러분의 문화 안에서 이런 다양한 장소를 최대한 적용시켜 보자. 이때 기본 사항을 모두 다루는 것이 매우 중요하다.

홈 베이스 Home Base

홈 베이스는 개인 또는 그룹이 창의적 활동을 수행할 때 쓰는 주요 공간을 의미한다. 책상, 사무실, 프로젝트룸은 모두 홈 베이스다. 작업을 진행하면서 만들고 전시하고 보관하기 위한 장소로서의 특징을 지닌다.

모이는 공간 Gathering Spaces

이곳은 사람들이 만나는 장소다. 모이는 공간은 회의실, 라운지, 극장, 교실처럼 찾기 쉬운 곳일 수도 있고 강의실 바깥 복도와 같은 잘 드러나지 않는 곳일 수도 있다. 복사기 또는 냉수기 같은 공용도구 바로 옆이 종종 모이는 장소가 되기도 한다.

문턱/전이공간 Thresholds/Transitions

'문턱'은 출입의 지점이다. 전이공간은 복도와 같은 통로를 말한다. 두 장소 모두 연결 공간으로서, 활동을 분리하거나 결합시키고 한 공간에서 다른 공간으로 넘어가게 하는 역할을 한다. 로비나 현관입구와 같은 문턱과 전이공간을 통해 사람들은 공간에서 공간으로 이동하므로, 문턱과 전이공간에는 공간 분위기, 템포, 주제 등의 변화가 나타난다.

지원하는 공간 Support Structure

지원을 위한 공간은 창의적인 작업이 잘 진행되도록 돕는 곳을 말한다. 이는 '서비스' 공간의 역할도 한다. 보관실, 자료실, 주방 등이 지원하는 공간의 예다. 공간 기획 시 이러한 지원공간을 염두에 두어야 지원 및 서비스 기능이 공간 전반에 잘 분배될 수 있다.

홈 베이스

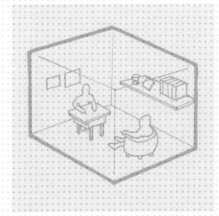

홈 베이스는 개인이나 팀이 그들의 작업을 수행하고 정체성을 확립하는 실제 공간 혹은 디지털 공간이다. 감성적으로 표현한다면, 사람들이 전진하기 위해 나가기도 하고 후퇴하여 돌아오기도 하는 창조의 중심이다. 길바닥이 내 집이라고 여기는 거리의 음악가에게도, 아홉 시간 동안 책상에 앉아서 세일즈 전화만 해대는 영업 사원에게도 홈 베이스의 개념은 적용된다. 각자 모양은 다를 수 있지만 홈 베이스가 필요한 것은 같다.

크게 보면 홈 베이스는 적어도 네 가지 속성을 가지고 있다.
- 특별한 자원과 도구를 사용할 수 있는 공간
- 물건 보관을 위한 공간 : 진행 중인 작업물을 보관할 수 있는 곳으로, 쉽게 접근 가능해야 하며 지속성이 있어야 한다.
- 전시를 위한 공간 : 영감, 작업물, 프로토타

입을 전시하고 공유한다.
· 커뮤니티 형성을 위한 공간 : 아이디어, 열망, 감정을 나누고 동료들과 네트워킹한다.

이러한 속성에 기반하여 우리는, 관습적으로 여겨 왔던 업무 솔루션(사무실, 칸막이, 책상 등)이 정말 사람들의 필요를 효과적으로 만족시켜 왔는지 생각해 볼 수 있다. 벽과 문을 제거하여 시각적으로 연결시키는 것은 협업 공간을 만드는 흥미로운 시도가 될 수 있다. 그러나 기존에 벽과 문이 제공했던 소유에 관한 느낌과 보안의 필요성은 여전히 존재한다. 이러한 필요를 함께 만족시켜야 한다. 예를 들면, 디스쿨에서는 열린 사무실 벽면을 따라 사람들이 옹기종기 모일 수 있는 '허들룸huddle room' 몇 개와 필요할 때 프라이버시를 지킬 수 있는 '은신처hiding place'를 배치했다.

모이는 공간

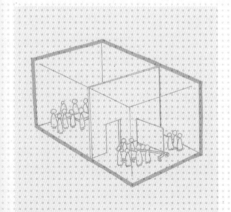

모이는 공간은 가장 기본적인 곳으로 사람들이 만나는 곳이다. 일반적으로 모이는 장소는 주방에서 회의실까지 다양하다. 이 공간 안에서의 활동은 이미 다양하지만, 개인이나 그룹이 책임감 있게 적극적으로 공간을 활용할수록 공간은 사용자의 요구사항에 더욱 유연하게 반응하게 된다. 공간에 대한 조정이 불가능하다고 예측되는 곳의 경우, 사람들은 특별한 노력 없이 쉽게 들렀다 갈 수 있다. 반면에 통제가 가능한 공간은 경험이 있는 사용자에게 더 많은 기회를 제공한다.

모이는 공간을 디자인할 때, 공간에 대한 책임과 조정 가능성에 관한 다음 세 가지를 고려한다. 공간 조정가능 정도에 집중되어 있기는 하지만 세 가지 모두 잘 정의되어 있다.

드롭-인Drop-In
(예를 들어, 카페의 노트북 바)
사용자가 별다른 노력 없이 이 공간을 이용할 수 있어야 하며, 사용자는 공간 세팅에 관여하지 않는다. 공간은 고정되어 있고 공간의 모든 것이 예측 가능해야 한다. 의자를 제외한 어떠한 것도 움직여서는 안 된다.

큐레이트Curated
(예를 들어, 방문을 환영하는 공간 혹은 로비)
공간의 활기를 위해 변경할 수 있는 여지는 있지만, 일반적으로 매일 재구성하지는 않는다. 이 영역은 공간 사용자가 아닌 시설팀이 관리하거나 해당 관리팀이 준비한다.

셀프 서비스Self-Service
(예를 들어, 옹기종기 모여 있는 방 혹은 이벤트 공간) 이 공간은 사용자 그리고 스태프의 필요에 따라 매우 융통적으로 공간을 조정할 수 있다. 하지만 사람들이 쉽게 사용할 수 있는 용품(예를 들면, 종이컵)은 어느 정도 제한된 범위 내에서 구비되어 있어야 한다. 또한 사용 후에 용품을 정리해 둘 수 있는 확실한 장소(예를 들면, 수납장 혹은 서랍)도 필요하다.

문턱/전이공간

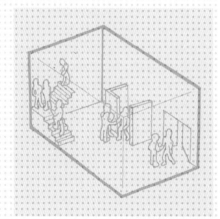

문턱과 전이공간은 공간과 공간 사이를 말한다. 이러한 곳은 일반적으로 특정 목적을 지닌 장소 사이를 구분하는 경계로 사용된다. 문턱과 전이공간은 어디에나 존재하기 때문에 사용자의 환경에 대한 전반적인 경험에 있어서 놀라우리만큼 중요한 역할을 한다.
전이는 움직임과 순간에 관한 것이다. 어

떤 활동이든지 간에 사용자가 제일 처음 그리고 마지막으로 경험하는 것이 '전이'다. '전이'는 그 자체가 어떠한 이동/변화를 의미하면서 동시에 해당 순간을 주목하게끔 하는 역설적인 성격을 지닌다. 예를 들어, 비행기 안에서 따뜻한 수건을 사람들에게 나누어 주는 행위 혹은 영화관에서 예고편을 틀어주는 것과 같은 행위가 이에 해당한다. 이처럼 사람들에게 의도적으로 특정한 전환점을 제공함으로써 곧 다른 이벤트가 일어날 것이라는 신호를 주는 것이다. 물리적 공간에서도 전이는 유사한 의미가 있다.

전이공간은 다양한 형태로 나타날 수 있다. 예를 들어, 복도, 진입 도로, 점심시간 등이 해당한다. 전이공간은 일반적으로 존재하기 때문에 디자인이 필요한 세부요소들이 종종 무시되는 경향이 있다. 그러나 역동적인 문화를 추구하는 그룹에서는 전이공간의 디자인을 경시해서는 안 된다. 협업할 때 사람들은 한 행동에서 다른 행동으로 그리고 한 공간에서 다른 공간으로 옮겨 가는데, 이럴 때 명확하고 직접적인 가이드를 제공하는 것이 중요하다. 전이공간을 디자인할 때, 게시물이나 길 찾기 단서 등을 디자인하는 것에서부터 시작해 보자.

문턱은 변화를 의미하며 문턱에서 사람들은 직관적으로 행동하는 경우가 많다. 사람들은 종종 기존 공간에서 다른 곳으로 이동할 때 자신들이 무언가 다르게 행동해야 한다고 생각한다. 예들 들면, 아이들은 밖에서 놀 때, 안에서와는 달리 매우 큰 소리로 이야기한다. 또 어떤 사람들은 친구네 집에

식사하러 방문할 때, 신발을 벗고 집 안으로 들어가기도 한다. 문턱과 관련된 문화적 행위는 공간, 행동과 잘 어우러져야 하는 매우 중요한 자산이다. 사람들이 문턱에 주목할 수 있도록 주저하지 말고 바닥이나 벽의 색을 과감하게 칠해 보자.

지원공간

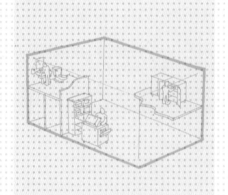

어떤 것을 지원하는 공간은 매우 다양한 형태로 존재한다. '지원공간'이라는 이름 자체가 의미하는 것처럼 지원공간은 인접한 공간에서 일어나는 다양한 행위를 잘 도와줄 수 있어야 한다. 지원공간에 대한 요구사항은 오직 이것뿐이다. 복사실은 교실에서 일어나는 활동을 잘 보조할 수 있어야 하며 프로토타이핑 룸은 실제 결과물을 내기 위한 과정을 잘 지원해야 한다. 화장실, 주방, 벽장, 장비실 등이 지원공간의 전형적인 예시다.

지원공간을 계획할 때에는 항상 공간의

갯수와 위치를 고려해야 한다. 사람들이 공간을 잘 활용할 수 있으려면 필요한 장소에 바로 지원공간이 있어야 한다. 지원공간을 배치할 때에는 주변 공간과의 상대적 위치 및 지원공간으로 오기까지의 동선을 고려해야 한다. 적절한 위치를 결정하기 위해 공간 사용에 대한 시나리오를 여러 개 생각해 보는 것도 좋다. 사람들이 창고에서 물건을 꺼내 들고 다른 곳으로 이동하는 경우를 상상해 보자. 와인 병을 들고 위층 주방으로 이동할 때에는 어떤 상황이 일어날 수 있을까?

우리는 늘 우리가 가지고 있는 공간보다 더 넓은 공간이 필요하다. 그리고 지원공간은 중요한 장소로 인식되지 않는다. 그렇기 때문에 최종 공간 배치도상에서 지원공간은 실제 필요한 것보다 종종 적게 할당되기도 한다. 대부분의 경우 창고, 주방, 화장실 같은 공간은 많을수록 편리하다. 지원공간을 과소평가하여 개수를 줄이고 싶은 유혹을 이겨내야 한다. 그렇지 않으면 당신 주변은 닫힌 창고 안에 있어야 할 물건들로 어지러워질 것이다.

지원공간의 크기를 크게 하기보다 효율적으로 활용될 수 있도록 하는 것이 중요하다. 다른 것들도 마찬가지이지만, 지원공간도 고정된 공간일 필요는 없다. 캐스터 달린 케비닛이나 이동식 수납장(224페이지) 같은 저장 공간은 필요할 때 얼마든지 이동할 수 있다. 지원공간을 늘리기 위해 오버 헤드 장치를 사용하는 것도 좋은 예가 될 수 있다.

속성

속성은 사용자의 행동과 감정에 영향을 미치는 공간적 특징을 의미한다. 각각의 특징들은 상황에 따라 '개방적인' 분위기에서 '폐쇄적인' 분위기로 확 바꾸는 것처럼 조정이 가능하고 규모도 보정이 가능하다. 이러한 속성은 활용하기 쉬우며 변화를 효과적으로 유도할 수 있다. 단 한 가지 속성을 바꾸는 작은 변화로도 사람과 공간 사이의 인터랙션 환경에 근본적인 변화를 줄 수 있다.

우리는 6가지 카테고리로 속성을 구분하였다. 실제로 일어나는 행태를 이해하고 특정 행태와 감정을 유도(혹은 방해)하는 데 도움이 되기를 기대한다. 우리가 구분하는 속성에는 공간뿐 아니라 공간 내 사람에 대한 것도 포함되어 있다.

자세Posture
인간의 신체적 자세와 각 자세로 인해 유발되는 행동

방향Orientation
사람 혹은 특정 사물 간의 상대적 위치

표면Surface
공간 내 작업 면의 수평/수직적 방향

분위기Ambience
공간에서 느껴지는 느낌과 그것이 공간 내 사람들의 감성에 미치는 영향

밀도Density
공간 내 활동과 물건과 연관되어 느껴지는 공간의 상대적 규모

창고Storage
사용하지 않는 물건의 위치

자세

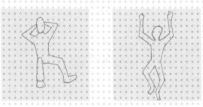

사색하는 ⟵⟶ 흥분한

자세는 어떤 활동을 할 때 사람이 취하는 몸의 형태를 말한다. 사람이 취하고 있는 자세를 통해 그 사람이 얼마나 소극적으로 혹은 적극적으로 활동에 참여하는지 알 수 있다. 물론 안 그런 경우도 있겠지만 일반적으로 어떤 활동을 할 때 비스듬히 기대어 있거나 앉아 있다면 그 사람은 그다지 적극적으로 참여하고 있지 않은 것이다. 혹은 편안한 마음으로 임하고 있다고 말할 수 있다. 반면 어떤 사람이 정자세를 취하고 있거나 혹은 일어서 있다면 그 사람은 활동에 적극적으로 참여하고 있다고 할 수 있다. 일반적으로 자세에 대한 연구는 인체공학적 측면에서 진행되곤 했다. 예를 들어 책상에 오래 앉아 있어도 불편하지 않는 자세를 찾기 위하여 자세에 작은 변화를 주어가며 실험해 보는 것이다. 그러나 이러한 접근 방법 대신 서 있는 자세나 기대는 자세 등과 같은 더 다양하고 목표지향적인 자세에 대한 연구를 진행할 필요가 있다. 여러 가지 자세 연구를 통해 좀 더 효과적인 협업 형태를 발견할 수 있을 것이다.

사색하는 듯 앉아 있으면 편안하긴 하지만 아무래도 몸을 덜 움직이고 바디 랭귀지를 많이 사용하지 않게 된다. 앉아 있는 것은 정적인 자세다. 편안하게 앉아 있을수록 사람들은 아이디어를 덜 내고, 리더의 역할을 꺼려하며, 다음 활동으로 넘어가는 것을 불편해한다. 결론적으로 편안하게 앉아 있는 자세는 무엇에 대한 평가, 반성, 팀보고 및 심층 토론을 해야 하는 경우에는 잘 맞지만 새로운 아이디어를 내야 하는 경우에는 적합하지 않다.

사람들이 활기차게 서 있으면 주어진 활동과 대화에 쉽게 참여하며 주도권을 바꾸기가 쉽다. 또한 서 있는 경우 가벼운 스트레칭을 하면서 긴장을 풀 수도 있다. 원하든 원치 않든 우리는 바디 랭귀지로 의도나 감정을 표현한다. 또한 주변 사람과 얼마나 가까이 있느냐에 따라 상대와의 편안한 정도 혹은 상하관계를 보여준다. 이와 같은 심도 있는 의사소통을 하고 싶다면 사람들이 쉽게 일어서고, 움직이고, 앉을 수 있는 환경을 조성하여 사람들이 적극적인 자세를 취할 수 있도록 돕는 것이 필요하다.

방향

한 방향 ←————————→ 여러 방향

'방향'은 사람이나 혹은 물건 간의 상대적 위치를 의미한다. '한 방향'으로 위치하면 사람들은 한 사람(예를 들면 선생님) 혹은 한 물건(예를 들면 프로토타입)에 집중한다. '여러 방향'으로 위치를 잡으면 모든 사람 혹은 모든 사물이 동등한 조건에 놓인다. 예를 들어, 사람들이 둥글게 앉으면 특정한 사람에게 주의가 집중되지 않고 모든 사람이 동등한 집중을 받는다.

방향을 통해 사람들의 시선을 유도하거나 활동을 할 때 사람들 간의 관계를 조정할 수 있다. 방향은 여기에 언급된 '속성' 중 가장 적용해 보기 쉽다. 단지 사람들이 서 있거나 앉아 있는 방향만 바꾸면 되기 때문이다. 방향이 중요하지만 기존 가구나 다른 물건의 배치 때문에 이 방법을 적용할 수 없는 경우가 발생할 수도 있다.

방향의 원리를 적용해 보면서 우리는 가구가 붙박이여서 변경이 어려운 공간과 변경할 수 있는 공간 간의 근본적인 차이를 알 수 있다. 학교 수업이나 음악회와 같이 특정 사람에게 집중을 해야 하는 경우 청중의 상대적인 위치는 한 방향이 되어야 수업이나 연주에 더 몰입할 수 있다. 가구의 배치에 따라, 듣는 사람이 음원을 어떻게 인식할지가 결정된다. 의자가 앞으로 향하도록 일렬로 배치함으로써 학생은 수업에, 그리고 관객은 음악에 더 집중할 수 있다. 반면 참여하는 사람들이 무엇인가를 보고 들으며 적극적으로 참여해야 하는 경우, 여러 방향이 훨씬 적합하다. 후자의 경우 가구의 위치는 변경 가능해야 한다.

표면

작업용 ←————————→ 전시용

표면은 개인 혹은 팀이 실제 작업을 수행하는 면을 말한다. 예를 들면, 사람들이 과제를 수행하거나 결과물을 보여 주기 위해서 활용하는 책상, 테이블, 벽, 바닥 등을 말한다.

표면의 방향이 조금만 달라져도 그것이 미치는 영향은 크다. 개별 작업을 할 때에는 보통 수평면을 활용하지만, 그룹이 자료를 함께 보며 일할 때에는 수직면을 활용한다. 많은 사람이 작업할 때 책상, 노트북 컴퓨터와 같이 크기가 작은 면을 이용한다. 보통 이러한 면들은 수평적인 면으로 공간을 어느 정도 개인화할 수 있도록 해준다. 수평으로

스케치 | 위즈 문구팀 ⓒScott Witthoft

디자인 템플릿 _속성

놓인 면을 수직으로 바꾸면 집단 가시성을 높여 여러 사람이 함께 작업 결과물을 볼 수 있다. 수직면은 작업하는 것보다는 작업물을 함께 공유한다는 측면에 더 가깝다.

'작업' 공간에서의 표면은 수평 또는 수직(혹은 수평과 수직 중간), 어떤 형태로든지 구성될 수 있으며 상황에 따라 여러 가지 형태로 디자인할 수 있다. 전동 공구로 나무를 자르는 작업을 할 표면은 수술대 혹은 그림을 그리는 면(캔버스)과는 근본적으로 다를 수밖에 없다. 일반적으로 어느 건물의 공간이든 가능한 작업에 제약이 없이 쉽게 접근할 수 있게끔 하는 경향이 있다.

전시를 위한 면은 보통 수직이지만 수평이 될 수도 있다. 상황에 따라 면을 배치하는 것이 달라진다. 팀이 정보를 공유하며 협업을 하는 경우 팀원은 자신들의 작업 결과를 사람들이 잘 볼 수 있도록 수직면에 보여 준다. 전시를 위한 면은 일반적으로 클수록 좋지만 때로는 휴대하기 쉽거나 재활용이 잘되는 면, 예를 들어 폼 보드와 같이 가볍고 내구성이 있는 판이 필요할 때도 있다.

분위기

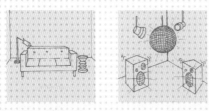

편안한 ⟵―――――⟶ 활기찬

분위기는 조명, 촉감, 소리, 향기, 색과 같이 손에 잡히지는 않지만, 환경을 구성하는 요소들을 말한다. 감성적인 측면을 나타내는 요소들을 생각해 보면 된다. 이러한 요소들을 잘 조합하면 특정 공간을 구성하고 있는 감성을 잘 표현할 수 있다.

분위기는 사람들이 늘 경험하고 있지만 막상 알아채진 못한다는 측면에서 일종의 마술 도구와도 같다고 할 수 있다. 적절한 분위기를 내기 위해서는 아주 미묘한 차이를 감각적으로 감별할 수 있어야 하지만 일반적인 몇 가지 대표 원칙이 있다. 휴식 공간의 경우 안락한 천으로 만든 의자를 갖추고 조명은 여러 군데에 설치하며 음악은 조용하게 그리고 전반적인 색은 따뜻하고 어둡게 세팅하는 것이 좋다. 활동을 위한 공간은 거친 소재와 밝고 가벼운 음악과 강렬한 색으로 구성하며 또한 열 수 있는 창문이 필요하다.

밀도

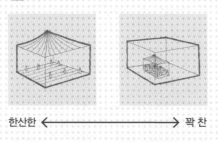

한산한 ⟵―――――⟶ 꽉 찬

밀도는 공간 안에서 일어나는 활동과 관련하여 그 공간이 얼마나 크게 혹은 작게 느껴지는가 하는 것을 말한다. 우리는 밀도를 조정하여 사람이 공간의 밀도를 느끼는 정도에 따라 얼마나 적극적으로 활동할지, 혹은 창의성을 발휘할지에 영향을 미칠 수 있다. 공간이 한산하면 다른 사람들과 충분한 물리적 거리를 갖기 때문에 사람들은 자유롭게 움직이고 다소 자기중심적으로 활동한다. 반면 밀도 있는 공간에서는 사람들 간 거리가 가까워지고 좀 더 '아늑한' 느낌을 받는다.

밀도와 관련하여 모순되는 점은 한산한 공간과 꽉 찬 공간 모두 작업과 관련하여 유사한 결과를 낸다는 것이다. 넓고 텅 빈 스튜디오와 같은 공간에서 사람들은 창의성을 매우 잘 발휘할 수 있다. 반면, 여러 가지 흥미로운 물건으로 꽉 찬 공간에서도 사람들은 창의성을 똑같이 잘 발휘한다 사람에 따라 영감을 얻기 위해 어떤 사람은 사막으로 여행을 떠나고 어떤 사람은 뉴욕과 같은 대도시로 여행을 떠나는 것과 유사한 것이다. 무언가를 깨닫거나 혹은 만들어 내야 하는 활동을 해야 한다면 넓은 장소가 정신적으로나 물리적으로 적합할 것이다. 여러 자극을 통해 영감과 에너지를 얻어야 하는 활동이라면 그림, 음악, 그리고 다양한 사람들로 북적북적한 공간이 더 적절할 것이다.

공간의 밀도는 공간의 크기와는 다르다. 그것은 공간과 마주한 각각의 사람들이 의도한 대로 경험에 집중할 수 있도록 하는 물리적 규모를 의미한다. 공간의 밀도를 정하는 것은 그 공간이 꽉 차 있는가 혹은 텅 비어 있는가에 따라 느껴지는 에너지의 정도이며 공간의 크기와는 상관이 없다. 큰 공간에 사람이 별로 없는 상황일지라도 공간을 어떻게 나누고 가구를 어떻게 배치하느냐에 따라 그 공간이 꽉 차게 느껴지도록 구성할 수 있다. 방을 치우거나 혹은 천장에 매달린 것들을 제거하는 것만으로도 작은 공간이 텅 빈 것처럼 느껴지게 할 수 있다.

창고

보안이 철저한 ←————————→ 개방된

창고는 물건 혹은 정보에 대한 접근과 관련된 요소다. 이곳은 허가된 사람만이 접근할 수 있도록 완벽히 보호된 공간일 수도 있고 누구에게나 공개되어 모든 사람이 접근 가능한 공간일 수도 있다. 창고에 대한 접근성은 물리적 자원과 디지털 자원 모두와 관련된 중요한 요소다. 예를 들어, 물리적인 파일을 저장하는 캐비닛이나 책장을 어떻게 구성할 것인가 하는 것은 디지털 정보를 저장하는 서버, 메모리 카드, 클라우드 계정을 어떻게 구성할 것인가와 같다고 할 수 있다.

보안이 중요하지만, 협업을 함에 있어 필요한 정보에 대한 접근성을 높이는 것도 중요하다. 협업 공간에서는 반드시 보호되어야 하는 것이 아닌 한 재료나 작업물의 공유가 손쉬워야 한다. 이렇게 되면 사람들은 창고를 더욱 자주 활용할 것이며, 이것이 반복되면 창고 자체가 어떠한 작업 공간이 되기도 한다.

어떤 공간에 물건을 보관할 수 있는가 없는가에 따라 그 공간을 사람들이 어떻게 느끼느냐가 달라진다. 홈베이스(44페이지) 콘셉트 혹은 사람들 스스로 통제 가능한 공간의 경우, 보관과 보안에 대해 생각해 보아야 한다. 어떤 사람에게 보관할 수 있는 공간을 부여한다는 것은 그 사람이 해당 그룹 내에 소속되어 있다는 것을 간접적으로 나타낸다. 반면, "보관 공간을 주지 않는다"는 것은 앞서 말한 소속감과는 전혀 다른 메시지를 준다.

보안이 철저한 공간이든 누구에게나 열려 있는 공간이든 간에 창고는 창조적인 공간을 구성할 때 진지하게 고려되지 않는 경향이 있다. 실제로 아파트나 사무용 건물의 크고 음침한 수납용 창고의 공간적 이미지에서 섹슈얼한 상황이 연상되는 것을 보면 그렇다는 것을 알 수 있다.

협업을 위한 공간에서 협업을 독려하기 위한 여러 가지 물건을 갖추려면 그런 것들을 보관할 장소가 있어야 한다. 또한 새로 구매할 물건을 보관할 예비 장소도 있어야 한다. 물건 보관공간은 충분히 할당되어야 하며 중요하게 고려되어야 한다. 그렇지 않으면 물건들이 원치 않은 장소에 여기저기 흩어져 있게 될 것이다.

스페이스 무한 히트를 만드는 공간 디자인 Home with ~

행동

공간을 디자인하는 목적은 그 공간 내에서 이뤄질 활동이 의도대로 잘 진행되도록 하기 위함이다. 단순히 우리가 행하고 있는 혹은 앞으로 행하게 될 활동을 명시하는 것으로도 공간이 목적에 맞도록 디자인되는 데 도움을 줄 수 있다.

행동은 어떤 특정한 순간에 사람들이 '행하고 있는 것'이라고 설명할 수 있다. 특정 순간에 사람들이 하는 것들을 기본적으로 여섯 가지로 구분하여 설명할 수 있다. 이 여섯 가지 행동은 디스쿨에서 시작된 창조적인 협업 과정의 특별한 전략이지만 일반적인 작업 활동에 적용하는 것도 가능하다. 본문에 기술된 여섯 가지 행동을 모두 적용해 보거나 필요한 것만 골라 적용해 볼 수 있다. 아니면 여러분만의 행동 유형을 나눠 보아도 좋다.

가득 채우기Saturate

정보와 아이디어를 쏟아내고 서로 나누는 단계다. 가득 채우기 단계에서는 이야기, 사진, 삽화, 혹은 그래픽과 같은 도구를 통하여 정보를 드러낸다.

통합하기Synthesize

복잡함 속에서 명확함을 만들어 가는 단계다. 통합하기 단계에서는 주로 모은 정보를 합치거나, 버리거나, 재배열하는 과정을 통해 문제를 새롭게 정의할 수 있다.

집중하기Focus

일정 시간 동안 하나의 주제로만 생각을 집중할 때에는 다른 주제와 활동에 대해서는 생각하지 않는 의지가 필요하다. 아이디어를 구현하고 시사점을 발견하는 데 있어 집중하기 단계는 매우 중요하다.

발산하기Flare

이 단계에서는 새로운 콘셉트와 옵션을 수도 없이 많이 발굴한다. 발산하기 단계에서는 신선하고 혁신적인 아이디어의 발굴을 위해 제약점이나 의심 가는 사항에 대해서 때로는 언급하지 않는 것이 필요하다. 브레인스토밍과 같은 기법이 발산하기 단계에서 많이 사용되는 방법이다. 가능한 해결책에 대해서 마음껏 상상을 해 보는 것도 좋다. 아이디어나 콘셉트를 구체적으로 발전시켜 볼 필요가 있다. 이를 위하여 프로토타입을 만들어 볼 수도 있다. 이렇게 함으로써 아이디어에 관해 단순히 토의하는

것을 넘어 실제로 구현되고 적용할 수 있게 된다.

실체화하기Realize

아이디어나 콘셉트를 손에 잡히는 무언가로 바꾸는 단계다. 프로토타입을 만드는 것이 이 실체화하기의 한 가지 예다. 단순히 아이디어에 관하여 이야기하는 것을 넘어서 행동으로 무언가를 만들어내어 실제로 평가받고 작업이 앞으로 나아갈 수 있도록 움직이게 해준다.

되새겨 보기Reflect

이제까지 해온 것을 다시 점검해 보는 단계다. 되새겨 보기 단계의 목적은 배우고 해석하고 중요한 것을 포착하고 이제까지 해온 것들을 평가해 봄으로써 다음 단계에 어떠한 영향을 끼칠지 생각해 보는 것이다. 여러 경우에 되새겨 보는 단계는 다음 단계를 위한 것이며 꼭 맨 마지막 단계일 필요는 없다.

가득 채우기

가득 채우는 것은 영감을 얻기 위한 과정이다. 사람들은 정보를 보여 주거나 자신의 감정을 표현하거나 혹은 팀원이 당면한 문제에 집중할 수 있게 하려고 공간을 여러 가지로 채운다. 공예품이나 다른 장소에서 가져온 물건으로 공간을 꾸미기도 하고 자신의 경험에서 비롯된 특정 물건으로 장식하기도 한다. 책상에 가족사진을 올려놓거나 자동차 룸미러에 졸업식 때 사용한 장식을 달아놓는 행동들이 이러한 예다. 이 단계에서는 사무실, 교실, 컨퍼런스룸과 같은 특정한 특징이 없는 공간을 디자인할 때 필수적인 것(다른 장소에서 가져온 물건, 경험에서 비롯된 물건)들로 채우면 된다.

공간을 채울 수 있는 것들의 좋은 예로, 사진, 인용구, 공예품 등을 들 수 있다. 만일 어떤 리서치팀에서 제품이 실제로 어떻게 사용되는지를 조사하고자 사용자 인터뷰를 한다고 가정해 보자. 인터뷰를 마친 후 리서치 팀은 작업실로 돌아와서는 인터뷰에서 얻은 모든 정보를 '쏟아낼' 것이다. 인터뷰 대상자의 사진을 붙여 놓고 인터뷰 과정에서 생각난 아이디어 스케치를 늘어 놓을 것이며 중요한 인터뷰 구절을 펼쳐 보일 것이다. 또한

인터뷰 과정에서 비교 대상이 된 제품의 실제 모델을 공간에 가져다 놓을 것이다. 이렇게 여러 가지 자료들을 펼쳐놓음으로써 리서치 팀은 새로운 아이디어를 내는 데 꼭 필요한 인터뷰 내용을 다시 살펴볼 수 있다.

공간을 쉽게 가득 채울 수 있는 쉽고 빠른 몇 가지 요령이 있다. 포스트잇과 펜이 있으면 벽이나 창문 혹은 쉽게 쓰고 지울 수 있는 표면 위에 중요한 글귀 들을 적어 둘 수 있다. 마스킹 테이프를 활용하면 벽 표면을 손상하지 않으면서 사진이나 자료 등을 매우 간편하게 붙일 수 있다. 디지털카메라나 휴대용 프린터를 이용해 공간을 채우는 데 필요한 시각 자료를 그 자리에서 만들어 낼 수도 있다. 디지털 프로젝터로 여러 가지 이미지를 슬라이드 쇼로 보여 줄 수 있다.

이처럼 영감을 줄 수 있는 사진, 글귀, 영상, 오디오 자료 등으로 공간을 잘 채우는 과정을 통해 경험이 재창조되는 마술과 같은 일이 일어날 것이다.

통합하기

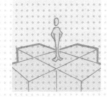

패턴, 트렌드, 테마, 숨겨진 의미 등과 같은 것이 바로 통합과 관련된 것이다. 여러 가지 사실로부터 구체적인 데이터를 모으고 이를

다양한 방식으로 재배열해 보면서 의미를 발견하고 방향을 제시하는 과정을 '통합하기'라고 볼 수 있다.

통합이라는 과정을 위해서 사람들은 매우 많은 사실과 또한 '알고 있는 것들'을 가지고 작업실로 모인다. 그리고 통합의 과정이 끝나면 그들이 알고 있던 지식이 실제로 어떠한 '의미'를 지니고 있는지를 발견하고 작업실을 나선다. 통합하기 위하여 사람들은 데이터를 분석하고 아이디어를 재구성해 보면서 새로운 시사점을 찾는 등 여러 번거로운 작업을 거친다.

이러한 통합 활동이 잘 이뤄지기 위해서는 작업 환경에 유연성이 있어야 한다. 통합을 잘하기 위해 유연한 마음가짐을 지녀야 하는 것과 마찬가지다. 통합 활동을 할 때 사람들은 우선 선입견을 내려놓고 여러 가지 관점을 정의한다. 그런 후에는 그 관점을 해제하고 같은 과정을 처음부터 다시 반복한다. 통합에 있어 데이터를 시각화하고 분류/재분류하고 시사점을 발견하는 일이 중요하다. 통합을 위한 공간에는 크기가 크고 아무 것도 쓰여 있지 않은 벽, 데이터를 나열하고 재배열하는 데 도움을 주는 도구 등이 필요하다. 앞의 "가득 채우기" 단계에서처럼 포스트잇이나 화이트보드가 갖춰져 있다면 더욱 좋다. 이처럼 생각을 포괄적으로 하고 시각화할 수 있도록 공간을 구성한다면 사람들이 '생각과 생각 사이'에 있는 숨어 있는 의미를 발견하는 데 굉장한 도움을 줄 것이다.

마인드 매핑과 스토리보드 기법을 활용하면 통합을 아주 효과적으로 진행할 수

디자인 템플릿_행동

있다. 스탠포드대학 명예 교수인 밥 맥킴 Bob McKim은 그의 저서 『시각적 사고의 경험Experience in Visual Thinking(Brooks/Cole, 1973)』에서 생각, 주제, 그리고 개인 혹은 팀 단위로 진행했던 작업 결과물 등을 시각적으로 표현해 보라고 제안하였다. 관련 있는 내용끼리 그룹으로 묶어보면 공통 주제가 보이고 주제 간의 연결 고리를 발견할 수 있다. 영화 제작자들은 예전부터 스토리보드를 활용하여 중요한 액션을 강조하고 한 장면에서 다른 장면으로 넘어가는 것을 계획해 왔다. 픽사Pixar 스튜디오는 애니메이션을 개발하는 내내 매우 큰 스토리보드를 눈에 잘 띄도록 벽에 붙여 놓는 것으로 유명하다. 이러한 행동은 그들의 작업결과물이 잘 통합되도록 하는 데 도움을 준다.

집중하기

집중하기는 한 개의 주제 혹은 과제로 좁혀가는 과정을 말한다. 이 과정에서는 잘 버리는 것이 핵심이다. 하지 말아야 할 것을 결정하는 것은 무엇을 해야 할지를 결정하는 것만큼 중요하다. 잘 버리는 것은 어떤 것을 완전히 포기하는 것을 의미하기도 하고 또는 어떤 것을 일시적으로 옆에 두고 보는 것을

의미하기도 한다. 어떤 것을 의미하든지 집중하기 단계는 정보를 희석하기보다는 정제하면서 좁혀나가는 핵심적인 단계이다.

집중하기 단계에서는 의도적인 행동이 필요하다. 다음과 같은 질문을 해 보는 게 도움이 된다. "현재 시점에서 우리는 새로운 아이디어나 새로운 정보를 얻고 싶은 것인가? 아니면 우리는 곧장 해결안을 내야 하는가?" 예를 들어, 어떤 팀에서 브레인스토밍을 굉장히 생산성 있게 진행하였다고 하자. 그렇다면 그 팀은 100개 이상의 아이디어를 얻었을 것이다. 다음으로 이 아이디어를 테스트하며 검증해 보아야 한다. 많은 경우 아이디어 검증 과정은 아이디어 발굴 과정과 정확히 반대로 진행된다. 아이디어 발굴에서 아이디어 검증으로 넘어가는 과정을 잘 인식한다면 과정이 좀 더 순조롭게 진행될 테지만, 이러한 과정에는 할 수 있는 것 이상으로 일이 많다. 하지만 특정 관점이나 특정 작업 단계에 집중한다면 전체적인 작업을 진행하는 데 도움이 될 것이다.

발산하기

발산하기는 여러 가지 가능성을 발견하고 선택 가능한 옵션을 발굴하는 단계를 말한다. 프로젝트 초반에 발산하기는 세상에서 일어나는 일들을 이해하기 위해 광범위하게 노력하는 과정을 의미한다. 프로젝트 후반에서 발산하기는 잠재적인 해결책을 찾기 위해 다양한 옵션을 발굴하는 과정을 말한다.

아이디어 발굴을 위해 사용하는 브레인스토밍과 같은 다양한 기법이 발산하기 과정에서 활용될 수 있다. 브레인스토밍에서와 마찬가지로 발산하기 과정에는 기존에 잘 알려진 것 이상의 새로운 아이디어를 얻기 위해서 특정 주제에 대해 새로운 정보를 얻거나 발견하게 된다.

참신한 아이디어를 얻기 위해서는 사람들이 낸 아이디어에 대한 비판은 잠시 유보해 두는 것이 좋다. 주제를 벗어나지는 말되, 판단은 보류해야 한다. 발산하기 과정의 목적은 다양한 옵션을 발굴하는 것이다. 여러 옵션이 있어야 의사결정 시점에 다양한 고민을 해 볼 수 있다. 만약 누군가가 주제에서 벗어난 생각이나 콘셉트를 제안하더라도 발산하기 단계에서는 일단 그것을 받아들이고 다음으로 넘어가야 한다. 훌륭한 아이디어는

디자인 템플릿_행동

모아두었다가 나중에 다시 구체적으로 고민해 보면 된다. 모순적으로 들릴진 모르겠으나 주제에 초점을 맞춰 진행하는 것이 오히려 이전에 없었던 완전하게 혁신적인 아이디어를 내는 데 도움이 된다.

실체화하기

실체화 과정은 두리뭉실한 무형의 생각을 눈에 보이도록 구체화하는 것을 말한다. 비유하자면 그림을 그리는 것을 좋아한다고 말하는 사람이 말만 하는 것이 아니라 정말로 그림을 그려내는 것과 같은 것이다. 다양한 방법을 통해 실체화 과정이 일어난다. 예로써 컴퓨터 프로그램을 짜거나 비즈니스 계획의 초안을 작성하거나 혹은 목업mock-up이나 모델 등을 만드는 것을 들 수 있다. 어떠한 방법을 사용하든지 간에 가장 중요한 것은 실제로 무엇인가를 해 보는 것이다.

먼저 무엇인가를 만들어보고 그다음에 그것에 관해 토론한다. 그리고 나서 토론한 결과물을 반영하여 무엇인가를 만들고 이러한 과정을 반복한다. 우리가 실질적으로 만든 결과물이 토의의 대상이 되어야 한다. 토의를 먼저 하고 그다음에 무엇인가를 만드는 것보다는, 먼저 만들어 보고 그 다음에 그것에 대해 이야기해 보는 것이 좋다.

여러분이 실체화시킨 결과물이 무엇이냐에 따라 여러 가지 다른 형태의 공간이 필요하다. 그러나 결과물과 상관없이 공통으로 적용되는 것이 있다. 예를 들어, 데이터베이스의 인터페이스를 개발하는 경우에 필요한 공간은 농장 관개 시스템을 건설할 때 필요한 공간과 매우 다르다. 그렇긴 하지만 실체화 과정에서는 다음과 같은 것들이 반드시 공통으로 필요하다. 우선 작업 중 결과물을 저장할 공간, 실험하기 위한 공간, 사람들에게 발표하고 공유할 수 있는 공간, 그리고 모여서 논의해 볼 수 있는 공간이 필요하다. 이러한 요소의 구체적인 특성이나 분량은 여러분이 실체화시키고 있는 대상이나 혹은 활용된 방법에 따라 달라질 수 있다(디지털 작업물은 서버에 저장할 수 있지만, 물리적 프로토타입을 보관하기 위해서는 선반이 필요하다). 그러나 기억해야 하는 것은 디지털과 관련된 무형의 작업을 하더라도 사람들이 모여 물리적으로 일할 수 있는 장소가 반드시 필요하다는 것이다. 컴퓨터 게임 디자이너조차도 아이디어를 내기 위해서 물리적 프로토타입을 사용한다.

되새겨 보기

되새겨 보기 단계는 일반적으로 결론을 내는 단계로 보이지만 사실은 굉장히 역동적이고 변화무쌍한 활동이 일어나는 단계다. 적용할 때 참여자는 열린 마음과 배우는 사람의 태도로 임해야 가장 좋은 결과를 낼 수 있다. 실수를 – 실수는 항상 일어나게 마련이다 – 통해 얻은 시사점은 다음 단계를 준비하는 데 도움이 된다. 그러나 성공적으로 보이는 아이디어를 다시 분석해 보는 것도 매우 유용하고 도움이 된다.

혼자의 힘으로 해결하기 위해 노력하는 것도 좋지만, 팀원들과 함께 진행해 보는 것도 가치가 있다. 계속해서 깊게 생각하라. 팀 작업을 하는 동안 혹은 프로젝트를 진행하는 모든 과정 동안 팀원이 해당 프로젝트에 관해서 발언할 수 있는 시점을 확실히 정하라. 처음에는 좀 어색하거나 강요하는 것처럼 느껴질 수도 있지만 반복해서 연습하고 솔직하게 참여하면 이 과정이 도움 되는 것을 발견할 것이다.

태도

공간이 사람의 태도와 행동에 영감을 줄 수 있도록 디자인하는 것은 공간 디자인의 궁극적인 목표라고 볼 수 있다.

우리의 태도는 결정을 지배하고, 우리가 하는 모든 것에 추진력을 제공한다. 공간은 그 공간을 통해 사람들이 얻고자 하는 가치를 더욱 높일 수 있어야 한다. 공간을 디자인하면서 사람들이 특정 태도를 보이도록 유도하는 것은 쉬운 일이 아니다. 왜냐하면 태도라는 것 자체가 예측하기 어렵기 때문이다. 또한 사람들에게 특정 태도를 보이도록 강요할 수도 없으며 태도를 측정하는 것도 쉬운 일이 아니다. 그럼에도 불구하고 사람들이 특정 태도를 보이도록 공간을 디자인하는 것은 가치 있는 일이다. 여러분이 실제로 경험해 보면 그 가치를 더욱 잘 알 수 있을 것이다.

사람의 행동에 영향을 미치는 공간 디자인을 위해서는 우선 그 행동과 태도가 어떤 것인지 정의해야 한다. 이 단계는 다소 추상적이므로 너무 많은 시간을 들이지는 않아도 된다. 조직에 따라 핵심 가치나 의사결정 규정을 표현하는 방식은 다양하다. 예를 들어, 디스쿨은 디스쿨의 문화에 기초한 '마인드 셋mindsets'이라는 6가지 태도가 있다. 이 6가지 태도는 광범위하면서도 바로 행동으로 옮길 수 있는 특징이 있다. 또한 잘 정의되어 있지만, 재평가할 필요가 없을 정도로 절대적인 가치를 지닌 것은 아니다. 이것들을 바

꿔 보고 여러분의 생각을 담는 것을 실행해 보아라. 바꿔 보는 작업을 한 후에는 그것들이 공간에서 스스로 진화할 수 있게 남겨두어라. 더욱 많은 것을 배울 수 있을 것이다.

다양한 분야의 사람들과 협업한다
Collaborate across boundaries

다양한 배경과 관점을 지닌 사람들이 서로 함께 일함으로써 작업이 완전히 새롭고 기대하지 못했던 영역으로 확장될 수 있다.

말로 하지 말고, 직접 보여준다Show, don't tell
작업물을 최대한 빨리 구체화하여 다른 사람들이 그것을 사용해 볼 수 있게 하라. 설명하는 데 너무 많은 시간을 보내지 말고 빠르게 무엇인가를 만들어 보라.

행동으로 옮긴다Bias toward action
일단 먼저 해 보라. 그러고 나서 그것에 관해 얘기하고 생각하라.

인간 중심적 가치에 초점을 맞춘다
Focus on human values

사람들로부터 얻은 시사점과 사람들 그 자체가 여러분의 작업물에 영감을 주도록 하라. 디자인은 다른 사람을 위한 것이지 여러분의 자아를 표현하기 위한 것이 아니다.

전체 과정을 생각한다Be mindful of process
어떤 순간에서든 여러분이 얻고자 하는 것이 무엇인가 하는 것을 인지하고 있어야 한다. 적절한 때가 아니라면 다른 것은 일단 시작하지 말라. 하지만 궁극적으로는 여러분이 하고자 하는 모든 것을 놓치지 않고 다 하도록 주의를 기울여야 한다.

해결책을 위한 프로토타입을 만든다
Prototype toward a solution

최종 해결책을 찾아가는 과정에서 빠르게 그리고 점점 나은 해결책이 나오도록 일을 진행하라. 여러분의 아이디어는 눈에 보이는 실체가 있어야 하며 그 아이디어에 대한 테스트를 자주 진행해 보아야 한다.

다양한 분야의 사람들과 협업한다

다양한 분야의 사람들과 협업함으로써 평범하지 않은 혁신적 아이디어를 낼 수 있게 된다. 혁신적 아이디어는 전혀 다른 분야에서 발견되기도 한다. 다양한 분야의 사람들을 모아놓으면, 다른 분야 간의 중첩을 통해 유용한 해결안을 발견할 가능성이 높아진다.

공동의 문제라도 접근법은 모두 다를 수 있다는 것을 유념해야 한다. 다학제적인 팀 – 전문 분야와 역량이 서로 다른 사람들의 모임 – 의 경우 서로를 충분하게 이해하지 못할 경우 공동의 노력이 실패할 수도 있다. 다양한 의견에서 좋은 성과를 얻으려면 팀원 간의 의사소통이 잘 이루어져야 한다.

협업이 잘 이뤄지려면 팀에 대한 지원이 필요하다. 특정 문화에서 협업을 통한 문

디자인 템플릿_태도

제 해결 방법은 익숙하지 않을 수도 있다. 협업 문화가 정착되기 위해서는 사람들이 협업 도중 발생하는 대인 관계 문제에 대해 자연스럽게 이야기할 수 있는 분위기를 조성해야 한다. 참여자들이 구성원으로서 느끼는 심리 상태 등에 관해 이야기하도록 요청해야 한다. 이것이 팀워크의 중요성을 보여줄 수 있는 첫 번째 단계이다.

협업이 '다수에 의한 디자인'을 위한 처방전은 아니다. 콘셉트 발굴을 위해서는 다양한 관점으로 접근하라. 하지만 최종 결정은 소수의 팀에게 맡긴다.

디자인이 점점 해결사가 되어가면서 이 태도는 일상 대화와 같은 다양한 상황에 적용되고 있다. 예를 들어, 여러분의 친구나 동료가 재미없는 이야기를 의미 없이 반복하는 경우, 그 이야기가 다 끝났을 때 여러분의 기분은 어땠는가? 이야기의 요점이 무엇인지 기억이 나는가? '직접 보여주기' 방식을 일상 대화에서 적용한다는 것의 의미는 추측보다는 세부 사항에 근거하여 여러분의 생각을 전달하는 것을 말한다. 또한 중요한 전달을 위해서는 가능한 간결하게 표현해야 하며 듣는 사람과 공감대를 형성하기 위해서는 진실된 감성적 긴장감을 활용할 수 있어야 한다.

서 새로운 것을 시도해 보는 것이 중요하다.

행동한다는 것이 생각하지 않는 것을 의미하는 것은 아니다. 단순히 무엇인가를 '시도'해 보기 위해서 새로운 것을 하는 것이 그 자체로 흥미진진할 수는 있지만 해결책을 찾고 혁신의 가능성을 발견해야 하는 상황에서는 반드시 주의를 기울여야 한다. 드러나지 않은 상황에는 상세한 많은 것이 있을 수 있다. 좀 더 관심을 둔다면 새로운 무언가 시도해 볼 수 있는 것을 발견할 수 있을 것이다. 행동한 후에도 주의를 기울여 되돌아봄으로써 문제를 더 깊게 이해할 수 있다.

말로 하지 말고, 직접 보여준다

이 태도는 사용자들이 직면한 상황을 직접 경험할 수 있도록 흥미를 끄는 시각자료나 만져볼 수 있는 제작물을 제공하는 것이다. 만일 책상이 없는 교실이 어떤 모습일지에 대한 아이디어가 있다면 그것에 관해 토론하지 말고 그러한 환경을 직접 체험해 볼 수 있도록 한다. 책상을 밖으로 치우고 수업하는 모습을 보여주는 것이다. 실제로 경험해 보면 상세한 내용을 발견할 수 있다. 또한 전혀 예측하지 못했던 것들이 드러난다.

행동으로 옮긴다

"Just do it"은 나이키의 홍보 문구로 '행동으로 옮기는 것'과 일맥상통한다. 일단 실제로 해 보며 새로운 것을 시도하는 것은, 일의 목적과 결과물에 대해서 신중하게 고민하는 것과 상충하지 않는다. 사람들은 하지 못하는 이유를 합리화한다. 행동으로 옮기기 위해서 그 행동 뒤에 어떤 일이 일어날지 꼭 알아야 할 필요는 없다. 그다음 단계를 알지 못하더라도 어떤 것이 잘 적용되고 어떤 것이 잘 적용되지 않는가를 명확히 결정하기 위해

인간 중심적 가치에 초점을 맞춘다

인간 중심적 가치에 집중하기 위해서는 자신의 신념을 잠시 내려두고 다른 사람을 이해하고 받아들이도록 노력해야 한다. 때때로 자신의 본능적 자아를 억눌러야 할지도 모른다. 인간 중심적 가치에 집중하는 단계에서 가장 어려운 것은 하고 싶은 말이 있더라도 입을 닫고 듣는 것이다. 우습게 들릴지 모르지만 이렇게 하는 것은 매우 어렵다. 마구잡이로 해결책을 제시하는 것보다 사용자로부터 해결책에 대한 단서를 얻는 것은 상당히

유용하다. 각각의 사용자는 디자인 아이디어를 발견하기 위해 투입된 제3의 구성원과도 같은 것이다. 간단하지만 명쾌한 수법이다.

인간 중심적 가치에 기반을 둔 디자인이 사용자가 주도하는 디자인은 아니다. 사용자에게서 얻는 통찰에 기반을 둔 디자인이다. 사용자와의 친밀한 관계는 의미 있는 시사점과 중요한 영감을 제공해줄 수 있지만, 그 자체를 그대로 따라서는 안 된다. 디자이너가 그것들을 다른 요소와 함께 종합하여 최종 디자인을 내는 과정을 거쳐야 한다.

디자이너는 이미 존재하는 필요를 기반으로 디자인하는 것과 기존에 없는 필요를 창조해 완전히 새로운 제품을 디자인하는 것 사이에서 갈등한다. 위의 경우 각각에 해당하는 뛰어난 제품 및 혁신적 아이디어 사례들이 많이 있다. 그러나 해결해야 할 것이 매우 많은 경우에는 인간 중심적 가치, 경향, 행위에 기반을 두어 차근차근 문제에 접근하는 방법은 디자이너도 영감을 얻는 데 도움이 되는 경우가 많다. 한 명의 디자이너가 자신의 직감에만 근거해 사용자를 위한 완벽한 해결책을 찾아내는 경우는 극히 드물다.

전체 과정을 생각한다

여러분의 현재 행동과 환경을 전체적인 맥락의 관점에서 바라보는 것은 매우 중요하다. 대부분의 디자인은 주어진 순간에 집중할 때 느끼는 즉각적인 경험이다. 전체 프로세스를 염두에 둔다는 것은 여러분이 하는 방식에 대해 깊은 주의를 기울이면서 필요한 경우 작업 계획을 수정하기도 하며 진행하는 것을 의미한다. 단순한 변화 하나로 여러 시스템이 영향을 받을 수도 있기 때문에 변화가 전체에 초래할 결과에 대해 인식하고 있어야 한다. 여러분의 팀은 특정 상황에 대해서 어떻게 대응하는가? 새로운 것을 다시 시도해보면 어떠한 결과가 일어날까? 어떤 것이 다시 해 보지 않아도 괜찮은 것인가?

전체 과정을 생각한다는 것은 안전한 범위 내에서만 생각하는 것과는 다른 것이다. 사실 이것은 대부분 상식적이지 않은 태도일 것이다. 비즈니스 환경에서의 실패, 즉 예산 및 일정 상의 실패는 곧 위험과 같은 의미로 해석되기도 한다. 그러나 전체 프로세스를 염두에 둔다면 여러분이 실패할지도 모른다는 것을 아는 것과 예상했던 실패로 인하여 다음 단계가 더 생산적인 좋은 결과를 가져올 수도 있다는 것 사이에 균형을 이룰 수 있다. 프로토타입을 만드는 경우에는 더욱 이러한 것이 적용된다. 프로토타입을 만드는 목적은 프로토타입 그 자체를 성공적으로 만드는 것이 아니라 프로토타입을 만들어 보면서 문제점을 발견하고 배울 점을 얻는 것이다.

해결책을 위한 프로토타입을 만든다

해결책을 찾기 위하여 프로토타입을 만들 때에는 필수적으로 따라야 하는 몇 가지 과정이 있다. 우선, 창의성을 발휘해 결과나 사용자 경험을 명확히 표현한다. 주변에서 흔히 구할 수 있는 재료로 콘셉트를 만들어본다. 프로토타입에 대한 피드백을 수렴하고, 다음 프로토타입에 반영한다. 이러한 과정을 초기 단계부터 여러 번 반복하여 진행한다.

프로토타입이 대단하진 않지만, 이를 만들어봄으로써 많은 것을 배울 수 있다. 프로토타입은 일종의 배워가는 과정이며, 최소한의 재료와 노력으로 최대한의 배움을 얻는다. 만들고자 하는 프로토타입의 완성도는 아이디어의 완성도와 수준이 비슷해야 한다. 즉 해결안을 찾는 초기 단계에는 아이디어나 콘셉트가 두리뭉실하므로 프로토타입도 구체적일 필요가 없다. 완성도 높은 프로토타입을 만들기 위해 많은 비용, 시간, 노력을 들이는 대신 빠르고 거칠게 만들어보는 것이 좋다. 또한, 처음에 여러 종류의 프로토타입을 많이 만들면서 가능한 옵션들을 발견하고 충분한 시간 동안 여러 번 테스트하면서 여러분의 해결안을 좁혀 나가는 것이 좋다.

TED:
최적의 환경
디자인하기

프랭크 그라지아노 Frank Graziano

make space

공간 연구_TED : 최적의 환경 디자인하기

스틸케이스Steelcase는 매년 3일 이상 열리는 TEDTechnology, Entertainment, and Design를 위한 최적의 환경을 조성할 것을 의뢰받았다. 처음 이 제의를 받은 후 우리 연구원들과 디자이너들은 다음의 질문을 출발점으로 작업을 시작하였다. "어떻게 하면 이 임시적인 환경을 멋진 실험적 공간으로 만들 수 있을까?" 우리의 도전과제는 임시적인 공간을 디자인할 때 오는 긴장감에서 시작되었다. 사실 이러한 긴장감은 이미 여러 차례 경험해 봤기에 잘 알고 있는 것이었다. 이 숙제를 해결하는 과정은 짜릿했다. 사람들은 아래 소개하는 5가지 원칙들과 실타래처럼 엮여 특정 활동에 참여하고 환경과 상호작용하였다. 이를 이해하는 일은 매우 흥미로웠다.

1. 더 넓은 맥락을 고려한다.
18분 동안 진행되는 TED 강연은 대형 강의장뿐만 아니라 동시에 여러 공간에서 진행된다. 청중들은 대형 강의장에서 강의에 집중하거나 다른 공간에서 사람들과 대화를 나누며 관계를 만드는 시간을 갖기도 한다.
　우리는 이런 다양한 행동의 모습을 보이는 사람들을 서로 연결하기 위해 공간을 디자인하였다. 서점, 커피나 차를 함께 즐길 수 있는 장소, 독립된 소규모 방 등 다양한 공간으로 구성하여 참석자들이 선택할 수 있도록 하였다. 어떤 공간에는 대형 스크린에 TED 강연을 띄워 편안한 의자에 앉아 자유로운 분위기에서 강연을 들을 수 있게 하였다. 다른 공간에서는 강연과 함께 화이트보드, 펜, 종이, 스마트 폰 등의 필기도구를 이용하여 참석자들이 함께 생각하고 무언가 만들어내면서 참여하는 것이 가능하도록 하였다.

위 : TED 강연장
로비의 다양한 모습

아래 : 노트북 사용,
라운지, 강연을 위해
디자인된 공간

2. 서로 다른 학습 스타일을 고려해서 공간을 기획한다.

TED에는 다양한 사람들이 참석한다. 예술가, 배우, 작가는 물론 과학자, 수학 교수, 사업가에 이르기까지 그 종류가 매우 다양하다. 참석자들은 모두 자신 생각과 목표를 공유할 수 있는 다른 사람들을 만날 기회를 얻고자 TED에 찾아온다.

우리는 TED 강연장의 전체적인 기획을 할 때부터 사람들의 다양한 학습 스타일을 고려하였다. 스피커에서 나오는 오디오를 통하여 학습하는 사람은 서점을 둘러보는 동시에 강의를 듣고 싶어할 수 있다. 반면 화면을 보면서 학습하는 사람은 강연에 집중하기 위하여 어두운 조명을 선호할 것이다. 블로거들이나 글로 정리하며 학습하는 사람들을 위해서는 조용한 환경에서 강연에 집중할 수 있도록 별도의 공간을 준비하였다. 마지막으로 전통적인 학습 환경을 원하는 참석자들을 위해서는 교실에서 쉽게 볼 수 있는 의자와 책상을 마련하였다.

3. 자연스러운 이동을 유도한다.

TED 행사는 의도적으로 사회성을 강화한 프로그램이다. 행사 당일 45분간의 휴식시간을 통해 참가자들은 강연 내용을 곱씹어볼 수도 있고, 잠시 휴식을 취할 수 있으며, 음료와 스낵을 즐기며 다른 참가자들과 자연스럽게 어울릴 수 있다.

지속적으로 이동을 유도하고 그 리듬에너지를 이용하기 위해, 사람들이 이용하는 길과 틈새 공간에서 의도된 장면을 볼 수 있게 구성하였다. 즉 한쪽에서 다른 공간을 바라볼 때 이질감이 아닌 소속감을 느낄 수 있도록 디자인한 것이다. 탁 트인 시야를 통해 참가자들은 곧바로 누군가를 발견하고 다가가 대화를 시작할 수 있다. 의자 역시 다양한 높이로 구성되어 있다. 어떤 사람은 다른 사람의 눈에 잘 띌 수 있도록 팔걸이가 없는 높은 의자에 걸터앉을 수 있고 다른 사람들은 편안함과 친근감을 느낄 수 있는 낮은 높이의 휴식용 의자에 앉을 수 있다.

4. 모호함을 이용한다,

TED는 그동안 TED침대, TED쿠션 등과 같은 상징이 된 아이템을 만들어왔다. 이러한 것이 컨퍼런스 행사장에 등장하리라고는 쉽게 상상하기 어렵지만, 사실은 필수적인 것이다. 바로 이러한 아이템을 통해서 이제 사람들은 컨퍼런스에서 어떠한 행동이 '적절한 행동'인지를 다시금 생각한다.

우리는 이 원리를 공간을 디자인하는 부분에도 적용했다. 어울리지 않는 일련의 소품을 공간에 배치하여 공간을 사용하는 사람들의 새로운 행동을 만들어낸다. 궁극적으로 소품의 용도는 사용자들이 직접 부여하는 것이다.

5. 소속감을 느낄 수 있도록 만든다.

3일 하고도 반나절의 컨퍼런스 기간 동안
참가자들은 주어진 환경에 적응해서
일종의 행동 패턴들을 만들어낸다. 우리는
참가자들이 공간에 대해 소속감 또는
주인의식을 느낄 수 있도록 노력하였다.

　조작할 수 있는 소품(예를 들어 조명,
이동식 칸막이, 이동식 카트 등)을 통하여
개인이나 팀 단위의 참가자들이 자신의
홈베이스나 캠프를 만들 수 있도록 하였다.
소품은 사용방법을 누구나 직관적으로
알아낼 수 있는 것들이다. 따라서
사용자들은 이 소품을 적극적으로 활용할
수 있다. 이러한 소품이 전체 공간에 걸쳐서
일관적으로 반복되어서 노출되어 있기
때문에 참가자들은 소속감과 동시에 환경에
대한 일종의 통제감을 느낄 수 있게 된다.
컨퍼런스 내내 땅따먹기를 하듯이 한쪽
구석에 자리해 머무는 것이 아니라 적극적인
참여가 장려되는 것이다.

프랭크 그라지아노Frank Graziano는 스틸케이스
Steelcase의 책임 연구원이다. 주요 연구 및
디자인 분야는 휴먼 인터랙션Human Interaction
이다.

조명, 의자, 음향 등
전반적인 것들이
청중의 경험을 더욱
풍부하게 한다.

화이트보드 슬라이더는
가격이 저렴하고 스튜디오
공간을 다양하게 구분하는 데
사용된다.

화이트보드 슬라이더
whiteboard slider

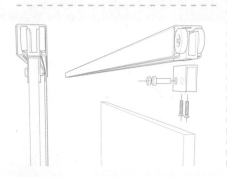

보통 약 30"(약 76cm) 정도의 너비가 적당하다.

바닥에서부터 2" ~ 4" (약 5 ~ 10cm) 정도를 띄워 놓는다. 고정용으로 신발을 끼워 놓기 위한 공간이기도 하다.

화이트보드 밑에 러너*를 부착하여 더욱 안정감 있게 필기할 수 있도록 한다.

* runner : 경량 철골 칸막이의 세로띠 장의 가이드로서 바닥 및 천장에 부착하는 U자 모양의 금속 부재 – 옮긴 이

화이트보드는 자유롭게 썼다 지웠다 할 수 있으며, 화이트보드를 다양하게 배치함으로써 공간을 창고에서 멋진 스튜디오로 변경시킬 수 있다. 물론 간단한 조작만으로 다시 원상태의 흰색 아크릴판으로 돌려놓을 수도 있다. 화이트보드 슬라이더를 칸막이처럼 활용하여 순식간에 공간을 분리할 수 있고, 동시에 필기를 위한 면도 많이 확보할 수 있다. 가장 간단하게 설명하자면, 화이트보드 슬라이더는 고정된 레일을 따라 움직이는 판이라고 할 수 있다.

판의 크기, 판에 달린 캐스터 종류, 레일 길이, 천장 고정 부위의 종류에 따라 미닫이식 화이트보드 구조는 여러 형태가 가능하다. 나무 합판 양쪽에 붙여 간단하고 저렴하게 화이트보드를 만들 수 있다. 골판형 폴리카보네이트는 가볍고 썼다 지웠다 할 수 있기 때문에, 이를 활용해서도 멋진 화이트보드를 만들 수 있다.

무게 보정 또는 구체적인 설치를 할 때에는 기술자나 설치 전문가의 도움을 받는 것이 좋다. 레일을 고정하는 방법은 여러 가지가 있다. 천장에 바로 고정하기, 트러스에 고정하기, 벽기둥에 고정하기, 천장에 부착된 나사못에 고정하기 등이 그 예시다. 바닥부터 천장까지의 높이에서 화이트보드 고정 부위 높이를 뺀 다음에, 화이트보드 높이를 정해야 한다. 화이트보드를 만들 판과 부품을 구한 후, 접착을 먼저 하고 필요한 크기로 자른다. 화이트보드에 구멍을 뚫고 캐스터를 단 다음에 레일에 연결한다. 이제 화이트보드를 움직여보자!

팁

· 화이트보드별로 레일을 각각 설치하는 것이 좋다. 그렇지 않으면 화이트보드를 움직일 때 캐스터가 부딪히면서 이음 부분이 손상될 수 있다. 쇼핑몰에서 유니스트러트Unistrut 레일을 팔기도 한다. '반 도어barn door'의 레일과 캐스터를 활용해도 멋진 미닫이형 화이트보드를 만들 수 있다.

· 유니스트러트의 C형 채널을 레일로 사용할 경우, 나사가 레일 안쪽을 관통하였는지 잘 확인해야 하고 필요하면 레일 바깥쪽에 나사못으로 레일을 고정한다. C형 레일 안쪽으로 캐스터가 잘 움직일 수 있도록 충분한 공간을 확보하도록 한다.

재료 구하기

패널

디스쿨은 스틸케이스Steelcase에서 맞춤 제작한 패널을 사용한다. 기타 필요한 물품(나무 판이나 화이트패널)은 근처 문구점에서 쉽게 구할 수 있다. 샌프란시스코 베이 에리어 지역에서는 다음 장소에서 구할 수 있다.

파인 콘 럼버Pine Cone Lumber(895 East Evelyn Avenue, Sunnyvale, CA 94086; 408 736–5491; www.pineconelumber.com) '솔리드 화이트 타일보드' 또는 '샤워보드'를 참고하자.

레일과 캐스터

디스쿨에서는 1⅝"(약 4cm) 유니스트러트Unistrut 레일(Part P1000)을 사용한다. 일반적인 유니스트러트 캐스터PartP2949, PartP2750

시작하기

폼보드나 카드보드를 이용해서 화이트보드 슬라이더의 프로토타입을 만들어 본다. 그리고 실제 설치에 도움을 줄 기술자나 업체의 도움을 받아 구체적인 상담을 한다. 레일 고정방법을 결정하고 길이를 측정한다. 화이트보드를 구매하여 조립하고 부품을 부착한 후 슬라이더에 고정한다.

는 다용도로 활용할 수 있으며 설치가 쉽다. 유니스트러트(www.unistruct.com)는 금속 제품을 다량 보유하고 있으며 표준화된 다양한 부품을 연결해 사용할 수 있다. 샌프란시스코 베이 지역에 위치한 유니스트러트: 로드앤손Lord & Sons(430 East Trimble Road, San Jose, CA 95131; 800 468–3791; www.lordandsons.com).
80/20에서도 다양한 알루미늄 제품을 구매할 수 있다. 80/20 Inc(1701 South 400 East, Columbia City, IN 46725; www.8020.net).

참고하기

hack

**캐스터는 혁명적인 도구다.
캐스터가 우리의 공간을 바꿀
것이다.**

예상치 못한 곳에
생긴 캐스터

캐스터 달린 소파는 디스쿨을 나타내는 아이콘 중 하나다. 일부러 그렇게 의도한 것은 아니다. 최초의 소파는 이케아IKEA에서 구매한 '에칸던트ecandent' 소파로 디스쿨이 막 설립된 후 샀다. 소파에 캐스터를 달아야겠다는 생각은 디스쿨 내 공간이 부족했던 현실에서 탄생한 것이다. 초기 디스쿨 건물(버치 홀Birch Hall)에는 강의실이 1개밖에 없었기 때문에 수업에 따라 공간을 계속 변경해야만 했다.

캐스터 달린 소파는 기반 시설을 빠르게 재배열하고자 하는 디스쿨의 문화를 잘 나타낸다. 이러한 문화로 사람들은 벽과 같이 쉽게 움직일 것으로 생각하지 않는 것도 이동 가능한 대상으로 실험해 보게 되었다.

캐스터 달린 소파는 사실 조금 격식에 어긋나 보일 수 있다(소파가 공간에서 마구 돌아다니는 광경을 우리는 종종 목격하곤 한다). 그러나 색다른 곳에 캐스터가 생김으로써 공간을 언제든지 변경할 수 있다는 사실이 매력적이다. 캐스터 달린 소파는 사람들이 모여서 쉴 수 있는 친근하고 편안한 환경을 만들어준다. 이와 동시에 다른 활동을 위한 장소로 공간을 빠르게 변경시킬 수 있도록 한다.

만드는 방법

캐스터를 설치하는 것은 여러분이 생각하는 것만큼 간단하다. 그러나 다음 두 가지를 유념하기 바란다
1. 가능한 한 가장 좋은 캐스터를 사서 달아라. 잘 굴러가지 않는 캐스터를 소파에 달았다가는 낭패를 보기 쉽다.
2. 캐스터를 구매하기 전에 어떤 방식으로 가구에 설치할 것인지를 미리 결정하라. 캐스터를 고정하는 방식은 매우 다양하다.

재료 구하기

소파
우리가 활용하는 빨간 소파는 '클리판Klippan' 이라는 제품으로 이케아IKEA(www.ikea.com) 에서 살 수 있다. 빨간색 이외에 검정과 같은 다른 색상도 있다.

캐스터
인터스트리얼 캐스터 앤 휠Industrial Caster & Wheel Co(2200 Carden Street, San Leandro, CA 94577; 510 569-8303; www.icwco.com). 스탠포드 디스쿨의 3"(약 8cm)나 5"(약 13cm)의 빨간색 캐스터를 참고하자.
캘리포니아 캐스터 앤 핸드 트럭 컴퍼니California Caster and Hand Truck Company(1400 17th Street, San Francisco, CA 94107; 800 950-8750; www.californiacaster.com)

시작하기

가구에 캐스터를 달아 본다. 소파, 서랍형 의자, 커다란 테이블같이 캐스터가 어울린다고 상상하지 못했던 가구를 선택한다. 가구에 캐스터가 달려 있다면 가구를 새롭게 배치하고 싶어질 것이다. 한번 해 보자.

맥마스터 카McMaster_Carr(600 North County Line Road, Elmhurst, IL 60126; 630 600-3600; www.mcmaster.com)

참고하기

프로토타이핑 룸

'창조적인' 분위기를 만들고 싶은가?
그렇다면 우선 건물의 공간과 도구들을
그렇게 준비해야 한다.
프로토타이핑을 위한 공간은 마음대로
사용할 수 있게 단순한 구조일 수도 있고,
기계부품을 파는 가게처럼 정교하고
복잡하게 구성된 공간일 수도 있다. 공간의
세세함보다는 필요한 자원들에 쉽게
접근하고 작업할 공간을 쉽게 찾을 수 있게
하는 것이 더 중요하다.

형태를 만들고 조립하는 도구들을 잘 보이고
쉽게 손이 닿는 곳에 둔다.
자르고 붙이는 도구들의 역할은 매우
중요하다. 작은 톱, 날, 가위, 스테이플러,
실리콘 풀, 전기드릴 등은 항상 손이 닿는
곳에 있어야 한다.

상황_프로토타이핑 룸

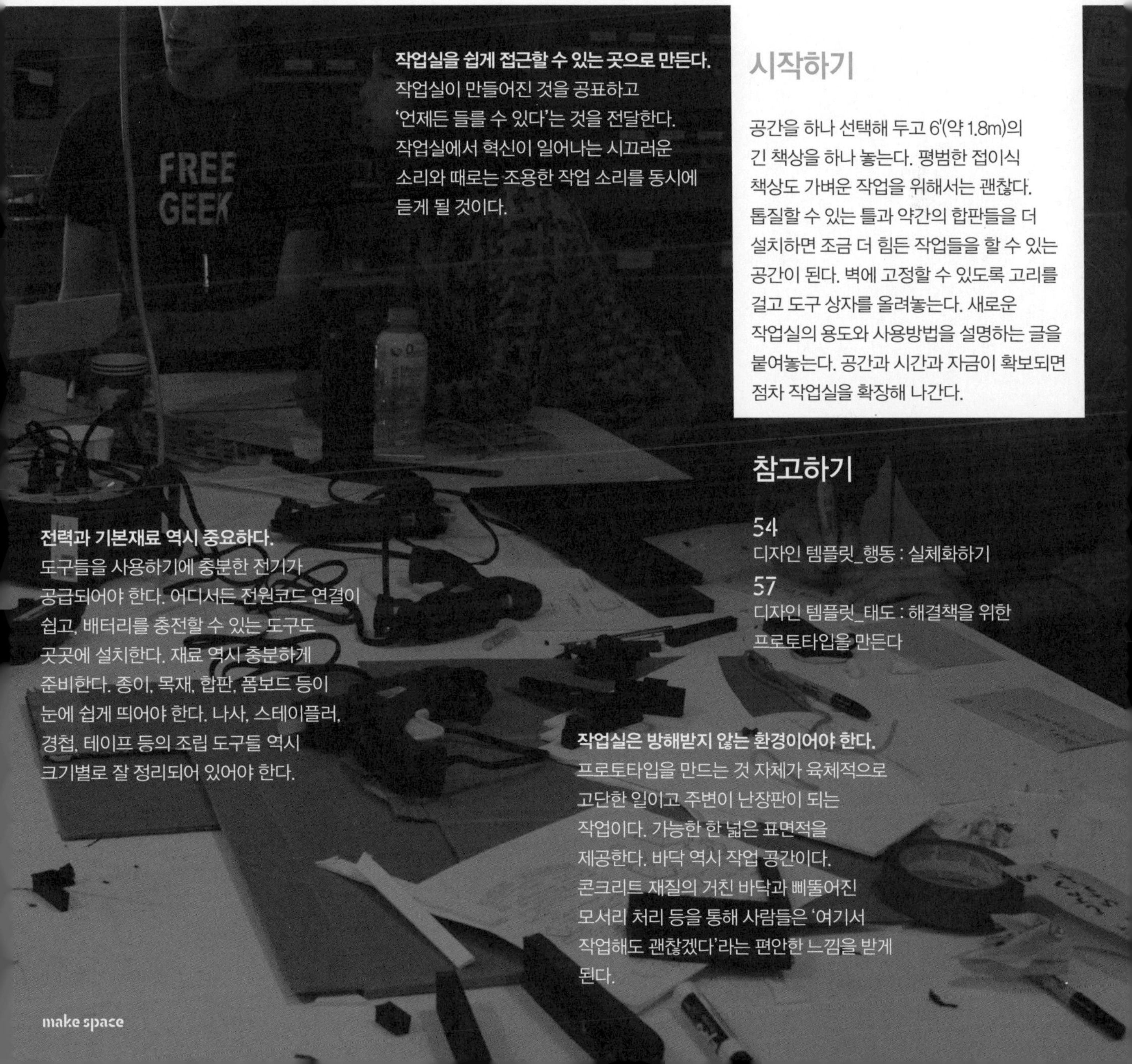

작업실을 쉽게 접근할 수 있는 곳으로 만든다.
작업실이 만들어진 것을 공표하고
'언제든 들를 수 있다'는 것을 전달한다.
작업실에서 혁신이 일어나는 시끄러운
소리와 때로는 조용한 작업 소리를 동시에
듣게 될 것이다.

시작하기

공간을 하나 선택해 두고 6'(약 1.8m)의
긴 책상을 하나 놓는다. 평범한 접이식
책상도 가벼운 작업을 위해서는 괜찮다.
톱질할 수 있는 틀과 약간의 합판들을 더
설치하면 조금 더 힘든 작업들을 할 수 있는
공간이 된다. 벽에 고정할 수 있도록 고리를
걸고 도구 상자를 올려놓는다. 새로운
작업실의 용도와 사용방법을 설명하는 글을
붙여놓는다. 공간과 시간과 자금이 확보되면
점차 작업실을 확장해 나간다.

참고하기

54
디자인 템플릿_행동 : 실체화하기
57
디자인 템플릿_태도 : 해결책을 위한
프로토타입을 만든다

전력과 기본재료 역시 중요하다.
도구들을 사용하기에 충분한 전기가
공급되어야 한다. 어디서든 전원코드 연결이
쉽고, 배터리를 충전할 수 있는 도구도
곳곳에 설치한다. 재료 역시 충분하게
준비한다. 종이, 목재, 합판, 폼보드 등이
눈에 쉽게 띄어야 한다. 나사, 스테이플러,
경첩, 테이프 등의 조립 도구들 역시
크기별로 잘 정리되어 있어야 한다.

작업실은 방해받지 않는 환경이어야 한다.
프로토타입을 만드는 것 자체가 육체적으로
고단한 일이고 주변이 난장판이 되는
작업이다. 가능한 한 넓은 표면적을
제공한다. 바닥 역시 작업 공간이다.
콘크리트 재질의 거친 바닥과 삐뚤어진
모서리 처리 등을 통해 사람들은 '여기서
작업해도 괜찮겠다'라는 편안한 느낌을 받게
된다.

의외의 장소에서 얻는 영감

영감은 어디에나 있다.
항상 눈과 마음을 열어 놓아라.

사람들이 이야기하기에 편안한 장소를 만들고 싶다면? 지금 여러분이 동네에서 저녁 식사를 즐기며 앉아 있는 그곳에 답이 있을지도 모른다. 혹은 뜨거운 환영의 경험을 만들어 주는 공간을 고민하고 있다면? 그것은 당신이 평소 다니는 교회에서 답을 찾을 수도 있다(갑자기 영감이 떠오르시는 분?).

디스쿨의 모듈형 테이블 : 다양한 용도로 사용되며 모듈형이다.

호기심을 가진다.
당신을 흥분시키는 바로 그것이 맞다. 그 충동적인 감정을 따라서 행동한다. 가장 좋은 아이디어는 문제와 전혀 상관이 없어 보이는 장소에서 우연히 떠오르곤 한다. 우리는 강의실 공간 혁신을 위한 아이디어를 주방이나 방음 스튜디오에서 찾았다. 논리적으로 말이 되게 만드는 것은 나중에 생각하자.

본래 의도와 합치시킨다.
가끔은 외부로부터 방법을 도용하는 것이 아이디어 단계부터 실행까지 괜찮은 방법일 수가 있다. 나이트클럽의 조명을 그대로 새로운 미팅 공간에 설치하는 것 등이

시합을 위해 자세를 취하고 있는 미해군

그렇다. 어떤 해결책은 더욱 영감을 일으킬 수도 있다. 그것이 여러분의 공간에 딱 맞는 요소일지라도 똑같이 바로 적용하는 것은 곤란하다. 예를 들어, 새로운 휴식공간을 만들 때 스파의 편안한 분위기는 가져올 수 있지만, 스파용 옷이나 오일을 적용할 수는 없지 않은가. 여러분이 만들고자 하는 분위기에 적합하도록 변형이 가능한 요소들을 찾아내기 위해 깊이 연구해야 한다. 스파의 편안함과 바깥의 분위기 간의 긴장감 사이에서 매력을 느끼는 것인가 아니면 스파 안의 친환경 재료들에 끌리는 것인가?

순간적인 통찰을 놓치지 않고, 더욱 확장한다.
카메라나 노트로 이동 중에 이미지를 기록하고 생각을 덧붙여놓는다. 우선 빠르게 기록하고 더 깊이 들어가는 후속 작업은 나중에 진행한다. 그런 다음 당신의 공간을 이렇게 영감 받은 이미지들과 노트들로 가득 채워 놓는다.

참고하기

테이블 사진 : 윌리엄 머서 맥클리드 / 축구 사진 : 조니 비에라(Johnny Bivera) / 미해군 퍼블릭 도메인(Public Domain(U.S.Navy)

필요와 해결책을 분리하여 생각하라

각각의 필요한 사항들을 분리하고 따로 해결하여, 기존의 방식과 같은 해법을 피한다.

여러분의 개인 사무실이 있다고 생각하자. 이 공간은 여러분의 니즈를 해결해주는 공간이다. 당신의 물품을 보관하고, 당신의 영역임을 느끼게 해주며 소속감을 느끼게 하는 공간이다. 조직 내 당신의 지위를 나타내는 곳이고 동시에 일을 하는 공간이다. 이러한 다양한 필요사항을 모두 충족시키면서 하나의 공간을 만들려고 하면 결국 기존의 전통적이고 규격화된 사무실이 탄생한다.

필요사항을 하나씩 분리하고 각각의 필요에서 어떠한 혁신이 가능할지 생각해 본다. 여러분이 원하는 분위기를 위한 다양한 방안이 나올 것이다. 사회적 지위는 기존의 방식으로 표현될 수 있지만, 전혀 상관없는 방법으로 나타낼 수도 있다. 일을 위한 필요사항은 따로 독립시키거나 임시로 설치되는 여러 개의 구분된 공간을 통해서 해결할 수 있다.

참고하기

40
통찰_드러나지 않는 것에 주목하라 : 혁신은 어디에나 있다
56
디자인 템플릿_태도 : 인간 중심적 가치에 초점을 맞춘다

닫혀 있는 문과는 달리, 반쯤 열린 형태의 벽을 통해서 작업에 집중하면서도, 바깥의 분위기를 놓치지 않을 수 있다.

사진 조지 켐벨/George Kembel

노르웨이 에비예
Evje에서 이것은
텐트이기도 하고
랜드로버이기도 했다.

공간의 목적을 정의한다

각각의 공간으로부터 원하는 것이 무엇인지
정하고 명확히 표현한다. 그리고 그에 따라
행동한다.

공간구성원리를 설명하기 위해 건축가는
기본설계를 사용하고 디자이너는 관점을
언급한다. 어떠한 용어를 사용하는지는
중요하지 않다. 어찌되었든 공간에 대한
지침서를 작성하는 과정을 통해서 구체적인
결정을 더 잘할 수 있다.
     예를 들어 디스쿨에는 부스 누아르Booth
Noir라고 부르는 휴식공간이 있다. 여기서

'부스'는 일정 정도의 크기를 지칭함과
동시에 한두 명을 위한 개인적 용도의
공간임을 나타낸다. '누아르'는 공간의
목적을 나타낸다. 에너지가 넘치는 나머지
작업 공간과 대비되는 조용한 공간이라는
것이다.

지침서 작성 시 알아두면 좋은 것 :

비유를 사용한다.
비유는 여러 생각을 하나로 묶는 데에
훌륭하게 쓰인다. '이곳은 창의적 작업을
위한 집입니다'라고 적혀 있다고 하자.
여기서 '집'이란 단어를 통해 디자인 전반을
이끌어 갈 수 있는 다양한 의미들을 도출할
수 있다.

매력적이고 간결하고 구체적으로 표현한다.
계속해서 아이디어를 떠오르게 할 수 있는
큰 개념을 생각한다.

구체적인 사용자와 용도를 드러낸다.
방문객이 공간을 경험하는 방법은 그 공간
에서 일하는 사람들의 방법과는 다를 수밖에
없다. 따라서 지침서를 특정 사용자와 특정
용도에 맞추어 작성해야 한다.

복합적인 측면에서 접근한다.
건물 전체, 한 층, 실 등 전체 공간과 개별
공간의 수준에서 동시에 복합적으로
접근해야 한다. 전체 건물 수준에서
접근하면 작업자의 느낌('여긴 내
작업실이야')과 방문객의 경험(코너를
돌 때마다 놀라운 경험을 하도록)에 대한
중요한 결정을 내릴 수 있다. 반면 개별
공간의 수준에서 접근하면 각 공간의 용도에
부합하도록 특징을 살릴 수 있다('이곳은
팀을 위한 인스턴트 스튜디오 공간이다').

결정하고 실행한다.
지침서는 실행을 위한 기준으로 삼는다.
그러나 진행에 따라서 공간에 대한 이해가
발전됨에 따라서 변할 수 있다.

참고하기

사진: 피얼뢰 스벤센ⓒ위키미디어 커먼즈Wikimedia Commons

다면의자는 수직으로 세우면
바에서 사용하는 높은 의자가
되고 수평으로 넓게 사용하면
벤치처럼 사용할 수 있다.

만드는 방법

다면의자에는 비싸지 않은 재료가 사용된다.
따라서 특정 기능에 갇히지 않고 다양한 용도로
자유롭게 상상해 볼 수 있다. 다면의자에는 또
다른 장점이 있다. 큰 의자에서 작은 정육면체 두
개를 꺼내서 각각을 의자로 사용할 수도 있다.

다면의자
flip stool

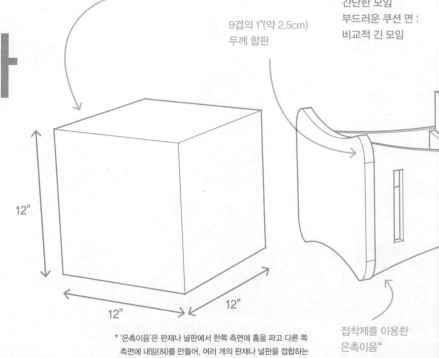

낮은 쿠션 의자 :
오래 앉아 있어야
하는 상황과 친근한
분위기에 적당하다.

흡음소재

9겹의 1"(약 2.5cm)
두께 합판

낮은 벤치 의자 :
친근한 분위기에
적당하다.
단단한 면 : 짧고
간단한 모임
부드러운 쿠션 면 :
비교적 긴 모임

접착제를 이용한
은촉이음*

12"

12"

12"

* '은촉이음'은 판재나 널판에서 한쪽 측면에 홈을 파고 다른 쪽
측면에 내밈(혀)를 만들어, 여러 개의 판재나 널판을 접합하는
방법 – 옮긴 이

의자를 뒤집어서 다른 면으로 사용하는 것은 마치
스위치를 켜는 것과 같이 활동이 전환되는 것을
의미한다. 낮은 의자는 편안하고 생각하기에 편한
자세에 적당하고, 높은 의자는 더 활동적이고
적극적인 토론을 위한 자세에 적합하다. 이러한
단순한 디자인도 다목적 공간에 훌륭하게 사용될
수 있다.

시작하기

시작은 간단하다. 다음 모임 때, 평소에
있던 의자 대신에 우유 상자로 의자를
바꾸어 놓는다. 또 베개들도 가까이에 둔다.
사람들이 우유 상자를 어떻게 사용하는지,
또 어떻게 바꾸어 가는지 잘 관찰한다.
관찰을 바탕으로 여러분만의 다면의자를
만든다.

재료 구하기

제조사

조마딕의 롭 벨Rob Bell at Zomadic, LLC(San
Francisco, CA; www.zomadic.com)은 접는
의자Scoop Stools를 만들었다. 대안으로 근처에서
CNC 제작소를 찾아볼 수도 있다.

폼

폼박스(18페이지)에서 폼에 대해 다양한 소개를
하고 있다.

참고하기

22
도구_폼박스

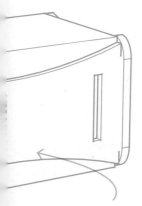
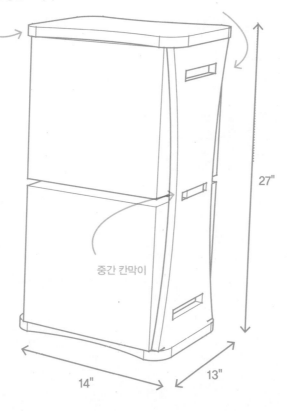

부드러운 느낌을
위한 둥근 모서리

붙박이
손잡이

높은 의자 : 그리
길지 않은 시간
동안 앉아서 활발한
분위기를 즐기기에
적당하다.

중간 칸막이

27"

14"

13"

합판뼈대 : 움직이고
쌓아놓고 앉기에
견고하다.
마감재 : 폴리우레탄
다중코팅

**크고 평평한 작업용 책상은
그야말로 혁신을 위한
플랫폼이다.**

매입형 나사

프로토타이핑 테이블

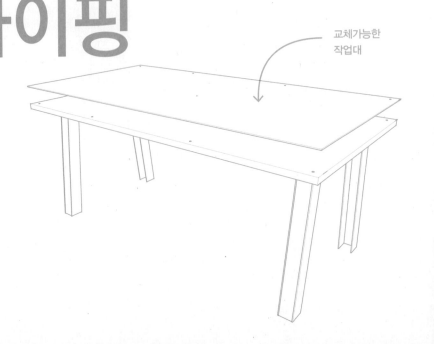

교체가능한
작업대

프로토타이핑 테이블은 각종 도구와 보관 공간이 전혀 없다는 점에서 일반 작업용 책상과는 다르다. 또한, 모든 각도에서 접근 및 작업이 가능하다. 프로젝트 업무에 특화되어 있는 이 테이블은 빠른 제작을 통해 아이디어를 생각해내고 구체화하는 데 매우 유용한 자원이다.

프로토타이핑 테이블은 크고 튼튼해야 한다. 표면 면적을 주어진 공간 내에서 가능한 한 크게 한다. 테이블의 책상 면은 튼튼하고 평평하고 적당히 두꺼워야 한다. 그러나 동시에 가장자리를 클램프로 고정할 수 있도록 적당한 수준으로 두꺼워야 한다. 또한, 테이블이 튼튼해지려면 무거워야 하긴 하지만, 동시에 다른 테이블과 함께 놓거나 쉽게 이동시킬 수 있어야 한다. 책상의 가장자리에 접이식 다리를 달거나, 튼튼한 잠금 캐스터를 다는 게 도움이 될 수 있다.

가벼운 작업의 프로토타이핑을 위해서는 두 가지 재료를 혼합하는 것이 이상적이다. 합판을 밑층으로 쓰고, 그 위에 교체 가능한 표면 재료를 사용하는 것이다.

테이블의 밑층은 두껍고 무겁게 할 수 있다. 합판을 사용하고 가장자리는 노출시켜 놓는다. 교체 가능한 위층은 HDPE(고밀도 폴리에틸렌)나 메소나이트Masonite(미국 상표의 목재 건축 자재)를 사용한다. 두 층의 가장자리를 매입형 나사로 고정한다. 위층이 톱질, 가는 작업, 붙이는 작업, 가열 작업 등으로 인해서 닳아 나가기 시작하면 새롭게 교체한다. 교체할 수 있는 위층은 ¼"(약 0.6cm) 정도의 두꺼운 재료로 해서

평평하고 오래가도록 한다.

재료 구하기

테이블
현재 디스쿨의 프로토타이핑 테이블은 스틸케이스Steelcase에 주문 제작한 것이다. 이전의 테이블들은 일반적인 합판에 시중에서 파는 테이블 다리를 조립하여 사용하였다.

다리
작업 의자의 다리는 철물점이나 건재상에서 구매할 수 있다. 맥마스터 카에 다양한 종류가 있다.
맥마스터 카McMaster-Carr(600 North County Line Road, Elmhurst, IL 60126 ; 630 600-3600; www.mcmaster.com)

폴리카보네이트/아크릴
포트 플라스틱스Port Plastics(550 East Trimble Road, San Jose, CA 95131; 408 571-2231; www.portplastics.com)
티에이피 플라스틱스TAP Plastics(154 South Van Ness, San Francisco, CA 94103; 800 246-5055; www.tapplastics.com)

목질 섬유판
이중이며 부드러운 제품을 선택해라. 건축물 자재상이나 목재상에서 구할 수 있다.

시작하기

미리 준비된 작업대 다리나 조절 가능한 톱질모탕 다리에 4' x 8'(약 1.2m x 2.4m) 합판을 부착한다. 메소나이트나 천 조각 매트를 테이블 위층에 사용한다. 테이블은 접근이 쉬운 곳에 둔다.

참고하기

걱정하지 마라. 나중에 현실적인 것을 고려할 시간이 충분히 있다.

예를 들어, 디스쿨의 화이트보드 슬라이더는 언제 어디서나 화이트보드를 사용하려는 아이디어에서 탄생했다. 아이디어가 떠오르자마자 화이트보드에 바로 기록하는 것이다. 이를 실현하려고 노력하다 보니 레일에 연결된 저렴한 화이트보드를 현실적으로 만들어 낼 수 있었다. 만약 우리가 처음부터 그 아이디어는 터무니없다고 비웃었다면 이런 멋진 아이디어를 실현해 볼 기회는 없었을 것이다.

* 알렉스 F. 오스본, 『응용 상상력: 창의적 문제해결 방법과 원칙』(Scribner, 1979)

참고하기

아이디어 도출과 아이디어 선정 과정을 분리하라

실현 가능성을 너무 일찍부터 고려하기 시작하면 좋은 아이디어들을 놓치게 된다.

판단을 연기하라. 이것은 광고회사 사장인 알렉스 F. 오스본Alex F. Osborn이 브레인스토밍의 원칙으로 주장한 것이다 (알렉스 F. 오스본은 미국의 유력한 광고회사 BBDO의 창립자로 부사장 및 사장을 역임하였으며 창조성 교육재단을 창설하여 창조성 교육에 공헌하였다). 이 원칙은 시대를 걸쳐 수많은 디자이너와 광고기획자에게 전수되었다. 나중에 예상치 못한 훌륭한 결과를 이끌어낼 수 있는 아이디어를 절대 막지 말라는 것이다.*

이러한 원리는 브레인스토밍에만 적용되는 것이 아니다. 실현 가능성을 검증하기 전에 아이디어가 풍성히 넘쳐나도록 해야 한다. 이렇게 해야 기존의 안전하고 확실한 방법에 국한하지 않고 미래에도 통할 통찰력을 얻을 수 있다. 물리적, 비용적, 시간적 제약에 대해 미리

프로토타입 만드는 것을 잊지 않는다

우선 만들어 본다. 그리고 사람들이 어떻게 반응하는지 관찰한다. 그로부터 무엇을 배웠는지 생각해 본다. 이 과정을 반복한다.

이 주장은 오랫동안 공개적으로 실천되어왔다. 또한 스탠포드 디자인정신 중 중요한 일부로 수십 년에 걸쳐 내려온 것이다. 스탠포드대학 버니 로스Bernie Roth 교수와 빌 버넷Bill Burnett 교수는 이 전략을 하나의 멋진 주문으로 풀어냈다. "표현하라, 테스트하라, 반복하라." 다시 말해 우선 만들고, 그 변화에 대하여 사람들이 어떻게 반응하고 생각하는지 관찰하고, 그 과정을 반복하라는 것이다.

디스쿨의 공동 창립자인 데이비드 켈리는 프로토타이핑을 '진보된 형태의 시행착오'라 표현한다. 프로토타이핑의 목적은 만들고 테스트하고 생각하는 과정을 반복해, 의사결정을 진행하고 발전해나가는 것이다. 핵심은 이러한 과정을 통해 생각만으로는 절대 얻을 수 없는 통찰을 발견하는 것이다.

리서치나 전문 지식, 논리적 사고 과정이 부족하다는 말이 아니다. 빠른 진행이 필요하거나 일의 진척이 없을 때 그리고 변화요소가 많은 작업을 할 때 프로토타이핑이 좋다. 결국 대부분의 경우에 해당하긴 한다.

기억할 것 : 프로토타입의 핵심 가치는 배울 수 있다는 점이다. '실패' 또는 형편없어 보이는 프로토타입도 기존의 생각을 단순히 확인시켜주는 '성공'보다 훨씬 더 가치 있다.

프로토타입 작업은 대충 그리고 빠르게 진행한다. 10일보다 10분 안에, 강철보다 골판지를 이용하여 질문에 대한 답을 찾는 것이 좋다. 게다가 초기 아이디어는 많은 허점을 지니게 마련이다. 따라서 너무 오랫동안 초기 아이디어에 머물러서는 안 된다. 많은 비용이 들지 않도록 대충 그리고 빨리 프로토타입을 만들어 본다. 또한 그래야 여러분 자신도 여러분의 아이디어를 쉽게 포기할 수 있다.

참고하기

콘셉트 카

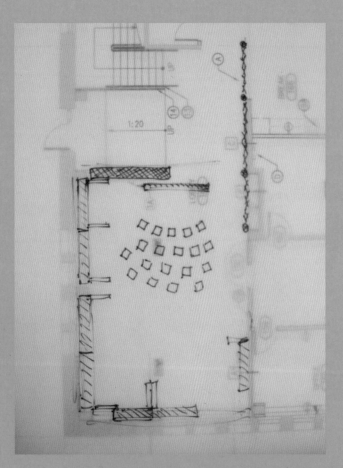

콘셉트 카의 다양한
공간 구성을 그려본
스케치 중 하나.

여러분의 공간 내에, 새로운 아이디어 또는 공간 구성에 대해 테스트해 볼 수 있는 곳을 만든다. 그러고 나서 실제 규모로 적용한다. 콘셉트 카는 무언가를 작은 규모로 시작해 볼 수 있는 공간이다. 저렴한 비용으로 공간을 실험해 볼 수 있는 곳이다. 이 공간에서 테스트해 보고 성공하면, 이를 실제로 적용한다.

사용한다.
콘셉트 카에서 워크숍과 모임을 진행한다. 여러분의 새로운 아이디어가 가능성이 있는지 혹은 사람들이 역동적인 환경에서 작업하는 것을 좋아하는지 확인할 수 있다.

눈에 잘 띄는 주요 위치에 만든다.
각종 실험은 사람들 눈에 잘 띄는 곳에서 진행한다. 이러한 문화를 만드는 것이 좋다.

공간 구성을 자주 바꾼다.
공간을 쉽게 변경할 수 있게 만든다. 전체적인 변경은 정기적으로 이뤄지도록 한다.

공간을 쉽게 변경할 수 있도록 천장에 격자 구조물을 설치한다.
갤러리에서 흔히 볼 수 있는 스포트라이트 조명을 천장에 격자 형태로 설치한다. 탈부착과 조정이 쉬운 조명이어야 한다. 이렇게 하면 조명을 이용하여 공간을 영역별로 다르게 강조할 수 있다. 천장에 격자 형태로 파이프 같은 것을 부착하면 물체를 쉽게 매달 수 있다. 이렇게 하면 임시로 벽을 만들 수도 있고 또한, 공간을 금방 다른 형태로 바꿀 수도 있다. 바닥재를 합판으로 하면 필요할 때마다 바닥에 구멍을 뚫을 수 있다.

콘셉트 카는 디스쿨 로비에 바로 인접해 있다. 사람들은 언제든 사용할 수 있다.

시작하기

콘셉트 카는 무엇이든 바로 시작할 수 있는 공간이다. 무엇이든 콘셉트를 잡아서 실험을 시작하자. 사람들을 모아서 한번 사용해 보도록 한다.

참고하기

51
디자인 템플릿_행동
234
도구_그리드 시스템

사진1 스캇 둘리(Scott Dooley)

맨하탄의 센트럴 파크는 도피처이며, 영감의 원천이자 표출의 장이다. 이러한 사실은 2005년 미술가인 크리스토와 장 클로드 Christo and Jeanne-Claude의 설치 작품 오렌지 색 '더 게이츠 The Gates'로 입증되고 있다.

공간이 필요에 따라 진화되도록 한다

새로운 공간에 익숙해질 때쯤이면, 새로운 필요가 드러난다. 공간이 이러한 새로운 필요를 수용할 수 있도록 한다.

창의적인 사람들은 주기적으로 놀라운 아이디어와 예상치 못한 것들을 만들어낸다. 우리는 하룻밤 사이에 9'(약 2.7m) 높이의 곡물 탈곡기와 공중화장실 프로토타입을 만든 적이 있다. 이러한 급작스러운 작업을 하기 위해서는 다른 방식으로 접근하여 공간을 디자인해야 한다. 예측하지 못한 갑작스러운 작업이 잘 이뤄지고 결과물이 잘 전시될 수 있도록, 공간은 변형 가능해야 한다.

공간과 사람이 서로 적응하고 발전하도록 한다.
덜 채워라. 꼼꼼하게 세부사항들을 챙기는 성격이더라도 어떤 공간은 텅텅 비워 놓는 것이 좋다. 모든 공간을 가구와 장식으로 꽉꽉 채우려는 생각은 버리자. 말 그대로, 공간에 개선의 여지를 남겨 두어라. 남겨진 공간으로 향후 생기는 예상치 못한 필요를 발견하고 대응할 수 있을 것이다. 처음부터 이동식 가구를 잘 사용해서 공간을 쉽게 변형할 수 있게 한다. 향후 변화를 예상해 보고 필요한 자원을 적절히 갖춰 두는 것이 좋다.

참고하기

신속한 제작을 통한 공간 재구성

제프리 맥그루 Jeffrey McGrew**와**
질리안 노드럽 Jillian Northrup

make space

공간 연구_신속한 제작을 통한 공간 재구성

제프리가 프랭크
(CNC 루터)에게
명령어와 재료를
'먹인다'

프랭크Frank

5년 전 우리는 CNC기기(컴퓨터 수치 제어 Computerized Numerical Control)를 디지털로 제작하는 방법을 알았다. 그때부터 우리는 디지털 제작 프로세스를 작업에 적용해왔다. 우리는 둘 다 물건 만드는 것을 좋아했지만, 수공예 작업에 대한 전문적 지식을 가지고 있지는 않았다. 우리의 주된 경력은 컴퓨터를 활용해 창의적 작업을 하는 것이다(제프리는 건축가이고 질리안은 디자이너이자 사진작가였다). 현재 우리는 이러한 경험을 실시간으로 적용하고 있다. 우리가 만든 3D 디지털 모델을 스튜디오 안에 있는 CNC기기로 보내서 즉각 물리적인 오브젝트를 만들어낸다.

　우리가 주로 사용하는 기계는 테이블 크기가 가로 5'(약 1.5m) x 세로 10'(약 3m)인 CNC 라우터(보통 목재의 연결부위를 갈기 위해 홈을 파는 기구)다. 우리는 이 기계를 프랭크라고 부른다. 우리가 디자인하는 거의 모든 것이 부품과 부품으로 나뉘어 프랭크에게 전달된다. 3D로 모델링할 수 있는 것은 무엇이든 빠르게 실물로 만들어낼 수 있으며, 거의 자동화 방식으로 진행된다. 우리는 소규모 디지털 제작을 하면서 신기한 물건을 만들어 세상을 더욱 재미있게 만들 수 있음을 깨달았다. 지난 번에는 8' x 8'(약 2.4m) 크기의 작은 문이 들어 있는 12' x 12' (약 3.6m) 크기의 문을 만들기도 했다. 이건 식은 죽 먹기다!

공간 연구_신속한 제작을 통한 공간 재구성

작은 도서관 라운지로 공간을 빠르게 재구성한 일

오클랜드의 새로운 시설로 이사했을 때, 그 시설에는 이상한 구석이 있었다. 1층 방에는 밖이 보이는 창문이 없었고 붐비는 복도와 구분하기 위한 문도 없었다. 그 시설의 위치와 공간 크기도 좀 이상했다. 그래서 한동안 자전거를 그 시설 안에 보관했는데 이마저도 공간을 잘 활용하고 있다는 생각을 들게 하진 않았다. 우리는 이 공간을 업무공간에서 벗어나, 영감을 얻고 사람을 만나며 사색도 할 수 있는 편한 공간으로 만들기로 했다. 지난 몇 년간 우리가 모아온 디자인 책을 이 공간에 가져다 놓고 사람들이 앉아서 훑어 볼 수 있게 하였다. 우리만의 도서관이었다.

가진 것을 활용하여 필요한 것을 만든다

도서관을 기획하는 데 있어 우리는 먼저 전 사무실에서 가져온 것 중 안 쓰고 남은 것이 무엇인지 살펴보았다. 크고 얇은 캐스터 달린 장식장과 옛날 버스 정류장에서 가져온 긴 60년대 스타일 소파가 있었다. 이 물건들을 출발점으로 삼아, 새로운 책장과 의자를 60년대의 모던하고 아름다운 스타일로 꾸몄다.

우리의 업무 흐름에서는 컴퓨터로 디자인하다 바로 실제 제작을 할 수 있기 때문에, 수요일 한가한 시간에 책장 3D 모델을 수정하고 금요일에는 책장을 만들 재료를 재단하였다. 토요일에는 이것들을 조립했고 일요일에는 쿠션 천을 골랐다. 첫 번째 선반을 완성하고 난 후, 우리는 좀 다양한 색을 적용해 보자는 생각이 들었고 바로 즐거운 페인트 칠을 시작했다.

세부사항을 고려한다

우리는 이 작은 공간이 효율적으로 이용되어야 한다는 것을 깨닫고, 사람들이 앉을 수 있는 선반을 디자인했다. 또한 공간은 임대한 것이었기 때문에, 모든 것은 벽이나 바닥에 고정하지 않고 스스로 잘 고정되어 서 있을 수 있도록 만든 다음 이사할 때 가져갈 수 있게 했다. 미술품과 장식품을 책과 책 사이에 두었다. 조명을 바꾸고 꽤 화려한 그래픽의 카펫까지 추가하자 밋밋한 콘크리트 공간이 아늑한 방으로 바뀌었다. 사람들에게 영감을 줄 수 있는 공간이 되었다.

상상력이 제작을 부르고, 제작이 상상력을 부른다

우리는 우리 디자인을 직접 제작하기 때문에 제작과정에서 영감을 받을 수 있다. 그리고 여기서 얻은 영감이 전체 작업 과정에 직접적으로 영향을 미치게 할 수 있다. 디지털 제작은 속도가 빨라 변경사항이나 새로운 아이디어가 있을 때 바로 적용해 볼 수 있다는 장점이 있다. 우리는 마감을 섬세히 하고 세밀한 부분까지도 신경을 쓰면 요소 하나하나뿐만 아니라 전체 공간이 더욱 빛나게 된다는 것을 알게 되었다. 프랭크의 빠른 속도와 한 가지라도 더 해 보려는 우리의 적극성으로 더 많은 디테일을 살릴 수 있었다. 앉을 수 있는 책장 위에 올려놓은 예쁜 천 덮개라든지, 부품을 쉽게 조립할 수 있는 조립 순서 같은 것들 말이다. 우리는 프랭크를 언제든지 사용할 수 있었기 때문에 순간 떠오르는 아이디어를 쉽게 구현할 수 있었다. 또한 프랭크는 속도가 매우 빨라 우리가 생각한 형태를 바로 테스트해 볼 수 있었다. 그리고 컴퓨터 프로그램으로 작동되기 때문에 쉽게 이용할 수 있다. 이러한 프랭크의 장점은 실제 환경에 상당한 변화를 가져왔다. 특히 우리는 여러 가지 창의적인 아이디어를 시도해 볼 수 있었다. 프랭크가 없었다면 이렇게까지는 못했을 것이다.

제프리 맥그루Jeffrey McGrew와 질리언 노드럽 Jillian Northrup은 디자이너이자 건축가다. 그들은 캘리포니아 오크랜드의 디자인 스튜디오 '비코즈 위 캔Because we can'의 소유자이자 실무자다. 그들의 작업범위는 제작 설치물에서부터 상업용 소비재에 이르기까지 다양하다.

공간 개조 전과 후

간단한 그래픽 파일을 들고 주변 지역에 있는 제작소를 방문해서, 저렴하고 빠르게 원하는 가구나 부품을 만들 수 있다.

조마딕의 롭 벨
Rob Bell, of Zomadic, LLC에서 디스쿨의 스쿱의자를 자르고 조립하는 중

가까운 제작소를 활용하기

최근에는 제작 기기가 보편화되어 소규모 제작자들은 이미 배포된 간단한 그래픽 프로그램을 활용하여 제작을 쉽게 할 수 있게 되었다. 구글의 무료 소프트웨어인 스케치업sketch up이나 어도비 일러스트레이터 등을 사용하면 된다. 이런 소프트웨어로 만든 그래픽은 대부분 dxf 포맷으로 저장 혹은 변환이 가능하다. 대부분의 기기는 이 포맷의 파일을 인식할 수 있다.

플로터 프린터, 레이저 커터, 그리고 CNC 라우터로 넓은 환경에서 사용할 커다란 부품까지 만들 수 있다. 만일 합판이나 메소나이트Masonite(미국 상표의 목재 건축 자재) 혹은 단단한 폼보드를 재료로 사용할 경우, 제조 비용을 낮출 수 있고 몇 시간 혹은 며칠 내 제작이 가능하다. 디스쿨은 블리쳐 블록Bleacher Blocks, 플립 스툴Flip Stools, 에스테틱 패널Aesthetic Panels, 랜턴Lanterns 등과 같은 많은 가구를 이런 기술을 활용하여 제작했다. 이런 시도는 끝이 없다. 스툴, 테이블, 책상, 패널, 도구, 빌딩 블록 등 여러분의 특별한 목적에 맞도록 공간을 빠르게 구성할 수 있다. 가능성은 무궁무진하다. 이런 기술은 대부분 사용 가격이 저렴하고 제작 시간이 빨라, 프로토타입 및 최종 제품을 만들 때 충분히 활용 가능하다.

재료 구하기

지역에 위치한 제작소는 찾아가기 쉽다. 이들은 대부분 특정 기계장치와 운영에 초점을 둔 특정 기업과 네트워크를 유지하고 있다. 디스쿨은 샌프란시스코에 위치한 많은 제작소와 친밀한 관계를 구축해왔다. 각 제작소 역시 각자 다른 제작소와 관계를 맺고 있다.

조마딕Zomadic, LLC(San Francisco, CA; www.zomadic.com)
비코즈 위 캔Because We Can(2500 Kirkham Street, Oakland, CA 94607; 510 922-8846; www.becausewecan.org)
멍키 렌치 디자인Monkey Wrench Designs(1234 Folsom Street, San Francisco, CA 94103; www.mwdes.com)

시작하기

구글스케치업 프로그램을 다운로드하여 설치한 후 몇 시간 동안 활용법을 배운다 (온라인 튜토리얼이 꽤 훌륭하게 잘 갖춰져 있다). 원하는 것을 그린 후 dxf 포맷으로 저장한다. 제작소에 가서 원하는 재료로 재단한다. 처음에는 CNC, 밀링, 레이저가공 업체를 찾는다.

참고하기

360도로 볼 수 있는 양면 프로젝션 스크린을 만들어 보자.

양면 프로젝션 스크린

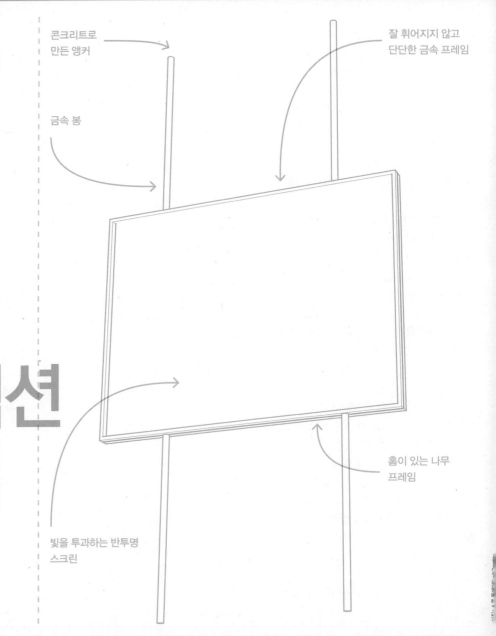

콘크리트로 만든 앵커

금속 봉

잘 휘어지지 않고 단단한 금속 프레임

홈이 있는 나무 프레임

빛을 투과하는 반투명 스크린

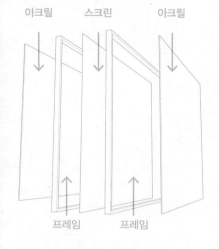

샌드위치처럼 두 장의 아크릴판 사이에
프로젝션용 스크린을 넣고 결합한다.

아크릴   스크린   아크릴

프레임   프레임

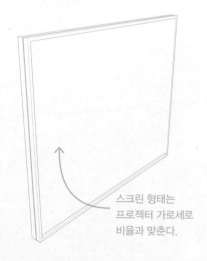

3,000루멘 이상의 밝기를 가진 단초점
프로젝터를 사용한다.

스크린 형태는
프로젝터 가로세로
비율과 맞춘다.

양면 프로젝션 스크린은 반투명스크린을
사용하기 때문에 스크린의 양쪽 모두에서
스크린을 볼 수 있다. 지나가는 사람들이
놀라 한번 쳐다볼지도 모른다. 스크린
뒷면에 비친 영상은 역상이지만 (글씨를
명확하게 읽을 수는 없다) 영상의 흐름을
이해하기에는 충분하다.

프로젝터 고르기

단초점 프로젝터를 구한다. 단초점
프로젝터는 1m 정도의 짧은 거리에서도
높이 1.2m 정도의 큰 화면을 만들 수 있다.
또한 스크린과 가까운 거리에서 투사하기
때문에 스크린 앞쪽 사람들 때문에 생기는
그림자 걱정은 안 해도 된다. 영상의
가로세로 비율에 스크린의 가로세로
사이즈를 맞춘다.

대부분 프로젝터는 4:3 비율이나
16:9 비율로 투사한다. 어느 것을 사용할
것인가는 여러분의 선택이다. 이미지 크기는
프로젝터와 스크린 간 투사거리에 따라
결정된다. 원하는 스크린 사이즈를 확정하기
위해 스크린으로부터 프로젝터를 다양하게
위치해놓고 테스트해 보자.

스크린 걸기

천장에 프레임을 설치한다. 바닥이나 가까운
벽 또는 다른 설치물에 스크린을 고정하여,
스크린이 흔들리지 않도록 해야 된다.
우리의 경우, 콘크리트용 나사와 긴 나사를
사용하여 천장과 바닥에 막대를 고정하고
막대에 스크린을 부착하여 사용한다.

시작하기

천장에 반투명한 마일러Mylar시트를 붙여
놓고 테스트해 보는 것이 좋다. 스크린을
고정하기 전에 어떻게 만들어질지 예상해
볼 수 있다.

재료 구하기

제조사

비코즈 위 캔Because We Can에서는 디스쿨의 양면
프로젝션 스크린을 제작한다(2500 Kirkham
Street, Oakland, CA 94607; 510 922–8846;
www.becausewecan.org).

아크릴

포트 플라스틱스Port Plastics(550 East Trimble
Road, San Jose, CA 95131; 408 571–2231;
www.portplastics.com)
티에이피 플라스틱스TAP Plastics(154 South Van
Ness, San Francisco, CA 94103; 800 246–
5055; www.tapplastics.com)

스크린

디에이 라이트 듀얼 비젼 스크린Da-Lite Dual Vision
Screen Material(www.da–lite.com)

참고하기

184
도구_결합형 블록

피넛 갤러리
peanut gallery

피넛 갤러리는 방문자들이 활동 중인
사람들을 방해하지 않고 들락거릴 수 있는
공간이다.
아마 여러분이 디자인한 공간, 그리고 더
중요한, 그 공간 안에서 일어나는 활동은
방문객을 끌어들일 수 있을 만큼 흥미로울
것이다. 그러기를 희망한다. 그 안에서 일하고
있는 사람들의 경험을 온전히 보호하면서도
그 안에서 일어나는 활동을 살짝 엿보고
싶은 방문객의 요구에 부응하는 것은 좋은
생각이다. 피넛 갤러리 안으로 들어오라.

make space

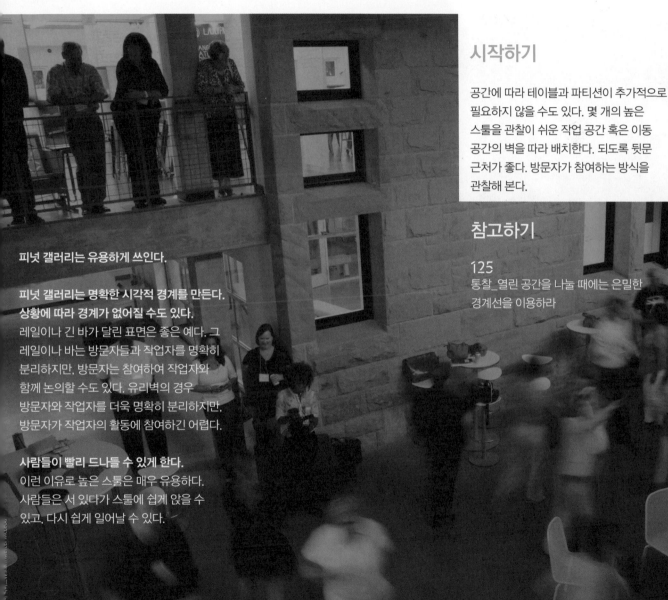

시작하기

공간에 따라 테이블과 파티션이 추가적으로 필요하지 않을 수도 있다. 몇 개의 높은 스툴을 관찰이 쉬운 작업 공간 혹은 이동 공간의 벽을 따라 배치한다. 되도록 뒷문 근처가 좋다. 방문자가 참여하는 방식을 관찰해 본다.

참고하기

125
통찰_열린 공간을 나눌 때에는 은밀한 경계선을 이용하라

피넛 갤러리는 유용하게 쓰인다.

피넛 갤러리는 명확한 시각적 경계를 만든다. 상황에 따라 경계가 없어질 수도 있다.
레일이나 긴 바가 달린 표면은 좋은 예다. 그 레일이나 바는 방문자들과 작업자를 명확히 분리하지만, 방문자는 참여하여 작업자와 함께 논의할 수도 있다. 유리벽의 경우 방문자와 작업자를 더욱 명확히 분리하지만, 방문자가 작업자의 활동에 참여하긴 어렵다.

사람들이 빨리 드나들 수 있게 한다.
이런 이유로 높은 스툴은 매우 유용하다. 사람들은 서 있다가 스툴에 쉽게 앉을 수 있고, 다시 쉽게 일어날 수 있다.

사운드 트랙
만들기

좋은 리더는 곧 좋은 주최자다. 좋은 주최자는 손님에게 톤을 맞추는 사람이다. 음악은 교실, 디자인 스튜디오, 사무실 어디에서든 초대받은 사람의 경험을 북돋는다.

의도적으로 트럼펫을 불기 – 어떤 상황에서든 효과적으로 활용될 수 있다. 트럼펫을 부는 목적은 산만한 분위기를 가라앉히기 위함이다. 학생들이 왔을 때에는 활기차고 편안하면서도 사색할 수 있는 환경을 조성해 주고 학생들이 돌아갈 때에는 무엇인가 긍정적인 느낌을 받고 갈 수 있도록 한다.

물론, 음악은 감정에 영향을 끼친다. 그러나 우리의 (입증되지 않은) 가설에 의하면 프로토타이핑과 같이 활동적인 일을 하는 시간에는, 음악이 사람의 인지 활동에도 영향을 끼쳐 사람의 인지 활동을 잠시 멈추게 한다. 그러면 사람들은 비평을 덜 하게 된다. 긍정적인 분위기를 유지만 해주기만 한다면 음악은 창의적 활동을 북돋는다. 하지만 몇 가지 세부적인 사항은 고려해야 한다.

음량

음량을 배경 소리보다 높게 올리는 것은 괜찮은 것 같다. 사람들이 몸을 흔들거나 휘파람을 분다면 이는 음악이 효과가 있다는 좋은 신호다. 비록 개인적인 의견이기는 하지만 음량이 너무 크면 분위기가 산만해질 수 있다. 옆 동료가 하는 코멘트가 잘 들린다면 음악 소리가 너무 작거나 아니면 딱 적당한 수준이라고 볼 수 있다. 옆 사람 목소리가 잘 안 들린다면 음악 소리가 너무 큰 것이다.

가사

경험적으로 보았을 때 가사가 있는 음악은 집중을 방해하므로 가사가 없는 편이 좋다. 때때로 가사가 유명한 음악의 경우 좋은 작용을 할 수도 있다. 이유는 잘 모르겠지만 말이다. 벡Beck의 "Que Onda Guero"의 같은 곡이 그 예다.

반복과 리듬

리듬이 반복되는 음악을 들으면 사람들은 하고 있는 일에 집중한다. 리 모간Lee Morgan의 "The Sidewinder"가 좋은 사례다.

톤과 익숙함

음악에 따라 사람들은 마음이 매우 급해질 수도 혹은 차분해질 수도 있다. 당신은 모두가 잘 아는 음악을 듣는가? 혹은 조금 독특한 음악을 듣는가? 이런 부분도 고려해야 한다. 여러분의 직관대로 해도 좋지만, 너무 지나치게는 하지 않는 것이 좋다. 한번 해 보면 스스로 알 수 있을 것이다.

간단한 의식 만들기

작은 의식이 행하여지는 그 순간, 반복적 일상은 작은 마술이 일어나는 순간으로 변할 수 있다.

어떤 방에 들어가기 전에 신발을 벗으라고 해 보자. 사람들은 놀라며 뭐라고? 왜?라고 물을 것이다. 내 발은 냄새가 나고 양말에 구멍이 났다며 아우성칠 수도 있다. 그러나 이미 그 순간은 일상과 달라졌으며, 회의 시작 전 긴장되었던 사람들의 마음은 한결 가벼워졌을 것이다.

참고하기

스위스 취리히의 구글
사무실.
카멘드진 에볼루션
Camendzin Evolution
Ltd.이 디자인했다.

세심하고 감성적인 인테리어는 소속감을 불러일으킨다

'개인소유' 공간이 있다는 것은 그 사람이 그 공동체 내에 속해 있다는 것을 의미한다. 반면에 개방되고 공유된 그리고 협력을 하는 공간에서는 사람들이 소속감을 느낄 수 있도록 해주어야 한다.

사람들이 일단 정착하면 그들의 고민이 시작된다.

여러분은 곧 그야말로 죽음의 공포를 뿌리 깊게 경험하게 될 것이다. 정말이다. 일이 줄어들고 존재감을 나타내 주던 공간적 요소(사무실, 표지물 등)를 포기해야 할 때 사람들은 조금 불안해하기 시작할 것이다. 이러한 느낌은 약 2살 정도의 아주 어릴 적, 장난감을 다른 친구들과 공유해야 할 때 받았던 느낌과 비슷할 것이다. 그리고 이러한 약점은 성인이 되어서도 여전히 존재한다. 이러한 불안감은 소속감을 상실했을 때 드러나게 된다.

공간이 굉장히 특별한 느낌을 줄 때, 이는 연속적으로 영향을 미친다.

단순히 머물고 싶은 즐거운 장소라는 사실을 넘어 사람들은 공간을 친구들이나 가족들에게 보여주고 싶어하며 또한 그들과 함께 공유하고 싶어한다. 이렇게 함으로써 사람들은 긍정적인 피드백을 받고, 이는 곧 자부심을 가져다준다. 자부심은 소유감을 불러일으키고 소유감은 소속감을 느낄 수 있게 한다. 짜잔!

어떤 것들로 특별한 공간 인테리어를 구성할 수 있을까?

소재, 분위기, 그리고 놀라움에 대해 생각해 보자.

독특하고 특별한 소재

디스쿨 내 정직원 사무실 바닥은 메스키트 mesquite 나무마루로 마감되어 있다. 이 소재는 다른 곳에서 쉽게 찾아보기 힘든 소재이며 색상이 예쁘고 자연스럽다. 유행을 타지 않고 주변 콘크리트 소재 바닥과 대조를 이루면서 오래간다(우리가 공간을 마음껏 사용하기 위해서 반드시 필요한 요소다).

아날로그적 분위기

맞춤 카펫, 밖을 내다볼 수 있는 창문, 백열등, 음악 이 모든 것이 공간을 더욱 생동감 있게 만든다.

놀라움

이는 유쾌한 방법으로 기존의 것을 뒤엎는 모든 것을 의미한다. 볼더Boulder(미국 서부 콜로라도 주에 있는 도시 – 옮긴 이)에 있는 콜로라도대학교 유머 연구실HURL, Humor Research Lab의 피터 맥그로우Peter McGraw 는 유머를 '착한 위반Benign violations'*이라고 설명한다. 공간 내 어떤 곳에 이 '착한 위반'을 적용할 수 있을까? 디스쿨의 경우, 화장실을 숲과 댄스 홀처럼 꾸몄다. 구글은 계단 대신 미끄럼틀을 설치하였다. 픽사는 중앙 홀을 피구 경기장처럼 꾸며놓기도 했다. 맞다. 물론 때때로 '착하'지 않은 경우도 있게 마련이다.

*피터 맥그로우Peter McGraw와 칼렙 워렌Caleb Warren의 논문 "착한 위반 : 비도덕한 행위를 재미있게Benign violations: Making immoral behaviour funny.", 심리과학 학술지, 2010.

참고하기

**적절하게 디자인된 게시물은
힘이 있다.**

POP사인
signs that pop

아크릴이나
폴리카보네이트 위에
비닐을 활용해 글씨를
쓰면 전문적으로
보인다.

하얀 바탕 위에 검정
글자는 대비가 강해
눈에 잘 띈다.

독특한 형태는 그
메시지가 중요함을
나타낼 수 있다.
이 미묘한 신호는
여러분이 전달하고자
하는 메시지의 의미를
증폭시킨다.

크기를 고려한다. 잘
모를 때는, 게시물을
크게 만들면 된다.

폼보드에 시트지를
붙여서 게시물을
만들면 빠르고 쉽게
그리고 멋있게 만들
수 있다,

게시물 디자인은
일관성이 있어야
한다. 같은 폰트와
어투를 사용하라.

메시지가 눈에 잘
띄게 하기 위해서는
여백을 남기는 것이
좋다.

메시지를 명확히 전달하고 공간의 생동감과 감성을 잘 전달하는 게시물을 만들어보자. 게시물을 만들 때에는 수정하기 쉽게 만든다. 게시물의 용도가 달라지면 게시물 자체도 변경되어야 하기 때문이다.

의미 있는 메시지는, 간결하며 의도를 나타내는 언어와 명확하고 강렬한 시각적 디자인으로 이뤄진다. 전달하고자 하는 메시지는 '이 방을 청소하시오'처럼 짧고 그 의미가 명확해야 한다. 게시물이 일관성을 지니도록 같은 폰트와 어투를 사용한다.

게시물은 상세한 부분까지 고려하여 만든다. 게시물에 몇 초를 더 투자해서 (문자 그대로) 창문에 8.5" x 11"(약 22cm x 28cm) 이상으로 크게 만들어 테이프로 붙여서 의도를 전달한다.

접착방법은, 시각적으로 안 보이게 아예 숨기거나 아니면 확연히 드러나게 한다. 게시물의 모든 상세한 부분이 곧 메시지를 전달한다. 쉽게 재구성하거나 재배치할 수 있도록 벨크로Velcro(상표명으로 일반적으로 벨크로테이프 또는 찍찍이 테이프라고 함 – 옮긴 이) 또는 마스킹 테이프를 사용해 본다. 또한, 게시물을 걸 수 있게 고리를 부착한다. 단순한 판자가 게시물로서 사람들에 눈에 띄려면 사람들에게 충격을 줄 수 있어야 한다.

시작하기

정사각 형태 게시물을 몇 개 만든다. 각각에 부착할 수 있도록 텍스트 파일을 만들고 간결한 메시지를 8.5" x 11"(약 22cm x 약 28cm) 크기 종이시트에 출력한다. 8.5" x 8.5"(약 22cm x 약 22cm) 사이즈 정사각형 게시물을 텍스트 종이 중앙에 맞추고 주위의 넓은 여백은 우선 그냥 둔다. 종이를 접착 스프레이를 이용하여 폼보드 조각에 붙이고, 8.5"(약 22cm)로 종이 사이즈를 다듬어 게시물을 설치한다.

참고하기

지금 바로 비닐 커터를 산다.

비닐의 사용 : 눈에
띄는 사인물(위),
도구에 라벨 달기
(가운데), 브랜딩 장식
(아래)

비닐
커터

도구_비닐 커터

이 단계는 공간 분위기를 만들어 가는 과정에 있어, 공간을 '변형'하는 단계. 게시물과 그래픽을 만들어내는 것은 단순히 라벨을 다는 것 이상으로 매우 중요하다. 여러분의 문화를 전달하고 브랜드를 알려가기 위한 핵심 활동이다. 이 단계는 스타트업뿐만 아니라 주요 기관 내 조직에게도 꼭 필요한 단계.

　믿거나 말거나, 비닐 커터는 여러분의 돈을 절약해 줄 것이다. 중간 규모의 그래픽 프로젝트 하나를 외부 업체에 맡겨 처리하는 비용만큼 돈이 절약된다. 시간도 별로 안 걸리고 말이다. 비닐 커터는 원할 때 바로 활용할 수 있고 조작이 쉽다. 따라서 비닐 커터를 잘 활용하면 제한된 시간과 예산 때문에 기존에 시도하지 못했던 새롭고 혁신적인 디자인을 해낼 수 있다.

　부착 가능한 그래픽을 만들려면 프린트하고 자르기만 하면 된다. 간단하다. 컴퓨터 그래픽 파일을 만들고 부착력이 있는 비닐을 자르고, 그리고 스티커를 잘 붙이는 과정에 익숙해지는 데 약간의 시간이 조금 필요할 뿐이다. 결과를 보았을 때 노력할 만한 가치가 있다. 사람들이 자신감 있게 그리고 빠르게 그래픽을 제작하여 공간을 장식할 수 있다는 점은, 사람들이 활발하게 의사소통을 할 수 있는 문화에서 매우 중요한 특징이 된다. 그 그래픽이 진지하든 엉뚱하든 말이다. 이러한 접근을 통해 조직 내 의사소통의 기능을, 경고 혹은 단순 정보 전달의 관점에서 사람들이 함께 참여하는 경험의 관점으로 변형시킬 수 있다. 비닐

메시지의 핏fit과 마감finish에 따라 공간은 의도적이고 특별한 느낌을 주는 공간으로 변경된다.

팁

· 샘플 스티커를 사용하여 제작한 그래픽 스티커를 부착하는 연습을 익숙해질 때까지 여러 번 반복한다. 쉬운 작업이지만 인내심이 필요하다.
· 그래픽 스티커를 붙일 때, 부착 용지를 벗겨내기 전에 플라스틱 퍼티칼putty knife이나 주걱 spatula을 사용하여 그래픽 스티커를 표면에 눌러 붙이면 도움이 될 것이다.

재료 구하기

커터

The Roland CAMM-1 Servo GX-24 비닐 커터는 성능이 매우 좋다. 다양한 재료, 마감, 그리고 여러 가지 사이즈의 종이를 모두 처리할 수 있다. 로랜드 디지에이Roland DGA(www.rolanddga.com)

비닐

비닐의 색상, 두께, 그리고 크기는 매우 다양하게 구비되어 있다. 프로덕트 사인 서플라이스 Product sign Supplies(625 Emory Street, San Jose, CA 95110;800 540-9199; www.productsignsupplies.com)

시작하기

휴게실의 커피 기기를 꾸며 보자. 상업용 커피 기기처럼 보이게 만들려면 어떻게 해야 할까? 충분히 어려울 수 있다. 기기 위에 의례적인 게시물을 부착하는 평범한 방법도 있지만, 비닐 커터로 그래픽과 스티커를 제작하여 기기에 부착하여 더 친근하고 재미있게 만들 수도 있다.

　비닐 그래픽 스티커는 환경 전반에 걸쳐 절묘한 메시지를 전달하는 데 놀라울 만큼 유용하다. 몇 가지 카툰이나 그래픽적 요소를 복도 또는 사람들로 많이 지나다니는 구역에 적용해 보자.

참고하기

기술은 필요할 때 바로 사용할 수 있어야 한다. 하지만…

최신 기술은 늘 가까이에 두어 필요할 때 활용할 수 있어야 한다. 그러나 그것을 사용해야 할 때와 사용하지 않아야 할 때를 구분할 줄 알아야 한다.

디지털 기술은 창조적인 과정에 있어 필수다. 앞으로도 계속 그럴 것이다.

손에 닿는 곳에 언제나 도구가 있으면, 이를 통해 우리는 실험에 필요한 영감을 받을 수 있고 또한 '적합한' 도구를 찾는 시간을 최소화시킬 수 있다. 그러나 기술 자체에 초점을 맞추지 않도록 주의를 기울여야 한다.

기술을 구매하고 만드는 것이 가능해지니 사람들은 그것이 좋은 생각이건 아니건 간에 무조건 사용하려고 한다. 이러한 문화 현상을 고려해 보자. 1990년대 지역 뉴스 방송국에서는 헬리콥터를 구매하고, 그 지역 뉴스에서는 질주하는 자동차를 헬리콥터로 추적하며 TV로 생중계하기 시작했다. 음, 우리가 방금 헬리콥터를 샀는데 이걸로 무엇을 할까?

노트북, 스마트폰, 그리고 태블릿 PC는 혁신적 도구다. 그러나 방에 사람들이 빽빽하게 모여 회의를 하고 있는데 사람들이 일제히 자신의 노트북 화면에 정신을 팔고 있다면, 회의는 스타카토staccato 리듬같이 딱딱 끊어질 것이다. 스크린 속 내용 때문만이 아니라 노트북 스크린 자체가 사람들 사이에 물리적으로 작은 벽을 형성하기 때문이다. 마치 고등학생 시절 시험을 칠 때 구부정한 자세로 앉아 스스로 자신을 다른 학생들로부터 격리하는 것을 보는 것 같다.

참고하기

예산 지출에 우선순위를 두어라

돈을 중요한 곳에 쓴다(그리고 그렇지 않은 곳엔 쓰지 않는다).
새로운 환경을 설계하기 전, 가장 큰 영향을 미칠 장소를 먼저 파악하고 지출에 우선순위를 두어라. 예산은 보통 빡빡하기 마련이기 때문에 프로젝트 전반에 예산을 균등하게 배분하지 말아야 한다. 중요하지 않다고 생각되는 곳에는 지출을 줄이고, 정말 중요한 곳에 더 많이 투자한다. 어디가 중요한가? 이것은 여러분 공간의 특성에 따라 다르지만, 일반적인 몇 가지 사례가 있다.

문턱, 활동적 영역, 그리고 다른 곳
　문턱 : 문턱이 주는 느낌은 그 외 나머지 공간을 경험하는 데까지 영향을 끼칠 수 있다.
　사용 빈도가 높은 영역 : 사람들이 많이 사용하는 장소는 전반적으로 좋은 경험을 줄 수 있어야 한다. ― 입구, 활동 공간, 출구
　놀랍고 특별한 장소 : 건물 곳곳에 깊숙이 스며 있는 세밀한 요소는 그것을 마주하는 사람들에게 놀라움을 선사할 수 있다. 만약 사람들이 경험했으면 하는 공간이 있다면 (예를 들어 모임 공간) 이를 특별하게 만든다.

참고하기

사진 · 윌리엄 머서 맥러드William Mercer McLeod

쿨데삭cul-de-sac

쿨데삭은 모임이 일어나기 전이나 후에 남아서 이야기를 할 수 있는 장소를 은유적으로 표현한 것이다.
그 장소가 아니었다면 잊어버렸을 수도 있는 대화를 할 수 있도록 편안한 공간을 만드는 것이 목표다.

사람들은 공간을 드나들며 문턱에 서서 대화하기를 좋아한다.
이런 전환의 순간을 발견해야 한다. 『작은 도시 공간에서의 사회적 삶Social Life of Small Urban Spaces(꼭 읽어보길!)』 의 저자 윌리엄 H. 화이트William H. White는 그의 책에서 이러한 대화 형태를 '즉흥적 회의impromptu conferences' 혹은 '연장된 작별protracted good-byes'이라고 표현했다(그는 또한 이러한 대화는 종종 사람들이 이동하는 흐름 중간에서 일어난다고 하였다).

우리가 만든 가장 성공적인 쿨데삭은 긴 의자 등받이와 팔걸이다.
대부분 교실에는 긴 소파가 있다. 그리고 사람들은 팔걸이에 걸터앉거나 소파 등받이에 몸을 기대어 대화를 시작한다. 이 소파가 쿨데삭이 되는 것이다.

간단히 말해 성공적인 쿨데삭이란, 사람들이 이동하는 흐름 속 혹은 그 근방에서 별다른 노력 없이 사람들을 끌어들여 편안하게 이야기할 수 있도록 만드는 요소 그리고 열린 공간을 뜻한다.

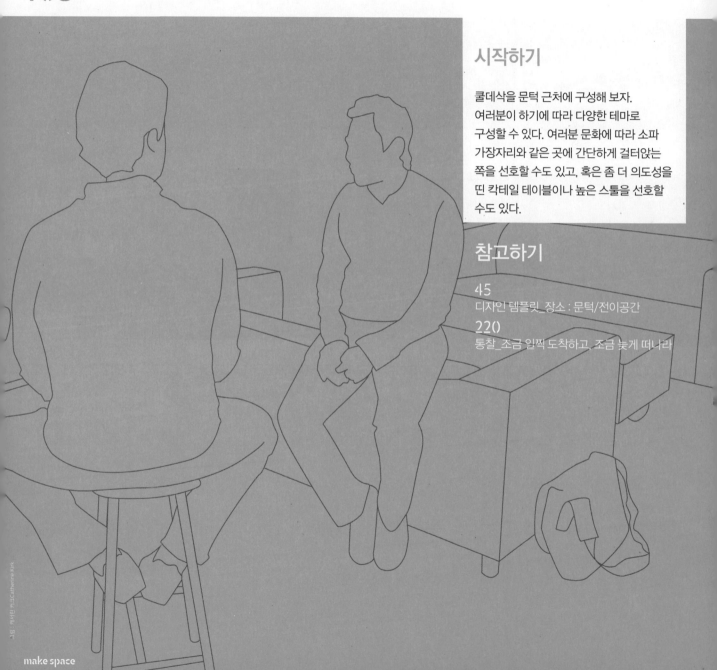

시작하기

쿨데삭을 문턱 근처에 구성해 보자.
여러분이 하기에 따라 다양한 테마로
구성할 수 있다. 여러분 문화에 따라 소파
가장자리와 같은 곳에 간단하게 걸터앉는
쪽을 선호할 수도 있고, 혹은 좀 더 의도성을
띤 칵테일 테이블이나 높은 스툴을 선호할
수도 있다.

참고하기

45
디자인 템플릿_장소 : 문턱/전이공간
220
통찰_조금 일찍 도착하고, 조금 늦게 떠나라

고정된 것들

공간이 유연하면 할수록 어떤 요소는 더 고정적이 되어야 한다.
특히 공공 기기(복사기, 공유 컴퓨터)와 편의시설(음식, 공급품)은 눈에 잘 띄면서도 고정된 장소에 구비되어야 한다.

고정된 것은 조직 구성원들이 일종의 '근육 기억(muscle memory, 반복행동에 의한 근육의 기억 – 옮긴 이)'을 형성하도록 하고, 새로 들어온 구성원이 좀 더 편하게 공동체 생활에 임할 수 있도록 도와준다. 업무 공간이 매일 변한다 할지라도, 복사기와 음식이 어디에 있는지 모든 사람들이 쉽게 알 수 있어야 한다. 이렇게 해야 공간상 변화가 있더라도 사람들은 누군가의 손을 잡고 안내를 받을 필요 없이 효율적으로 필요한 물건이 어디에 있는지 알 수 있으며, 집에 있는 것과 같은 편안한 소속감을 느낄 수 있다.

홈 베이스 안에서
커피와 음식, 복사기와 프린터는 잘 구비되어 있어야 한다. 사람들이 더 행복해질 것이다.

모이는 장소 안에서
가구를 이동하는 것은 좋지만, 전화기나 프로젝터 같은 기기는 고정된 장소에 두거나 눈에 잘 띄는 공간에 두어야 한다.

이사 오기 전
샌프란시스코 팀벅2
Timbuk2 사무실

예를 들면 :
메신저 백 회사인 팀벅2Timbuk2의
협업 공간에는 건축가 존 럼John Lum이
페인트칠해 놓은 15'(약 4.6m)의 기둥이
있다. 이 기둥은 마치 토템(특히 아메리카
원주민 사회에서 신성시되는 상징물)
과도 같이 다른 하얀 벽들 사이에 우뚝
서 있다. 특히 그중 어떤 기둥은 짙은
오렌지색으로 칠하여 복사기가 위치한
곳을 한눈에 알 수 있게 하였다.

시작하기

시작하는 것은 쉽다. 아무것도 하지 않으면
된다. 복사기와 같이 위치를 고정해 놓을
것에 대해 목록을 만든다. 그리고 그것들을
이동시키지 않는다. 밝은 페인트나, 눈에
띄는 게시물을 사용하여 공간 내 그것의
존재를 드러낸다.

참고하기

44
디자인 템플릿_장소
138
통찰_공간의 특징과 그 반대되는 특징을 모두
디자인하라

행동으로
시작하라

방문객이 해당 장소의 문화를 즉각적으로
느낄 수 있도록 (빈 공간보다는) 활동적인
공간으로 그들을 안내해야 한다.

시나리오 작가는 사건의 중심에서 대본을
시작하거나 사물을 중간에 두고 시작한다.
이러한 방식은 대중들을 이야기 속으로
쉽게 끌어당길 수 있는 장점이 있다. 이러한
원칙은 공간에도 똑같이 적용된다.

　로비와 같은 응대 장소는 쉽게 찾을 수
있게 설계하여 방문객이 집에 온 것 같은
편안함을 느낄 수 있게 하는 것이 필수다.
이와 더불어 활기 넘치는 분위기를 조성하여
방문객이 흥미를 느낄 수 있게 하는 것이
매우 중요하다. 가끔은 출입구와 활동 영역
사이에 벽을 없애거나 유리를 좀 설치하여
이 모든 것을 쉽게 해결할 수도 있다.

다만, 지나친 것은 좋지 않다.
이동은 중요하다. 방문객이 공간의 문화적
에너지를 즉각적으로 느끼도록 해야 한다.
하지만 바닥처리, 유리 벽, 혹은 파티션과
같은 요소를 통해 방문객 그들 스스로 이
공간 안에 들어왔음을 알 수 있도록 해야
한다.

참고하기

생각할 수 있는 공간을 제공하라

"중요한 것은 대단한 무언가를 항상 생산해내는 것이 아니다. 당신이 할 수 있을 때를 위해 항상 준비된 상태로 있는 것이다."
브라이언 에노Brian Eno*(영국의 혁신적 음악가이자 멀티미디어 예술가 – 옮긴 이)

낯선 장소에서 통찰력이 생김을 말해주는 일화들
우리가 알고 있는 두 명의 교수(한 명은 스탠포드에, 한 명은 UCLA에 재직 중이다)는 아이디어를 얻기 위해 여행 혹은 일상의 변화와 같은 경험이 필요하다고 말한다. 그리고 'We Feel Fine' 사이트의 디지털 아티스트이자, 크리에이터인 조나단 해리스Jonathan Harris는† "아이디어는 충분히 축적되었다가 어느 날 당신이 샤워할 때 갑자기 튀어나오는 것"이라고 설명한다.‡ 요나 레러Jonah Lehrer는 뇌가 가장 편안한 상태일 때 통찰력과 아이디어가 활발히 나온다는 뇌전도EEG, electroencephalography 연구결과가 이러한 생각들을 뒷받침한다고 설명한다.§

창조적 환경에서, 업무공간 내에 비업무 공간을 만드는 것은 사실 매우 생산적인 일이다.
스트레스와 업무로 둘러싸인 가운데 조용한 사색과 일시적인 도피를 위한 공간을 제공해 휴식을 취할 수 있도록 한다. 베개를 가져다 두고 편안한 느낌의 벽지로 마감하여 일하지 않아도 좋다는 허락의 의미를 부여한다.

* 에릭 탐Eric Tamm, 브라이언 에노Brian Eno : 그의 음악과 소리의 수직적 색깔(His Music and the Vertical Color of Sound, DaCapo, 1995) ;

† 조나단 해리스Jonathan Harris와 셉 캄바Sep Kamvar, www.wefeelfine.org ;

‡ 스콧 벨스키Scott Belsky, 그들의 아이디어는 어떻게 실현됐을까(Making Ideas Happen, Portfolio, 2010) ;

§ 조나 레러, "유레카 사냥The Eureka Hunt," The New Yorker, July 28, 2008.

제임스 투렐James Turrell의 설치작품 내부,
세 가지 보석Three Gems,
드영박물관DeYoung Museum,
샌프란시스코

참고하기

디스쿨 샌드박스

스콧 둘레이 Scott Doorley **와** 스콧 위트호프트 Scott Witthoft

make space

공간 연구_디스쿨 샌드박스

디스쿨의 '디자인 씽킹 부트캠프Design thinking bootcamp'는 팀 프로젝트 수행을 통해 학생들에게 디자인을 가르치는 수업이다. 이 수업에서는 프로젝트 수행 팀이 사용할 수 있는 공간이 필요하다. 2007년 가을에 우리는 팀 작업 환경이 협업 및 디자인 작업 결과물에 미치는 영향을 알아보려고 다양한 공간을 구성해 보았다.

우리는 디스쿨 학생들로 구성된 팀 기반 협업 활동을 관찰하였고 학생들 자세와 그들이 아이디어를 만들어내는 능력 사이에 상관관계가 있음을 알아차렸다. 예를 들어, 소파에 편안하게 앉거나 혹은 기대어 있을 때에는 새로운 아이디어를 내기보다는 다른 사람들의 아이디어를 비판하는 경향이 있었다. 우리의 관찰이 타당한지 검증해 보기 위해서 4개의 프로토타입을 만들었다. 우리는 우리가 원하는 대로, 학생들이 낮고 편안한 자세부터 똑바르고 활동적인 자세에 이르기까지 다양한 자세를 취할 수 있도록 각각의 프로토타입을 디자인하였다.

학생들이 똑바로 앉아 있게 하려고 책상 주변에 등받이가 곧은 의자를 배치하고 그 방을 '워 룸war room'이라고 불렀다. 또 다른 상황에서는 '라운지lounge' 느낌의 공간을 구성하여 학생들이 부드러운 소파에 편히 기댈 수 있도록 하였다. 그리고 '댄스 플로어dance floor'라는 극단적인 공간을 설정했는데, 한정된 공간에 측면에는 그네를 설치하였고 그 외엔 어떤 장소에도 앉을 수 없게 구성하였다. 이러한 설정을 통해 여기에서는 학생들이 서 있거나 혹은 계속 움직이게끔 하였다.

워 룸

댄스 플로어

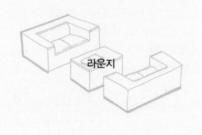

라운지

샌드박스

왼쪽 : 수업조교와 함께 있는 학생들이 샌드박스 프로토타입에서 웅크려 앉아 있거나 기대어 있는 모습.

위 : 학생들이 다양한 자세를 취하도록 설계한 4가지 프로토타입.

공간 연구_디스쿨 샌드박스

네 번째는 대조적인 구성으로, '샌드박스 sand box'라는 공간이다. 나무 상자를 바닥에 배치하고 그 내부에 쿠션과 폭신한 패드 등을 가져다 놓아 앉아 있기 편하게 만들었다. 우리는 공간에 놀이 요소를 집어넣고 학생들이 바닥에 앉거나 기대는 것같이 극도로 편한 자세로 앉아 있게 한다면, 학생들은 느긋한 마음으로 다른 사람에 대한 경계를 낮추고 타인과 활발히 상호작용할 것이라는 가설을 세웠다.

학생들이 수업시간에 그 극단적인 디자인(샌드박스)을 사용하는 것을 관찰하면서 우리는 정말 충격적인 사실을 알게 되었다. 특히, 팀을 위한 기능적인 공간으로서 '샌드박스'는 재앙에 가까울 정도로 효과가 없었고 학생들의 반응은 우리가 의도했던 바와 정확하게 반대였다. 우리는 바닥과 좌석을 앉아 있기 편하고 부드럽게 디자인했지만, 실제로 학생들은 편안하게 느끼지 않았다는 것이다. 샌드박스의 경계 때문에 어쩔 수 없이 다른 사람과 가까이 앉게 되면 학생들은 친밀감을 강요받는 것처럼 느꼈다. 학생들이 낮은 자세로 앉아 있어서 일어서기가 어려웠고 이는 다양한 학생들이 돌아가면서 리더십을 갖는 것을 방해했다. 그리고 학생들이 일어서면 팀원들에게는 그 학생이 마치 도쿄를 장악한 고질라와 같이 거대해 보였다. 반면 서 있거나 활동적인 자세를 유도하는 '댄스 플로어'를 사용한 학생들은 활기차게 아이디어를 쏟아냈다. 공간을 활용하는 그룹원들의 에너지가 활기차면

그들은 적극적으로 상호작용하였다.

협업 강화를 목적으로 했던 샌드박스 공간의 실패는 자세가 학생들의 행동에 얼마나 큰 영향을 끼치는지를 보여주는 빛나는 사례였다. 궁극의 각종 편안한 자세를 유도하고 이러한 자세가 아이디어 발산에 영향을 끼치도록 하기 위하여 최근 우리는 높은 의자와 같은 소품과 넓고 개방된 환경을 짝지어 공간을 구성한다. 이러한 소품과 환경에서 사람들은 서 있거나 간단하게 걸쳐 앉게 되고 그 결과 사람들은 적극적으로 활동하게 유도된다. 비록 자세에 초점을 둔 간단한 프로토타이핑이었지만, '서 있는 자세 vs 앉은 자세'와 같은 아주 경미한 것이라도 자세라는 것이 디자인 협업의 가능성을 크게 증폭시킬 수 있음을 발견하였다.

스콧 둘레이는 스탠포드 디스쿨 협업환경팀 크리에이티브 디렉터이자 공동 디렉터다. 그는 2006년부터 2007년까지 디스쿨 연구원이었다.

스콧 위트호프트는 스탠포드 디스쿨의 공동 디렉터다. 그는 2008년부터 2009년까지 디스쿨 연구원이었다.

활기찬 자세를
촉진하는 현재의 공간
구성

실제 공간을 디자인하기 전,
실제 비율로 프로토타이핑을
제작해 보는 것이 매우
중요하다.

실제 비율로 공간
프로토타이핑을 하기
위한 툴킷

길게 보면 실제 비율 프로토타이핑의 장점은 많다. 이를 통해 기획자, 건축가, 공학자를 비롯한 모든 구성원이 대화 해 볼 수 있기 때문이다. 이를 목업, 프로토타입, 실험 등 무엇이라고 불러도 상관없다. 이것은 디자인 작업에 도움을 주고 새로운 가능성을 깨닫게 해주며 공간의 물리적이고 감성적인 점을 알게 해준다. 분명 여러분 팀은 이러한 가능성에 흥미를 느낄 것이다.

최소한의 도구 : 5만 원에서 10만 원 소요

- 포장용 종이
- 포장용 상자
- 종이용 칼과 가위
- 줄자
- 마스킹 테이프
- 포장용 테이프
- 밝은 색상의 노끈
- 분필

전체 도구 : 50만 원 소요

- 폼박스 20개 이상
- 4' x 8'(약 3m x 약 6m)의 폼보드 20개 이상
- 톱질용 작업 받침대 10개 이상
- 두께 2 x 2"(약 5 x 5cm), 길이 12'(약 3.5m)의 목재 20개
- 목재용 나사 : 3"(약 7.5cm)
- 전동 또는 수동 톱
- 목재고정용 클램프
- 캐스터달린 받침대
- 가구 이동용 카트
- 지랙Z-Racks
- 모듈형 카펫

팁

- 방의 경계를 따라 폼보드를 이용하여 벽 모서리를 세운다.
- 톱질용 작업 받침대를 이용하여 폼보드가 잘 서 있도록 한다. 멋진 이동식 벽체가 탄생한다.
- 캐스터가 없는 가구를 원하는 위치로 이동시킬 때에는 가구용 짐수레를 활용한다.
- 무엇이든 여러분이 생각하는 것을 더해 보는 것은 좋은 시도다. 도색을 해 보고 싶은가? 벽에 페인트 칠을 슬쩍 해 보자. 만약 여러분이 롤러 자국과 벽 가장자리 마감에 대해서만 개의치 않는다면 10분 안에 롤러를 이용해서 많은 것을 해낼 수 있다는 것을 발견하고는 놀랄 것이다.
- 여러분이 사용할 가구 크기를 예측해 본다. 그리고 생각했던 크기로 폼보드나 상자를 2D 형태로 자르고 공간에서 여기 저기 대본다.
- 더 나아가, 가구나 기본적인 인프라의 실제 크기대로 목재와 나사로 단순한 프레임을 만들어 세워보고 잘 맞는지 한번 본다.

재료 구하기

마스킹테이프, 분필, 제도 칼, 클램프 톱 등 필요한 도구는 인근 철물점에서 살 수 있다.

폼보드

폼보드와 카드보드는 화방과 건축자재점에서 살 수 있다. 아크 서플라이스Arch Supplies(99 Missouri Street, San Francisco, CA 94107; 415 433-2724; www.archsupplies.com). 유라인 쉬핑 서플라이 스페셜리스트ULINE Shipping Supply Specialists(800 958-5463; www.uline.com)

시작하기

최대한 빨리 공간을 찾아가 보자. 비록 공사 중이라도 말이다. 가볍고 크고 쉽게 만들 수 있는 흔한 재료를 이용해서 다양한 레이아웃을 실험해 보자. 늘 준비하고 있다가 바로 실행한다. 공간 안에서 원하는 작업을 할 때 문제가 있는가? 입구인가? 의자의 배치인가? 진행하는 내용을 기록한다. 공간 계획에 따라 물건을 이동해 보고 사진을 찍거나 스케치해 보자.

박스

포장용 상자는 유홀U-Haul과 같은 운송전문업체에서 살 수 있다(www.uhaul.com)

종이

다양한 색상과 크기의 두꺼운 방습지와 종이는 종이 상점에서 구매할 수 있다. 켈리 페이퍼Kelly Paper(1375 Howard Street, San Francisco, CA 94103; 415 522-0420; www.kellypaper .com).

카펫

모듈식 카펫 구매처 : 플로어FLOOR(600 West Van Buren Street, Suite 800, Chicago, IL 60607; 866 952-4093; www.flor.com)

참고하기

프로젝트를 진행하지 않을 때에는 벽과 보관공간을 활용해서 공간을 정리하자. 이렇게 해야 다른 프로젝트 팀원도 같은 공간을 효율적으로 활용할 수 있다.

확장 가능한 공간

10겹 정도 되는 1"(약 2.5cm) 두께 합판을 4"(약 10cm) 너비로 잘라 사용

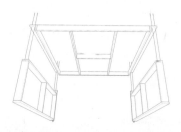

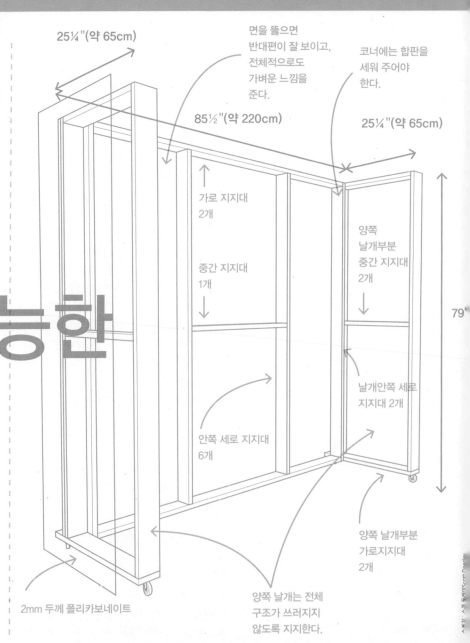

25¼"(약 65cm)

면을 뚫으면 반대편이 잘 보이고, 전체적으로도 가벼운 느낌을 준다.

코너에는 합판을 세워 주어야 한다.

85½"(약 220cm)

25¼"(약 65cm)

가로 지지대 2개

중간 지지대 1개

양쪽 날개부분 중간 지지대 2개

79

안쪽 세로 지지대 6개

날개안쪽 세로 지지대 2개

양쪽 날개부분 가로지지대 2개

2mm 두께 폴리카보네이트

양쪽 날개는 전체 구조가 쓰러지지 않도록 지지한다.

프로젝트 시 사용하는 재료를, 3' x 6'(약 0.9m x 약 1.8m) '확장 가능한 공간'에 잘 보관하여 공간 활용성을 높일 수 있다. 이렇게 빽빽하게 채워진 공간은 프로젝트를 진행할 때 더욱 넓은 공간을 확보해준다. 진행 중인 작업은 항상 공간에 있지만, 작업이 진행 중이지 않을 때에는 바닥 공간은 비어 있게 된다.

그림에서 보듯이 팀 공간은 활성화된 이동식 프로젝트 벽체다. 팀이 작업대나 더 많은 보관장소가 필요하면 낮은 선반이나 저장공간을 추가하면 된다.

만드는 방법

스스로 만들거나 전문가를 고용하자.

1. 합판을 테이블이나 패널 톱으로 4"(약 10cm) 너비로 자른다.

2. 품격 있어 보이진 않겠지만 손쉬운 대체방법으로, 자른 합판 조각 대신에 비슷한 크기의 규격품으로 크기를 조절해 사용할 수도 있다.

3. 주 벽체와 날개 부분의 틀을 만든다.

4. 날개 부분을 뒤 벽체에 부착시킨다.

5. 벽면을 구성할 폴리카보네이트를 자른다.

6. 폴리카보네이트 시트에 구멍 패턴을 뚫는다. 머리가 넓은 나사못을 사용해서 폴리카보네이트를 벽 틀에 부착시킨다.

7. 캐스터를 부착한다.

8. 추가 저장 공간을 위해 물건을 걸 수 있는 고리를 추가하거나 커다란 주방형 서랍을 설치한다.

유의사항:
나무 부분에 평면 나사를 원뿔형으로 박는다. 폴리카보네이트/외부 표면에는 머리 넓은 나사를 사용한다. 속도를 내려면 직결 나사를 사용한다. 수직 부분 안에 수평 부분을 잘 고정한다. 완전히 회전하는 낮고 단단한 2"(약 5cm) 캐스터를 사용한다.

재료 구하기

제작
디스쿨의 확장 가능한 팀 공간은 제프 코투루 Jeff Couture가 만들었다(Stingray Builders Inc.; stingraybuilders.com).

목재
목재는 지역에 있는 목재점과 철물점, 또는 건축자재점에서 구매할 수 있다.

부속품
주방 서랍 핸들은 이케아IKEA에서 확인할 수 있다 (www.ikea.com).

무거운 캐스터
인더스트리얼 캐스터 앤 휠Industrial Caster & Wheel Co(2200 Carden Street, San Leandro, CA

시작하기

핵심은 팀이 활성화되어 있지 않을 때 프로젝트 업무를 이곳에 밀어 넣고 쉬고 있는 상태의 업무를 개방된 공간에 둘 수 있다는 것이다. 이 공동 프로젝트 공간에 폼보드 시트와 지정된 벽 일부를 제공받아 다른 팀 역시 프로젝트를 즉시 시도할 수 있다.

94577; 510 569-8303; www.icwco.com).
캘리포니아 캐스터 앤 핸드 트럭 컴퍼니California Caster and Hand Truck Company(1400 17th Street, San Francisco, CA 94107; 800 950-8750; www.californiacaster.com)

폴리카보네이트 시트
포트 플라스틱스Port Plastics(550 East Trimble Road, San Jose, CA 95131; 408 571-2231; www.portplastics.com)
티에이피 플라스틱스TAP Plastics(154 South Van Ness, San Francisco, CA 94103; 800 246-5055; www.tapplastics.com).

참고하기

스튜디오 교실

몇 가지의 최신기술 덕분에 오래된 기술의 '오래된 스쿨' 스튜디오 스타일의 공간이 미래의 교실이 될 것이라는 주장이 있다.

현재 기술은 언제 어디서나 전문가부터 학생에 이르는 다양한 수요자를 위한 콘텐츠(예, 비디오 토크)를 제공할 수 있다. 이같은 콘텐츠의 유비쿼티는 교실 안에서는 안내자나 멘토로서 해야 할 역할을 하는 선생님과 협력하고 실습할 수 있는 경험의 기회를 제공한다. 이러한 '교실 밖 콘텐츠, 교실 안 실습' 현상은 '역 교실 reverse classroom'이라고 불리곤 한다. 스튜디오 교실은 이 기회를 활용한다. 스튜디오 교실은 학생들의 교실 내 교류와 직접 체험을 최대한 지원하기 위한 공간을 마련하고 있다.

스튜디오 교실의 모습 :

오래된 벽과 바닥은 모든 활동을 허락해준다. 비싸지 않은 소재를 사용한다.
거친 소재들은 우리를 활동적으로 만들며, 공간을 어지럽히는 작업도 하게끔 한다. 이러한 소재는 주의해서 다룰 필요가 없다는 점을 말해준다.

대규모 집단이 필요한 것과 소규모 집단이 필요한 것 사이를 오간다.
스튜디오 교실은 한 곳에 공통으로 집중되는 강의, 집단 작업과 같은 활동, 그리고 동료들 간의 집중된 친목 등의 상태로 수시로 바뀐다. 좌우 줄을 맞추어 학생들을 앉히는 것보다 지랙 Z-Rack 같은 이동식 칸막이를 사용해서 팀 테이블에 둘러앉게 함으로써 다른 형태로 빠르게 전환할 수 있다.

전환을 위한 디자인
교실 활동이 변화를 거듭하면 공간이 재구성될 필요가 있을 수도 있다. 가벼운 가구와 캐스터 달린 가구는 이러한 전환을 쉽게 해준다.

창의성을 높이는 제한 전략
선택의 수가 적을수록 더 쉽게 접근하고 다룰 수 있다. 예를 들어 우리는 화이트보드 슬라이더를 사용할 때 '배치 혹은 보관'의 두 가지 옵션으로만 사용하고 있다. 교육 팀은 이러한 단순한 선택사항을 사용해서 여러 가지 상황을 만들어 낼 수 있다. 이것들은 교실을 나누는 데 사용하거나 개별 팀 공간을 정하는 데 사용한다.

'이전' 및 '이후' 시간 확보
교수와 학생들은 수업 전에 참여하고 수업 후에도 그대로 남아 있는 것을 좋아하며 활성화된 스튜디오는 해체 혹은 세팅에 시간이 필요하다. 수업 시간 전후로 충분한 시간을 제공하도록 교실 사용 일정을 정해야 한다. 우리는 수업 사이에 45분을 배정해놓고 있다.

참고하기

큰 것부터 작업하기

우선, 실제 비율로 먼저 작업한다.

통상적인 계획수립 관점에서 보면 이것은 후퇴하는 것처럼 보일 수도 있다. 이유는 프로젝트는 흔히 계획과 구현 가능성 조사로 시작해서 디지털과 실제 비율의 모델을 만드는 스케치와 입면도를 마련하고 마지막으로 평면도와 준공도 제작으로 마무리되기 때문이다.

중요한 사실은 공간은 실제로 그리고 정서적으로 내부화되어 있다는 점이다. 가능한 한 빨리 잠재적 공간의 물질적 성질과 정서적 영향을 경험하는 방법들을 찾는다. 이것은 프로젝트를 관리하고 실행할 때 경험에서 나오는 결정을 할 수 있게 해준다. 우리는 어떤 이유나 추측보다도 경험이 훨씬 더 강력한 나침반이라는 것을 알게 되었다.

프로토타이핑은 속임수가 아니며 비전이 부족한 이들을 위한 제2의 해결책도 아니다. 2차원의 도면에서 3차원을 직감할 수 있는 전문적 능력을 갖춘 최고의 건축가들도 건물이 완성될 때 그 건물이 어떻게 느껴지는지에 대해서 놀라곤 한다. 이는 처음부터 대규모로 작업하는 것을 뒷받침하는 합리적인 이유다. 초기 테스트 비용을 낮추는 것은 위험성 있는 비용지출을 최소화하는 순전히 재정적인 접근에서 비롯된 것이다.

참고하기

57
디자인 템플릿_태도 : 해결책을 위한 프로토타입을 만든다
112
도구_실제 비율로 공간 프로토타이핑을 하기 위한 툴킷

미래의 교직원 사무실과 학생 회의 공간의 크기 변화를 테스트하기 위해 마련된 폼박스, 지랙과 바닥의 테이프

서로의 지위격차를 없애기 위해 공간을 활용하라

공간을 사려 깊게 구성한다면, 공간 내 사람들은 지위에 상관없이 관계가 대등해질 수 있고 훌륭한 공간에서 참신한 아이디어를 낼 수 있는 기반을 마련할 수 있다.

전통적으로, 공간은 지위를 나타낸다.
성 베드로 대성당 내 화려한 설교강단에 서있는 교황 혹은 맨해튼 센트럴 파크가 보이는 전망 좋은 사무실의 CEO를 상상해 보라.

구성원들끼리 서로 지위가 비슷하다고 느끼게 하면, 그룹 내에서 아이디어가 더욱 자유롭게 나올 것이다.
구성원의 지위를 그대로 유지하는 것이 좋다는 데 대한 타당한 이유가 많이 있을 수 있다. 하지만 혁신을 이루기 위해서는 최고의 아이디어가 필요하다. 이러한 아이디어는 어디에서나 또한 누구에서나 나올 수 있고, 나와야 한다.
높이와 배치에 대해 고심하여, 구성원 간 지위를 비슷하게 만든다.

글자 그대로, 모든 사람을 같은 높이로 만든다.
시나리오 수업을 할 때, 강단이 있으면 넘기 힘든 한계가 생긴다. 교사는 교사로, 학생은 학생으로 남는 것이다. 이 문제를 보완하기 위해, 학생들에게 높은 의자를 주어 학생들이 앞에 서 있는 교사와 같은 눈높이로 앉아 있을 수 있게 한다.

'명예로운 자리'가 있는 배열을 피한다.
원형 혹은 정사각형 형태의 탁자 주변에 앉아보자. 이는 모든 자리의 지위가 동등함을 암시한다. 만일 어쩔 수 없이 '명예로운 자리'(예. 탁자 머리 부분)가

있다면 낮은 지위의 사람이 앉는다.

뒤섞는다.
학생을 교사 옆에 앉히고, 조직장을 현장 일꾼 옆에 앉힌다. 업무 수행에 필요한 재료는 팀 혹은 그룹 단위로 배분한다.

참고하기

베를린 장벽의 잔해,
2007년

공간이 항상
답은 아니다

조직의 미묘한 부분을 다루기에 공간은
상당히 무딘 도구일 수 있다. 너무 무뎌서
의도치 않은 부작용을 가져올 수 있다.

실존주의 철학자인 장폴 사르트르 Jean-Paul
Sartre**는 "타인은 곧 지옥이다"*라는 유명한
대사를 썼다.**
장폴 사르트르가 약간 극단적인 사람일 수는
있지만, 우리 한 번 솔직해지자. 대인관계와
관련된 대부분의 갈등은, 사람들이 함께
모여 있을 때 발생한다. 특히 창의적
환경에서 사람들은 자아를 계속 드러내고
이는 다른 사람과의 갈등을 유발할 수 있다.

**미묘한 사회적 요구에 대한 답으로서의
공간은 오히려 문화를 해칠 수 있다.**

예를 들어, 고급스러운 사무실이 있다고 해
보자. 조직에서는 개인의 지위를 나타내고
업무에 대해 보상을 하는 방법으로, 개인 사
무실을 제공해왔다. 하지만 팀 작업이 중요
한 조직의 경우, 이러한 고급 사무실의 주인
은 보통 현장 혹은 현장 밖에서 다른 사람들
과 협업하면서 대부분의 시간을 보낸다. 고
급 사무실은 활용되지 않은 채 그대로 남게
된다. 그 결과 사무실 벽은, 사무실 주인의
업무 기여도를 기념하고 지위를 나타내고자
하는 욕구를 보여주는 퀴퀴한 기념물이 되어
버린다. 그리고 다른 사람들은, 이 공간은 다
른 공간과 어울려 활기찬 분위기를 내기보다
는, 이렇게 정적으로 존재하는 것이 더 가치
있다고 잘못 생각하게 된다.

비공간적 방법으로 해결한다.
예로, '주최자 칭송하기'가 있다. 이는
개인에게 주최자로서 행동할 수 있는 권한을
부여하는 것으로, 개인이 공동체에서 강한
주인의식을 느끼게 하는 기막힌 방법이다.

초대손님이 감명을 받으면, 주최자는 긍지를
느끼게 된다. 주최하는 상황을 구현하려면
이런 것이 공간에 반영되어 있어야 한다.
주최자의 작업이 눈에 잘 띄고 부엌이나
라운지와 같은 편의시설에 접근할 수 있어야
한다. 하지만 때로는 단순히 주최자를
초대손님 앞에서 칭찬하고 치켜세워주는
것만으로도 효과적으로 공동체 내에서
주최자의 지위를 높일 수 있다.

협업은 어렵다. 도움이 필요하다.
'디슈링크d.shrink(d는 디스쿨, shrink는 정신
과의사, 심리학자를 뜻함 – 옮긴 이)'라 불리
는 줄리안 고로드스키Julian Gorodsky 박사는
디스쿨 전임 심리학자로, 디스쿨 창립 이래
줄곧 스태프 및 학생들과 함께 일해왔다. 그
의 업무는 단순히 유행이나 트렌드로서가 아
니라, 현실적으로 협업이 매우 중요함을 직
접 입증해왔다. 이러한 접근으로 협업의 울
타리를 만드는 데 소요되는 정신적, 금전적
비용을 줄일 수 있었다.

* 장폴 사르트르Jean-Paul Sartre, 『출구 없는 방No
  Exit』(1944)

참고하기

모든 관점을 탐구하여 공감을 이끌어내라

공간을 재설계할 때, 다양한 시각에서 다양한 방법을 찾는 데 충분히 시간을 할애하라.

어떤 장소에 소포를 보내려고 처음 갔을 때, 당신은 낯선 공간에서 어떻게 길을 찾는가? 여러분이 회의를 하려고 어느 장소에 방문한 투자자라면 당신은 그 공간에서 얼마나 환영받고 있다고 느끼는가? 여러 가지 다양한 역할을 상상해 보면서 각기 다른 위치에서 공간에 들어가고 나오고 해 보아라. 여러분은 이런 많은 경우에 필요한 다양한 경로를 어떻게 재설계할 것인가?

공간을 차별화할 수 있는 세세한 사항을 알아내려면, '그 공간에서 많이 걸어보는' 신체적 경험을 해 보는 것이 매우 중요하다.
건축가는 건물을 어느 방향으로 배치해야 멋진 조망을 확보하고 시시각각 변하는 빛을 이용할 수 있을지 이해하기 위해 많은 시간을 할애한다. 이런 과정은 공간디자이너에게도 해당되는 것이다. 실질적으로 길을 찾아보고, 여기저기 돌아보고, 의도를 가지고 특정 행동(화장실이 어디 있는지 찾아보기, 여기저기 살펴보기, 부엌에 가보기, 우산을

흔들어보기, 자전거를 세워보기 등)을 해 보면서 공간 내 문제점을 발견한다. 이러한 행동은 공간의 스토리를 만들어 냄에 있어 명확하진 않지만 분명 성과가 있는 방법이다.

참고하기

스쿱 스툴은 다목적 도구로,
협업 공간을 규정하는 데
쓰인다.

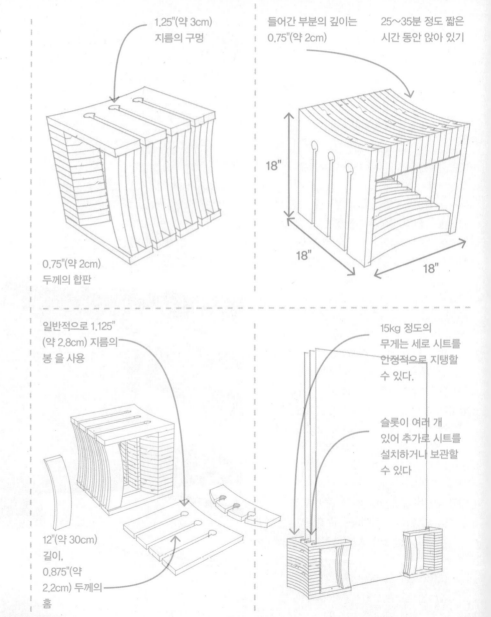

1.25"(약 3cm)
지름의 구멍

0.75"(약 2cm)
두께의 합판

들어간 부분의 깊이는
0.75"(약 2cm)

25~35분 정도 짧은
시간 동안 앉아 있기

18"

18"

18"

일반적으로 1.125"
(약 2.8cm) 지름의
봉 을 사용

12"(약 30cm)
길이,
0.875"(약
2.2cm) 두께의
홈

15kg 정도의
무게는 세로 시트를
안정적으로 지탱할
수 있다.

슬롯이 여러 개
있어 추가로 시트를
설치하거나 보관할
수 있다

스쿱
스툴
scoop
stool

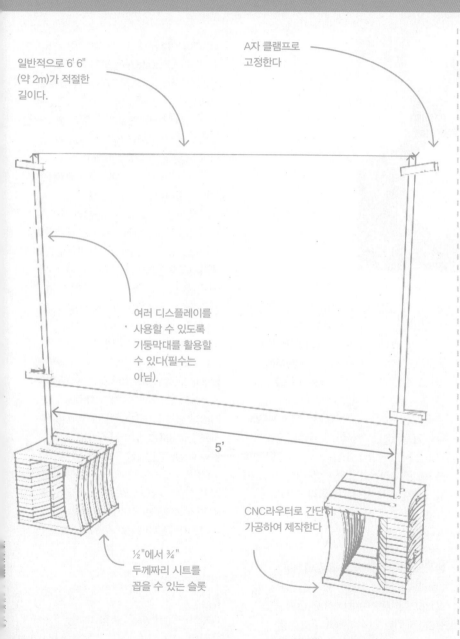

일반적으로 6' 6"
(약 2m)가 적절한
길이다.

A자 클램프로
고정한다

여러 디스플레이를
사용할 수 있도록
기둥막대를 활용할
수 있다(필수는
아님).

5'

CNC라우터로 간단히
가공하여 제작한다

½"에서 ¾"
두께짜리 시트를
꼽을 수 있는 슬롯

스쿱 스툴은 간단한 가구로, '팝업pop-up'
팀 공간을 구성할 때 활용된다. 스쿱 스툴
위에 앉거나 그 위에서 단순한 작업을 할 수
있다. 스툴에는 슬롯이 있어 패널(폼보드,
폴리카보네이트, 카드보드 등)을 고정할 수
있다. 서서 하는 작업 혹은 작업물 전시 시에
활용할 수 있다.
　　스쿱 스툴은 개인 혹은 그룹이 함께
의자처럼 쓸 수 있다. 스툴을 두 개를
사용하면 작업 중인 패널 모서리를 슬롯에
고정시켜 패널을 보관할 수 있으며 또한
여러 개의 시트를 전시할 수 있다. 팀 작업
시 필요한 파일 정리대가 생기는 것이다.
스툴 슬롯에 파이프나 기둥막대를 장착하여
팀 공간에 필요한 기본 가구로 활용할 수도
있다.

재료 구하기

스쿱 스툴Scoop Stools은 조마딕의 롭 벨Rob
Bell at Zomadic, LLC(San Francisco, CA; www.
zomadic.com)이 만들었다.

참고하기

24
상황_인스턴트/셰어 스튜디오
154
도구_대형 판 재료
166
통찰_시간제한을 정하는 데 의자를 이용하라

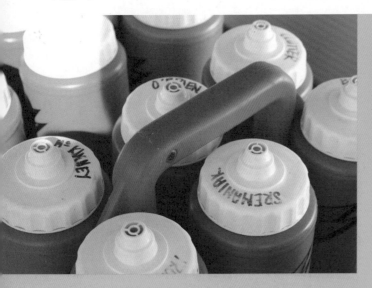

작은 변화가
심오한 영향을
줄 수 있다

예 : 물병
미국 국가대표 축구팀이 2010 베이징 올림픽을 준비하기 위해 스탠포드에 왔다. 훈련 기간 중, 스탠포드 여자팀 축구 부코치인 제이 쿠니Jay Cooney가 미국 대표팀 코칭 스태프와 만날 기회가 있었다. 쿠니 코치는 사소한 점 한 가지를 발견했다. 미국 대표팀의 경우 휴식시간에 선수들에게 공용 정수기로 물을 주지 않고 물병을 카트에 담아 물을 준다는 점이었다. 쿠니 코치는 이 방식이 선수들에게 영향을 준다는 것을 알아차렸고 컵이 달린 공용 정수기 대신 물이 가득 찬 병이 든 카트를 사용하는 것으로 즉시 바꾸었다.

그가 알아차린 것은 다음과 같은 것이다. 물병이 든 카트에는 모든 선수가 동시에 접근할 수 있다. 컵이 달린 정수기는 한 번에 1명 또는 2명의 선수만이 이용할 수 있고 나머지 선수들은 여기저기 흩어지기 때문에 팀의 동료애가 흩어진다. 물병이 담긴 카트는 모든 방향에서 접근 가능하기 때문에 신수들은 자연스럽게 모여 이야기를 나눌 수 있다. 제이 쿠니는 팀 결속력과 의사소통을 향상시킬 수 있는 이러한 미묘한 기회조차도 파악한 것이었다.

예 : 스타트업 시작하기 혹은 해체하기
'500스타트업'은 실리콘 밸리 중심부에 소재한 초기 단계 벤처 캐피털 펀드이자 액셀러레이터다. 여기에 20개의 신생 스타트업이 나란히 모여 집중적으로 일하고 있다. 각 스타트업 팀은 창을 통해서 외부와 마주하고 있거나 혹은 작업실 및 복도를 향해 안을 보고 앉아 있다. 방문자를 향한 좌석 배치 방향은 중요할 수 있다. 왜냐하면 잠재적 투자자들이 이 공간에서 모여서 이야기를 하곤 하기 때문이다.

스타트업 CEO 한 명이 500 스타트업 창립 디자이너인 엔리크 알렌Enrique Allen에게 한 말 한마디가 공간의 변화를 만들었다. "저는 뛰어난 사람들과 우연히 만나는 것을 좋아합니다. 그것이 바로 내가 여기에 있으면서 얻는 커다란 이득 중 하나이죠. 하지만 누군가가 우리 책상 가까이로 오면 그것이 단 몇 분일지라도, 우리 팀 전체의 집중력을 방해합니다."

그 CEO는 책상 방향을 'U'자 형으로 재배치하는 간단한 방법을 통해 이러한 난제를 해결하였다. 코딩을 하는 팀원은 지속적으로 집중해야 하기 때문에 자리를 창가로 배치하였고, CEO자신은 중요한 방문자를 맞이할 수 있도록 복도 앞쪽에 앉았다. 사소하게 자리를 조정한 것뿐이었지만 이러한 방법을 통해 개발자는 개발을 위해 필요한 소중한 시간을 보호받을 수 있었고 CEO는 잠재적 투자자들과 우연히 마주칠 기회를 노릴 수 있게 되었다.

참고하기

48
디자인 템플릿_속성 : 방향

열린 공간을 나눌 때에는 은근한 경계선을 이용하라

벽과 불투명한 파티션을 없애는 것은 '유연성 있는' 협업 공간을 만들어가기 위해 우선적으로 해야 하는 중요한 과정이다. 그러나 벽이 사라지면 경계가 더 중요해진다. 복도를 형성하는 벽이 없어지더라도 복도와 같은 이동 공간은 꼭 필요하다.

파티션의 의도와 효과를 무시하면, '열린' 공간 형성이 실패할지도 모른다. 사람들은 어떤 공간에서 경계선과 가장자리를 찾는 성향이 있다. 경계를 암시하는 장치를 활용하여 이러한 성향을 부합시켜주는 것이 좋다. 이를 테면, 바닥에 선을 긋거나 대비된 색을 칠하거나 혹은 서로 다른 재료로 바닥을 마감 처리한다. 또는 높이가 낮은 파티션을 설치하여 심리적 가짜 벽이지만 실제 벽과 같은 기능을 하게 한다.

길거리나 스포츠 경기장에 가보면 은근한 경계선이 매우 영향력 있음을 볼 수 있다. 바닥 페인트 선이 자전거 이용자와 자동차 운전자 사이를 어떻게 구분 짓는지 살펴보자. 바닥에 칠해진 선 하나를 서로 침범하지 않겠다는 합의에 말 그대로 목숨이 달린 것이다.

참고하기

221
통찰_창의성을 고무하기 위해 요소를 제한하라
249
통찰_바닥재는 창의적인 활동을 만든다

프로젝트 룸

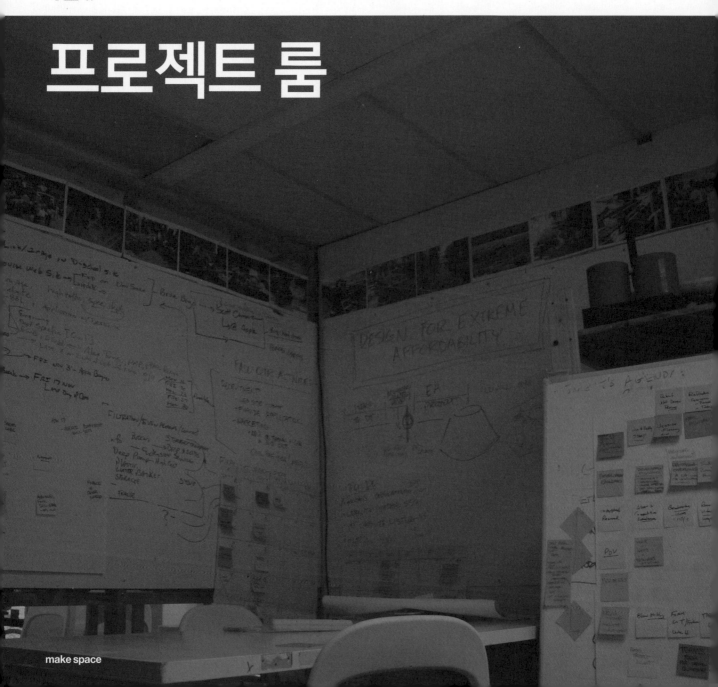

프로젝트 룸은 작은 팀이 서로 만나
프로젝트와 관련된 잡동사니(영감, 이미지,
진행 중인 작업물)들을 쏟아내는 공간이다.
프로젝트 룸 사용 방식은 마치 아파트
대여 방식과 같다. 프로젝트 기간 동안만
차지하고 있다가 프로젝트가 끝나면 다음
팀에게 이 공간을 내어준다.

중요한 특징 :

유용한 벽공간이 많다.
창조적인 팀은 공간이 프로젝트와 관련된
잡동사니로 가득 차면 왕성한 창의력을
발휘한다. 일부 아니 모든 벽은 구성원이
도전의식을 늘 유지할 수 있도록, 영감을
주는 사진, 열정을 담은 인용문, 자료,
스케치, 지도, 뭐든 간에 영감을 주는 공예품
등으로 채워져 있어야 한다. 쓰고 지울 수
있는 표면(예를 들어, 화이트보드) 그리고
물건을 부착할 수 있는 표면(예를 들어,
마그네틱보드)을 구비하고 있어야 한다.

가시성은 최대로, 방해는 최소로
우리는 사람들이 일하는 것을 바라보기를
즐긴다. 이럴 때 우리는 누가 내 주변에
있는지 알게 되고 공간 내 가득 차 있는
일하는 사람의 열정을 느낀다. 반면
우리가 프로젝트를 수행하고 있을 때에는
누군가가 우리를 방해하는 것이 싫다.
눈높이에서 반투명 처리한 유리 벽을
활용하자. 골판지처럼 줄무늬가 있는
투명한 폴리카보네이트 시트를 벽에 붙이면
가격도 저렴하고 재미도 있다(폴리갈Polygal
이라는 이름의 유명한 건축용 제품이 있다).
줄무늬가 있기 때문에 반대편이 자세히
들여다보이지 않으면서도 색, 조명 그리고
움직임 정도는 볼 수 있다.

청각적 측면에서의 사생활 보호는 조금만
청각적 측면에서 사생활을 보호하는 것이
중요하다는 데에는 명백한 이유가 있다.
소음은 집중을 방해하고 가끔 우리는 딱 한
사람하고만 이야기를 하고 싶을 때가 있다.
하지만 청각적으로 사생활을 보호받는 것을
조금만 포기한다면 부가적인 혜택이 생긴다.
'그저 적당한' 정도로만 소음을 없애면 서로
간의 대화를 알아듣지 못할 수도 있다.
하지만 약간의 소음이 있는 경우 공간에

시작하기

예산이 부족할 경우에는, 사용하지 않는
작은 사무실 혹은 회의실(100–200sq ft.
약 550평)을 정리해 이곳을 팀 프로젝트
공간으로 할당한다. 팀원들이 직접 벽에
회반죽을 바르도록 독려하고 이후 어떤 일이
일어나는지 지켜보자.

예산이 충분할 경우에도 위와 같다. 다만
공간 내부가 최대한 잘 들여다보이게
전략적으로 불투명한 벽 하나를 투명한
면(유리, 아크릴, 폴리카보네이트)으로
대체한다.

은근한 에너지를 더하게 된다. 또한 소음을
조금 인정하면, 벽 구조와 HVAC(난방
heating, 통풍ventilation, 공기조화air
conditioning) 시스템을 고비용으로 세밀하게
개조하지 않고, 핵심적인 것 위주로
저렴하게 설치해도 된다.

팔로마5 Palomar5 :
일과 일상
사이에서
공간 탐사

마리안나 로저스Maryanna Rogers

제한된 범위 안에서 누리는 완벽한 자유

나는 디자이너, 연구자이며 동시에 예술가다. 그래서 본능적으로, 팔로마 5Palomar5 (P5) 혁신 캠프에서 거주할 수 있는 기회에 매혹되었다. 그곳에 있는 동안 나는 '29명의 젊은 친구' – 국제적인 사업가, 과학자, 해커, 예술가 – 들과 함께하며 '일의 미래'에 관한 아이디어를 창출하고 공유하였다. 그러나 7주간의 '창조적 공간 탐사' 과정이 실제로 어떻게 진행될지에 대한 세부사항은 전혀 없었다. 한 가지 예로, 나는 '수면 박스' 라는 용어가 내가 매일 밤을 작게 구획된 공간에서 35명의 낯선 사람들 함께 보낼 것을 의미함을 전혀 알지 못했다. 말할 나위 없이 우리는 서로 급속히 가까워졌다.

우리는 각기 14개의 서로 다른 나라에서 왔다. P5에 도착하자마자, P5팀은 우리를 거의 간섭하지 않을 것이며 '일의 미래 the future of work'에 대한 협업 프로젝트를 어떻게 진행할지에 대한 결정은 팀원이 함께 내려야 한다고 분명하게 말했다. 하지만 다른 세부사항들은 밝은 파란색 P5 점퍼 수트를 입은 우리가 완벽하게 디자인했다.

공간 연구_팔로마5Palomar5 : 일과 일상 사이에서 공간 탐사

'온On' 그리고 '오프Off'

첫 주가 끝나갈 무렵 프로젝트 팀이 구성되기 시작했다. 한 팀은 사람들의 2가지 마음 상태(온On의 상태 혹은 오프Off상태)를 수용하려면 어떻게 작업 공간을 디자인해야 할지 연구해 보기로 했다.

팀의 입장에 따르면, 활발히 작업하는 시간과 휴식하는 순간을 위한 공간은 뚜렷이 구별되어야 한다. 몇 주 후 비록 이 특별한 프로젝트를 포기하게 되었지만 캠프 참가자들은 스스로 통찰력을 얻었다. 살며 또한 일하는 근본적 공간 내에서, '온On' 그리고 '오프Off'를 따로 구분하는 공간이 정말 필요했을까?

살며 일하고, 일하며 사는 공간

살며 일하는 경험을 위해 우리는 예술적으로 개조된 2,000m² 사이즈의 베를린 남쪽 공장으로 들어가 살았다. 넓고 탁 트인 주 작업실은 건축 구조물(화이트 큐브The White Cube)에 의해 보다 작은 공간으로 구획되었고 각 공간은 서로 연결되어 있었다. 수면 박스 안에는 충분한 큰 침대와 작은 옷장이 구비되어 있으며 잘 디자인되어 있었다. 수면박스에는 문과 작은 현관이 있는데 사생활 보호를 위해 아래로 내릴 수 있는 불투명한 스크린이 장착되어 있었다. 공동 공간으로는 식당, 주방, 프로토타이핑과 프레젠테이션을 위한 방(P룸p-room), 그리고 엔터테인먼트를 위한 공간이 있었다. 다른 공간에서는, 공식적인 팀모임을 하기도 하고 댄스 타임을 갖기도 하며, 기타 히어로(Guitar Hero, 비디오 게임 – 옮긴 이) 게임을 하거나 낮잠을 자거나 다른 사람들과 만나 시간을 보내는 등의 활동을 하였다.

왼쪽 : '하얀 큐브'

오른쪽 : 맥아공장의 내부Exterior of the malt factory

공간 연구_팔로마5Palomar5 : 일과 일상 사이에서 공간 탐사

'오프Off' 공간의 정의

캠프 내 대부분 방에서는 일과 휴식 두 가지 활동이 모두 일어났다. 하지만 흡연실만은 명확히 오프off 공간이자 안전지대였다. 캠프 참가자들은 빽빽한 담배 연기 속에서 모여 프로젝트에 대한 또는 개인적인 이야기를 서슴없이 자유롭게 나누었다. 한 참가자는 자신의 창의력에 대해 확신이 없었는데, 흡연실에서 대화를 나누면서 마침내 새로운 시도를 할 수 있는 용기와 위안을 처음으로 얻었다. 그 새로운 시도는 흡연실과도 딱 들어맞는 재떨이었다. 바퀴 달린 재떨이.

야외 흡연 공간 또한 특별한 기능이 있었다. 한 참가자는 자신의 프로젝트 아이디어를 포기하기로 결심한 후 친구와 담배 한 개비를 피우고자 흡연 공간에 갔다. 함께 담배를 피던 친구는 그녀의 프로젝트가 매우 맘에 든다고 말하며 만약에 그 프로젝트를 저버린다면 매우 유감스러운 일이 될 거라고 털어놓았다. "내가 무엇인가를 말하기도 전에 그는, 우리가 그 프로젝트를 포기한 것이 속상하다고 말했다. 그는 우리가 이 프로젝트를 되살려야 한다고 생각했다." 그의 말에 격려받은 그녀는 다시 그 프로젝트를 시작했다. 비록 형식적인 것이었을지도 모르지만 함께 담배를 피우며 나눈 그 논의는 그녀가 프로젝트를 다시 시작할 수 있게 한 핵심적 계기가 되었다. 그 대화가 진행되던 상황은 대단히 중요한 것이었다. 비공식적 흡연 휴식 시간이 자유롭게 논의할 수 있는 분위기를 만들어냈다.

P5캠프 내에서의 경험과 현실 속 디자인 팀 내에서의 경험 간의 연관성

디자이너는 서로 다른 집단에 나타나는 필요를 밝혀내기 위해 종종 '극단적인 사례'를 조사하곤 한다. 그러나 덜 극단적인 상황에서는 이러한 사례를 찾아내기가 어렵다. P5 캠프의 환경은 '극단적 협업'* 그리고 '철저한 공동 공간'† 의 특성을 잘 갖추고 있다. 이는 대부분 스타트업 회사 분위기와 비슷하다. 이러한 환경의 P5 캠프에서 드러난 행동은, 디자인 작업 환경에서 볼 수 있는 유사한 기회를 반영하고 있었다.

캠프 내 흡연 구역은 분명히 '오프Off' 공간에 있었음에도 불구하고 창조 과정에서 특별한 역할을 훌륭하게 수행한 듯하다. 흡연 구역은, 참가자들이 새로운 무언가를 시도해 볼 수 있도록 격려 받기도 하고, 작업에 대해 각자의 목소리를 낼 수도 있는 안전지대였다. 이렇게 함으로써 작업이 급격하게 바뀌기도 하고 가속화되기도 하였다.

다소 특이한 설정이긴 했지만 캠프 내에서 일어나고 있는 '일과 놀이'에 대한 학습은 P5 캠프 내 '온오프On/Off' 팀이 뭔가를 하고 있다는 것을 말해준다. 낮과 밤 아주 오랜 시간 동안 집중적으로 협업해야 하는 환경 내에서는 비업무용 공간도 기능적 역할을 충분히 해낸다.

위쪽 : 흡연구역 벽에 그려진 그림

아래쪽 : 수면 상자

공간 연구_팔로마5Palomar5 : 일과 일상 사이에서 공간 탐사

Palomar5
거주자들이
프로젝트에 대해
논의하고 있다

* 쇼, B. G. (2007). 부분의 합보다 많은 전체 : 「협력적인 디자인 상호작용에서 공유되는 표현 (박사학위 논문). More than the Sum of the Parts: Shared Representations in Collaborative Design Interaction」 영국왕립예술학교Royal College of Art

† 티슬리, S.D., 코비, L., 크리쉬난, M.S., 그리고 올슨, J.S.(2000). 『어떻게 진보적인 협력이 팀의 성공을 돕는가?How does radical collocation help a team succeed?』 컴퓨터 지원 공동 작업 CSCWComputer-supported Cooperative Work(2000). 뉴욕: 미국 컴퓨터 협회 출판 ACMAssociation for Computing Machine. 339–346. ACMery, 미국 컴퓨터 협회 출판. 339–346.

마리안나 로저스Maryanna Rogers는 디자이너, 예술가, 그리고 연구원이다. 그녀는 데이터와 전자 미디어 간 상호작용에 초점을 두고 예술 작품을 만든다. 또한 디자인과 교육의 상호작용에 대해 집중 연구하고 있다.

hack

내부가 보이는 벽

협업 공간에서 시각적 투명성과 청각적 프라이버시는 둘 다 중요한 문제다.

시각적으로 어떤 곳이 보이면, 우리는 다른 사람에 대한 관심이 증폭된다. 반면, 청각적으로 어떤 것을 차단하면 대화가 겹치는 것을 막아 더 집중할 수 있다. 유리는 두 가지 경우를 해결할 수 있는 이상적인 재료지만 좀 비싸다.

여기에 두 가지 저렴한 대안이 있다. 두 가지 대안 모두 사적인 대화까지 잘 들릴 정도로 완벽히 소음을 차단시켜주지는 못하지만 어느 정도 집중할 수 있게 해준다. 어떤 사람들은 오히려 소음이 완벽하게 차단되는 것을 선호하지 않기도 한다. 잔잔하고 적당한 소음이 있으면 주변에서 어떤 활동이 일어나고 있는지 알아차릴 수 있다. 그래서 숨길 것이 있는 사람들은 약간 염려할 수도 있다.

만드는 방법

선택사항 1 :

1. 저렴한 방법으로 벽을 깨끗이 한다.
2. 시작하기 전에 적절한 예방 조치를 한다.*
3. 벽의 양쪽에 있는 건식 벽체를 제거한다.
4. 두께 15mm, 크기 4' x 8'(약 1.2m x 약 2.4m) 폴리카보네이트 판을 구매한다. 건식 벽체와

교체하기 위해 필요하다.
5. 현재 노출되어 있는 벽기둥에 맞추어 정렬되도록, 폴리카보네이트 시트를 자른다.

선택사항 2 :

1. 작은 구멍을 몇 개 뚫는다. 재미있는 작업일 수도 있으나, 주의해야 한다.
2. 벽기둥 사이의 벽에 구멍을 뚫는다.
3. 구멍의 내부를 건식으로 마감한다. 혹은 수족관에서처럼 폴리카보네이트를 이용하여 마감한다. 크기나 모양은 여러분이 하고 싶은 대로 한다. 사람들 시야와 높이를 고려한다.
4. 가장자리를 회반죽으로 마무리한다.
5. 잘되었다. 이제 재도장한다.

팁

선택사항 1 :

· 폴리카보네이트를 상점에서 미리 잘라오거나, 혹은 날카로운 전기톱으로 폴리카보네이트를 자른다.
· 머리 부분이 넓은 셀프 드릴 나사를 사용한다. 시트의 연결부위를 따라 나사를 박는다.

선택사항 2 :

· 스터드 파인더로 벽기둥을 찾아낸다(정확한 방법). 아니면 벽을 두드려봐서 소리가 크게 나지 않는 구역을 찾는다(덜 정확한 방법). 두드림 소리가 크게 나지 않는 구역에 기둥이

위치해 있다.

*중요! 건식 벽체를 제거하거나 벽에 구멍을 뚫을 때 또는 기간 구조를 변경할 때 주의를 기울여야 한다. 하중을 받는 내력벽을 수정할 때 문제가 발생할 수도 있다. 벽 안에는 여러분 주변 모든 전기 기기의 전원으로 이어지는 전선관이 숨겨져 있다. 벽체의 구조적 기능을 잘 파악하기 전에는 함부로 벽에 손을 대서는 안 된다. 그리고 건축법규에 맞도록 조언을 받아야 한다. 예를 들어, 인테리어에 폴리카보네이트를 사용하는 것은 방화 법규상 적합하지 않을 수 있다. 또한 작업을 시작하기 전에 항상 작업 구역의 전기를 차단하는 것을 추가적으로 명심해야 한다.

재료 구하기

폴리카보네이트/아크릴

포트 플라스틱스Port Plastics(550 East Trimble Road, San Jose, CA 95131; 408 571–2231; www.portplastics.com)
티에이피 플라스틱스TAP Plastics(154 South Van Ness, San Francisco, CA 94103; 800 246–5055; www.tapplastics.com)

T자형 벽

팀 공간을 만들며 벽 위에 필기가 가능한 즉석 구조물

T자형 벽(위에서 보았을 때 T자로 보인다)은 활용하면 어떤 상황에서든 신속하고 친밀하게 개방적인 공간을 구성할 수 있다. 이것은 디스쿨에서 매우 오랜 기간을 통해 검증된 도구 중 하나다. 초기에 우리는 공간을 다목적으로 만들어야 했기 때문에 말 그대로 모든 벽에 캐스터를 달아 벽을 여기저기로 움직일 수 있게 하였다.

T자형 벽은 거의 똑같은 2개 '벽'으로 구성된다. 두 벽은 나무로 만들어진 프레임이며, 표면은 아크릴,

폴리카보네이트, 메소나이트Masonite (미국상표의 목재 건축 자재), 화이트 패널과 같은 얇은 합판을 부착하였다. 화이트 패널과 아크릴과 같이 통기성이 없는 표면은 교체가 쉬우며 필기를 썼다 지웠다 할 수 있다. 이는 시중에서 판매하는 비슷한 상품보다 가격이 저렴하다.

프레임 구조는 기본 2" x 4"(약 5cm x 약 10cm) 목재를 사용한다. 혹은 1"(약 2.5cm) 두께 합판이나 얇은 활엽수 목재를 여러 겹으로 사용하여 더 정교하게 만들 수 있다.

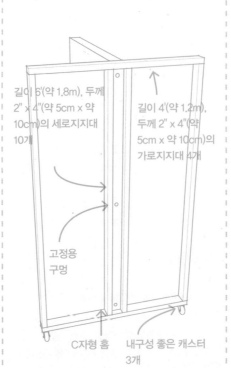

길이 6'(약 1.8m), 두께 2" x 4"(약 5cm x 약 10cm)의 세로지지대 10개

길이 4'(약 1.2m), 두께 2" x 4"(약 5cm x 약 10cm)의 가로지지대 4개

고정용 구멍

C자형 홈

내구성 좋은 캐스터 3개

전체적인 높이 : 6' 6"(약 2m)
샤워보드 표면 : 4' x 6' 3"(약 1.2m x 약 1.9m) 4개

하드웨어 : 8"(약 20cm) 간격으로 화이트패널을 부착할 수 있도록 셀프 테핑 라스 스크루(self-tapping screw : 나사가 없는 구멍에 돌리면서 박을 때 스스로 나사를 깎으면서 들어가는 나사, lath : 쇠그물 형태 – 옮긴 이)를 사용

캐리지 볼트(carriage bolts : 너트와 워셔가 함께 있는 주로 차량용 나사), 혹은 래그 스크루(lag screw : 사각머리의 나무 나사 – 옮긴 이), 각 벽체를 연결할 때 사용

스케치 : 스콧 위트호프트Scott Witthoft

만드는 방법

제작 순서 :

1. 프레임을 만든다.
2. 그림에 표현된 대로 각 면을 입힌다.
3. 각 벽을 연결한다.
4. 표면을 붙인다.
5. 벽체에 캐스터를 설치한다. 1단계 이후 아무 단계에서나 해도 좋다.

핵심

두 벽의 구성요소는 똑같다. 하나의 쌍으로 기능할 수 있도록 볼트 또는 나무 나사를 사용하여 C자형 홈에 한 벽을 수직으로 조립한다. 라미네이트 표면을 부착하기 전 가운데 세로 C자형 홈에 미리 볼트, 혹은 나사 구멍을 뚫어 놓아야 한다. 위, 중간, 아래에 구멍을 뚫는다.

높이는 얼마나?

활용도를 높이기 위해서는 의심의 여지없이 6' 6"(약 2m) 정도가 적합한 높이라는 것을 발견했다. 더 높으면 팀의 역동성을 망가뜨리고 손에 닿지 않는 영역이 생길 수도 있다.

재료 구하기

샤워보드/목재

목재와 화이트 패널은 지역 목재상과 주택용품 자재점에서 구매가 가능하다. 우리는 파인 콘 럼버Pine Cone Lumber(895 East Evelyn Avenue, Sunnyvale, CA 94086; 408 736–5491; www. pineconelumber.com)에서 구매하였다.

캐스터

인터스트리얼 캐스터 앤 휠Industrial Caster & Wheel Co(2200 Carden Street, San Leandro, CA 94577; 510 569–8303; www.icwco.com). 스탠포드 디스쿨에서 사용하는 3"(약 8cm)나 5"(약 13cm) 길이 빨간색 캐스터를 참고하자.
캘리포니아 캐스터 앤 핸드 트럭 컴퍼니California Caster and Hand Truck Company(1400 17th Street, San Francisco, CA 94107; 800 950–8750; www.californiacaster.com)

폴리카보네이트/아크릴

포트 플라스틱스Port Plastics(550 East Trimble Road, San Jose, CA 95131; 408 571–2231; www.portplastics.com)
티에이피 플라스틱스TAP Plastics(154 South Van

시작하기

T자형 벽체는 높이가 높고 이동성을 갖춘 구조물이기 때문에 튼튼해야 한다. 하나 혹은 두 개 정도로 시작하는 것이 좋다 (쌍이 좋다). 그리고 저렴한 방법으로 제작이 가능하다. 표준 2" x 4"(약 5cm x 약 10cm)다.

Ness, San Francisco, CA 94103; 800 246–5055; www.tapplastics.com)

참고하기

T자형 벽을 활용하여 만들 수 있는 여러 팀 모임 형태

강의 형식

빙 둘러서

박람회 형식

무대 형식

스케치 : 스콧 위트호프트Scott Withoft

은신처

개방적이고 협업이 중요한 환경에서 은신처는 아주 중요한 휴식처가 된다.
여러분의 사무 공간이 개방적이고 활동적이며 밝은 양(陽)의 느낌을 주면 줄수록, 그 공간 내에는 수동적이고 어두운 음(陰)의 장소가 필요하다. 일부 사무실에는 소위 은신처라고 할 수 있는 공식적인 공간이 있다. 만일 여러분의 공간 내에 이러한 은신처가 없다면 사람들은 그곳을 찾기 위해 어디론가 갈 것이다.

무엇이 좋은 은신처를 만드는가?
디스쿨에서 우리는 도피장소의 필요를 느끼고 "부스 누아르Booth Noir"라고 부르는 공간을 만들었다. "부스 누아르"를 통하여 좋은 은신처의 중요한 특징들을 살펴볼 수 있다.

다르다.
그곳은 나머지 다른 공간과 극명하게 대조적이며 사람들이 필요로 하는 휴식을 제공한다.

움직이지 않는다.
은신처 안에 있는 가구는 바닥 혹은 벽에 고정되어 있다. 어떤 의사 결정도 필요 없다. 가구를 재배열할 것도 없다. 단지 여러분이

어떤 자세로 휴식하고 싶은지만 정하면 된다.

기술 저 너머의 공간, 기술과는 동떨어져 있다.
콘센트, 스위치, 그리고 데이터 접속 장치가 눈에 뜨이면 안 된다.

매우 작다 : 8' x 8'(약 2.5m x 약 2.5m)
소규모 공간은 아늑하고 안정된 느낌을 준다.

어둡지만 따뜻하다.
다른 공간의 벽은 밝은 색상으로 수놓을 수 있겠지만 이곳은 전혀 아니다. 다른 공간에서는 종종 고효율 조명 기구가(일반적으로 형광등) 필요했겠지만 이곳은 아니다. 백열 바닥 램프를 설치하여 기존의 방식에 반항해 보자. 분명히 큰 도움이 될 것이다.

긴장을 풀어준다.
내부의 커다란 벤치는 사람들이 편히 기대 쉬도록 유도한다. 심지어 요구하기까지 한다.

숨겨져 있다.
그곳은 지하 구석에 감추어져 있다. 거기에 가는 단 한 가지 이유는, 단지 그곳에 가기

위해서다. 그곳은 다른 어떤 곳을 가야 하기 위해 거쳐가는 곳이 아니다.

좋은 향기가 난다. 아니 적어도 다른 향기가 난다.
향기로운 향나무로 만든 가구를 사용한다. 차별화된 독특한 향기는 다른 감각을 증대시킨다.

은신처에 들어갈 때 어떤 의식적인 행위가 필요하다
문 손잡이에 방문자들에게 신발을 벗을 것을 요구하는 내용의 게시물을 걸어둔다. 신발을 벗는 행위는 간단하지만 사람들이 일상에서 벗어날 수 있게 한다. 향나무의 향기가 발 냄새를 감추는 데 큰 도움이 된다.

상황_은신처

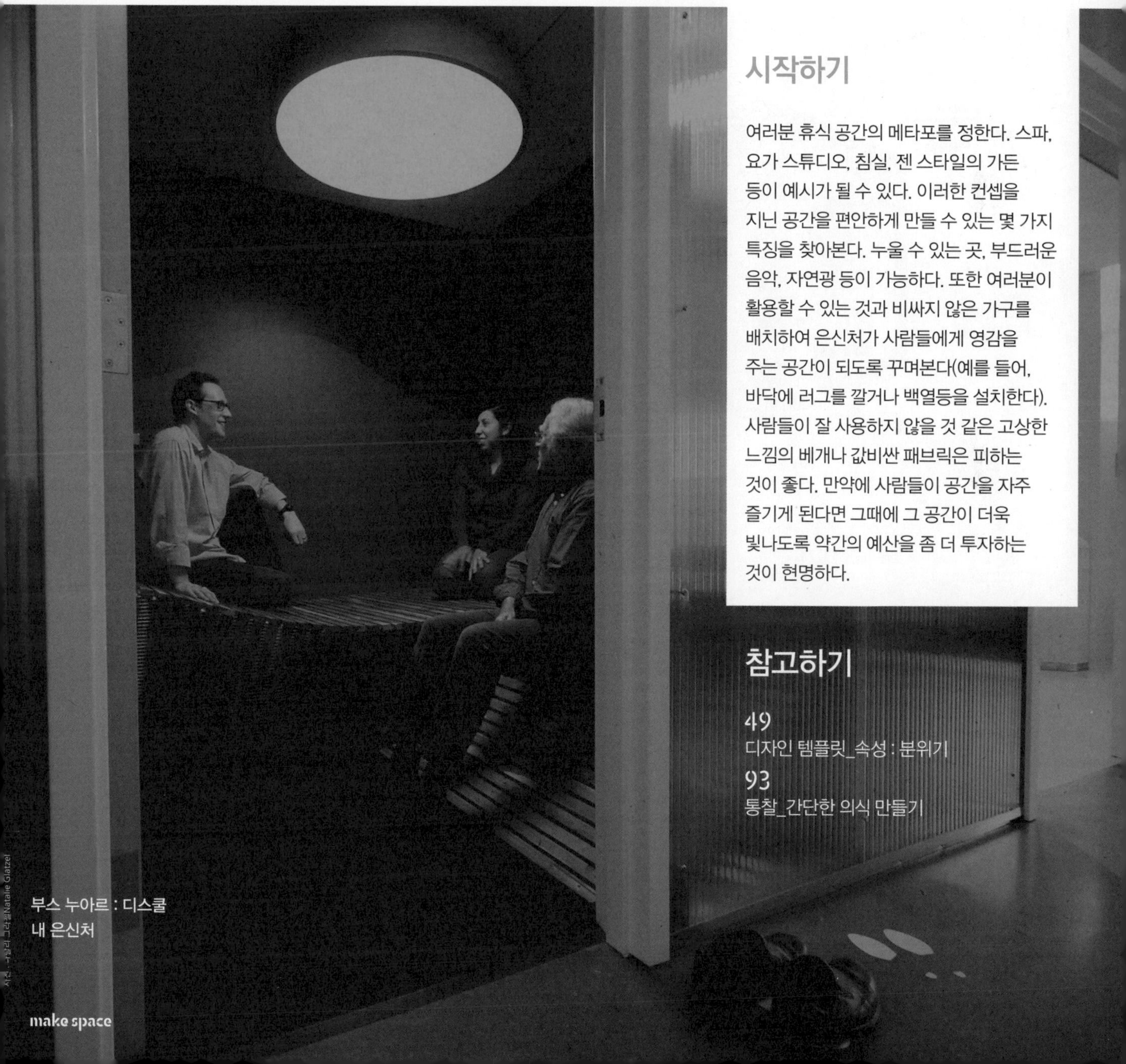

시작하기

여러분 휴식 공간의 메타포를 정한다. 스파, 요가 스튜디오, 침실, 젠 스타일의 가든 등이 예시가 될 수 있다. 이러한 컨셉을 지닌 공간을 편안하게 만들 수 있는 몇 가지 특징을 찾아본다. 누울 수 있는 곳, 부드러운 음악, 자연광 등이 가능하다. 또한 여러분이 활용할 수 있는 것과 비싸지 않은 가구를 배치하여 은신처가 사람들에게 영감을 주는 공간이 되도록 꾸며본다(예를 들어, 바닥에 러그를 깔거나 백열등을 설치한다). 사람들이 잘 사용하지 않을 것 같은 고상한 느낌의 베개나 값비싼 패브릭은 피하는 것이 좋다. 만약에 사람들이 공간을 자주 즐기게 된다면 그때에 그 공간이 더욱 빛나도록 약간의 예산을 좀 더 투자하는 것이 현명하다.

참고하기

49
디자인 템플릿_속성 : 분위기
93
통찰_간단한 의식 만들기

부스 누아르 : 디스쿨
내 은신처

사진 : 나탈리 그라첼Natalie Glatzel

캘리포니아 브레아에
위치한 드림호스트 사무실
Studio O+A에서 디자인

디자인 팀 : 프리모 오필라
Primo Orpilla, 베르다
알렉산더Verda Alexander,
데니스 체리Denise Cherry,
크론 다브Kroeun Dav,
알프레드 소시아Alfred
Socias, 알렉산더 NAlexander N

공간의 특징과 그 반대되는 특징을 모두 디자인하라

훌륭한 공간은 대부분 각 공간의 특징이 부각되어 있기 때문에 훌륭한 것이다. 그러나 그런 전문화된 공간이 필요한 모든 것을 제공하지는 못한다.

개방적이고 많은 협업이 이뤄지는 환경에서는 외향적이고 활동적으로 행동하도록 권장한다. 여기에 반대되는 행동은 내향적이고 사색적인 것이다. 넓고

개방된 공간 근처에는 개인 사생활과 작업으로부터의 도피를 위한 작고 폐쇄된 공간이 필요하다.

특징을 지닌 공간과 그 반대점을 지닌 공간 사이의 관계를 파악해 보면 한 공간이 다른 공간에 대해 지니는 의미를 확대하여 살펴볼 수 있어 흥미롭다. 개방된 공간은 스포츠 경기장처럼 화려하게 꾸며보고 닫힌 공간은 런던 전화부스처럼 만들어보자.

일관된 의도를 가지고 통일감을 주되 다양한 방법으로 실행하여 즐거움을 부여한다.
공간의 느낌을 만들고 전체적으로 지원이 활발한 환경을 구성하는 것은 중요한 일이다. 하지만 테마는 다양하게 해야 한다. 다양성을 부여하려면 간단하게는 각 방의 바닥재를 다르게 할 수도 있다. 혹은 좀더

복잡하게 같은 타입 방을 모두 다른 테마로 구성할 수도 있다. 만일 여러분의 공간에 회의실이 두 개 있다면, 하나는 '회의실'로 또 하나는 '반anti-회의실'이라고 불러보자. 이렇게 대조적인 혹은 다양한 컨셉을 부여하는 최소한의 노력으로 팀 리더는 특별한 경험을 얻게 할 수 있다. 이제 단순히 모임 장소를 선택하는 것만으로도 모임의 분위기를 만들어낼 수 있게 되었다.

참고하기

방을 정리할 것인가, 지저분하게 둘 것인가?

상쾌하고 깨끗한 공간은 당장이라도 작업을 시작할 수 있는 상태를 나타낸다. 하지만 머물러 있는 아이디어와 여기저기 흩어져 있는 결과물로 산만한 공간은 잠재력을 암시한다.
스탠포드대학의 고고학 교수 마이클 생크 Michael Shanks는 후자를 '(일종의)방의 시각화된 역사'라고 말한다.

여기저기 흩어져 있는 물건이 창조력을 자극한다는 생각과 새로운 작업을 방해한다는 생각 사이에는 묘한 균형이 있다. 지나침은 미치지 못함과 같다는 옛말처럼, 사람들은 방이 '적당하게 딱 좋은 청결' 상태를 유지하길 본능적으로 원하는 듯하다. 필기 자국조차 없이 깨끗한 화이트보드가 줄지어 걸려 있는 방에 들어가면 다소 주눅이 들고 오히려 암울한 느낌을 받는다. 그럼에도 불구하고 사람들은 방을 청소하는 데 몇 분 이상의 시간을 보내는 경우가 너무 많다. 일부 유령처럼 남아 있는 지우다 만 필기 흔적은 사람들이 다음 작업을 바로 시작할 수 있도록 신호를 준다.

어떤 사람은 적당히 지저분한 것을 더 어지럽혀도 좋다는 암묵적인 승인으로 받아들인다. 반면, 어떤 사람은 공간이 조금만 지저분해도 이를 산만하고 프로페셔널 하지 못한 것으로 받아들인다.

몇 가지 '행동법칙'을 정해 보고 결과를 적극적으로 관찰해 보자. 중용의 미덕을 유지할 수 있는 좋은 방법이 될 것이다.

참고하기

크라운 포인트 프레스의 판화 스튜디오, 캘리포니아 샌프란시스코.

사람들이 변화에 대응하는 것을 도와라

여러분이 이미 어느 공동체가 사용하고 있는 공간 디자인을 맡았다면 여러분은 변화를 완화시키는 일도 같이 수행해야 한다.

디자인은 변화의 중개인 이상이다. 변화 그 자체다.
공간디자이너는 그야말로 3차원 내에서 일어나는 인간의 경험 모두를 변화시킨다. 일부 사람들은 변화를 즐기지만 어떤 사람들은 변화를 두려워할 가능성도 있다. 변화 그 자체로는 희망이 넘치고 반짝반짝하지만 새로운 공간은 또한 사람의 지위를 위협하는 것이 될 수도 있으며 예전 공간에 대한 향수를 불러일으킬 수도 있다.

반복적인 디스쿨 이사 과정에서 보인 감정적 순환은 충분히 예측 가능한 것이었다. 이사 후 처음 2개월간 사람들은 새로운 것에 대해 눈에 띄게 흥분한 상태에 있었다. 그 다음 3개월간은 같은 정도로 뚜렷하게 옛 것을 그리워하였다. 그런 후 사람들은 약간의 반항심처럼 새로운 공간에 자신만의 표식을 만들었고 결국에는 새로운 건물에 마음을 열고 감정을 투자했다. 이후 9개월이 지나 우리는 다시 이사했다. 이 순환은 반복되었다.

우리는 변화에 대한 불안을 완화시키는

공식이 뭐다라고 말할 수는 없지만, 도움을 줄 수 있는 몇 가지 방법이 있다.

작은 것부터 시작한다. 변화가 영원한 것처럼 느껴질 때, 변화시키기 어렵다. 큰 규모로 시행하기 전에 작게 먼저 시도해 본다(예를 들어, 교실 전체에 적용하기 전에 그 일부에서 실험해 본다).

공동체에 변화를 경험해 볼 기회를 준다. 이것이 열쇠다. 실제 크기로 공간 프로토타입을 만든다. 사람들은 아는 것을 모르는 것과 비교해 보면서 차츰 이해하기 시작한다. 사람들이 가까운 미래에 닥칠 변화를 미리 인지하여 불안감이 누그러지도록, 프로토타입을 활용한다.

사람들을 참여시킨다. 사람들이 실제로 만들어보고 컨셉 기획에 기여할 수 있도록 기회를 만들어보자. 사람들은 이러한 과정에 참여하면서, 공간에 대한 감정적 유대감을 구축하기 시작한다.

통과의례를 만든다. 새 건물에 입주하면 우리는 샴페인 병을 깨어 세례의식을 치렀다. 또한 하역장의 벼랑 끝에서 프로토타입을 던져 산산조각내고 우리 스스로 기념열쇠를 수여하는 의식을 했다. 보이는 바와 같이 상당히 바보 같기는 하지만 이러한 의식은 뭔가 통하는 바가 있다.

진실해야 한다. 사람들이 듣고 싶지 않을 것 같은 일도 무슨 상황인지 설명하도록 한다. 특히 일이 일정대로 진행되지 않는다면 더욱 더 그 내용을 사람들에게 알려야 한다.

적절한 시기에 의사소통한다. 소통의 개방성은 필요하다. 하지만 디자인 작업은 역동적인 과정이고 매 순간 모든 세부사항을 공유할 필요는 없다. 가장 좋은 규칙은 여러분 스스로 다른 사람의 조언이나 의견이 필요하다고 여겨질 때 정보를 공유하는 것이다.

피드백을 받는다. 반복 과정에서 있어 피드백을 받고 그에 대응하는 것은 중요하다. 이러한 활동은 여러분을 올바른 변화로 이끄는 데 도움이 된다. 열린 마음과 비판적인 귀를 가지고 모든 것에 귀 기울인다. 보통 모든 제안 이면에는 숨은 메시지가 있다. 어떤 것을 수용할지에 대한 결정은 여러분 스스로의 몫이다.

참고하기

통찰_사람들이 변화에 대응하는 것을 도와라

세계 2차 대전 시기, 영국 영토 내 대규모 공격이 예상되는 곳에 배치하도록 디자인된 포스터를 재현한 것. 이것이 널리 배포된 적은 없지만 재현을 통해 새로운 의미를 발견하였다.

바로 사용 가능한 이동식
프로젝터와 음향시스템

랜턴

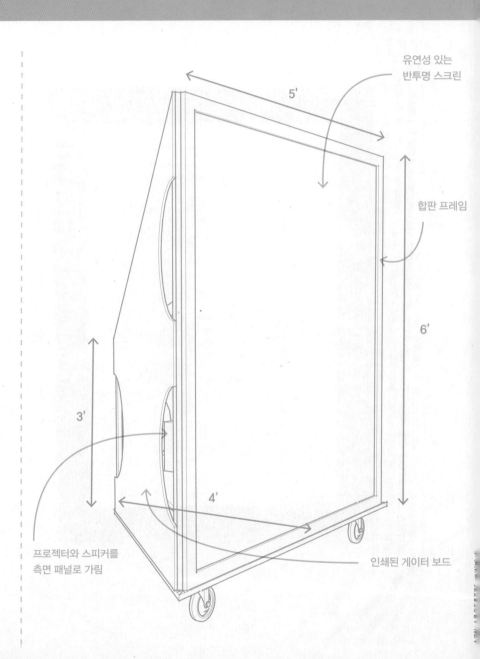

유연성 있는
반투명 스크린

5'

합판 프레임

6'

3'

4'

프로젝터와 스피커를
측면 패널로 가림

인쇄된 게이터 보드

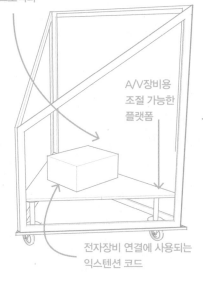

단초점 리어rear
프로젝터

A/V장비용
조절 가능한
플랫폼

전자장비 연결에 사용되는
익스텐션 코드

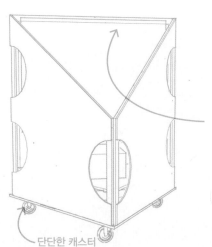

아크릴
백패널은
"은은한 빛"을
만들어냄

단단한 캐스터

랜턴은 단초점 리어 프로젝터와
음향 시스템이 내장된 독립 카트다.
프레젠테이션에 앞서 미리 준비할 것은
없다. 랜턴을 전원콘센트에 꽂고 장비(예 :
노트북)를 랜턴 프로젝터에 연결하면, 바로
프레젠테이션을 시작할 수 있다.

랜턴은 활동을 기반으로 작업을
진행하여 일시적으로 프로젝터 기능이
필요한 공간에서 유용하게 쓰일 수 있다.
예로, 복도, 주방, 벽에서 멀리 떨어져 있는
공간 등을 들 수 있다.

어두운 금속과 플라스틱으로 만들어진
크고 무거운 모니터와 달리, 랜턴은 합판,
비닐, 폼 보드같이 간단한 재료로 만들어진
가벼운 카트다. 큰 모니터와는 다르게
공간에 대한 제약이 없다. 이동이 쉽고
사용하지 않을 때에도 공간을 많이 차지하지
않는다.

최소한의 재료를 간단히 연결하여
만들었기 때문에 랜턴을 분리하기 쉽다.
연관된 기술이 발달될 때마다 새롭게
업데이트된 장비로 랜턴을 다시 구성할 수
있다.

시작하기

휴대용 프로젝터를 준비하는 것이 랜턴
구성의 시작이다. 그리고 가구 이동용 수레
위에 프로젝터를 올려놓고 프로젝터와
휴대용 음향 시스템을 연결한다.

재료 구하기

제작
랜턴은 디스쿨에서 디자인하고 비코즈 위 캔
Because We Can에서 제작되었다(2500 Kirkham
Street, Oakland, CA 94607; 510 922–8846;
www.becausewecan.org).

참고하기

100
통찰_기술은 필요할 때 바로 사용할 수
있어야 한다. 하지만…

hack

반투명
폴리에스터 필름
미니스크린

도구_핵HACK: 반투명 폴리에스터 필름 미니스크린

내구성이 있는 이 소재를 허공에 걸고 그 위에 이미지를 투사하면, 마치 이미지가 하늘 위에 떠 있는 것처럼 보인다.

반투명 폴리에스터 필름 미니스크린은 시중에서 파는 스크린이나 주문 제작한 스크린에 비해 제작 시간이 매우 짧고 가격도 저렴하여 대용품으로 사용하기 좋다.

폴리에스터라는 단어에 대해선 너무 걱정하지 말자. 가당찮게 카라 넓은 디스코 셔츠를 구하라는 것이 아니다. 단지 쉽게 망가지지 않는 튼튼한 소재를 말하는 것뿐이다.

이 폴리에스터 소재의 이름은 사실 boPETbiaxially oriented polyethylene terephthalate이다. 휴우! 이 제품은 마일러 Mylar를 비롯하여 여러 상표명을 가지고 있다. 다른 다양한 소재를 응용해 보는 것도 좋다. 반투명 소재면 뭐든 가능하다. 반투명 아크릴, 심지어는 하얀색의 얇은 침대 시트도 가능하다.

만드는 방법

쉽게 얼룩지지 않고 잘 찢어지지 않는 플라스틱 또는 폴리에스터 소재를 찾아라.

최대한 크게 만든다. 길이는 프로젝터 해상도를 고려하여 4:3 또는 6:19로 비율을 조정한다. 어떤 시트는 40" x 30"(약 100cm x 약 76cm) 크기로 제작되어 나오는데 이게 제일 좋다.

떠 있는 효과를 더 강력하게 낼 수 있도록 낚싯줄이나 투명 테이프를 사용하여 매달도록 한다.

무게 추나 금속 촉을 스크린 아래 부분에 달아 밑으로 늘어지도록 한다.

팁

· 침대 시트를 쓸 경우 다림질을 해야 한다. 그렇지 않으면 시트 주름이 마치 의도된 효과처럼 보인다.

재료 구하기

온라인에 가면 플라스틱과 폴리에스터 시트를 많이 발견할 수 있다.

그라픽스 플라스틱스Grafix Plastics는 신뢰할 수 있는 공급업체다(5800 Pennsylvania Ave., Cleveland, OH 44317; www.grafixplastics.com).

참고하기

88
도구_양면 프로젝션 스크린

모서리는 장소성을 준다

개방된 공간에서 구석진 곳은 사람들이 소유감을 느낄 수 있도록 하는 매우 중요한 장소다.

직각을 이룬 두 벽면은 모서리를 만들어 공간의 윤곽을 만든다. 사람들은 이 경계를 잘 인지하여 여기에 쉽게 적응하고 머물며 또한 이를 잘 활용하고 조심스럽게 사용한다.

많은 것이 필요한 게 아니다. 초기 디스쿨 내 공간 프로토타입 중 한 가지 예를 들어보자. 구석진 장소가 있는 공간에서 일한 팀은 완전히 개방된 장소에서 일한 팀보다 훨씬 오랜 시간 작업 공간에 머물며 프로젝트를 수행하였다. 두 번째 프로토타입 공간은 (우리는 구석진 장소가 있는 공간 내에서 나란히 앉아 작업했던 팀과 인터뷰했다) 모퉁이가 있는 측벽이 편안함을 느끼는 데 도움이 되었다고 대답했다.*

* 연구 조사 애덤 로열티Adam Royalty, Lead (스탠포드 디스쿨 연구 조사관).

참고하기

125
통찰_열린 공간을 나눌 때에는 은밀한 경계선을 이용하라

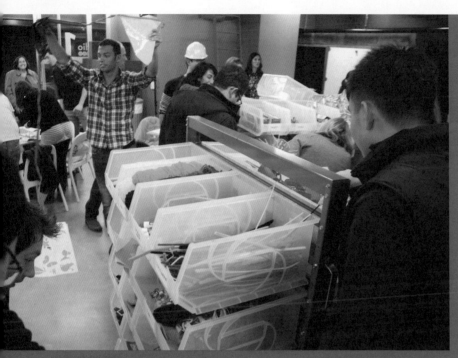

장비와 도구는 보이는 곳에 두어라

사람들은 주변에 있는 것으로부터 영감을 얻는다. 그들을 영감으로 둘러싸라.
장난감 디자이너에게 힌트를 얻어 보자: 그들은 자신에게 영감을 줄 수 있는 온갖 잡동사니로 자신을 에워싼다. 공과 같이 단순한

것뿐만 아니라 프로그래밍이 가능한 마이크로컨트롤러*도 있다. 급기야 여기저기에서 조금씩 얻은 장난감의 일부분이 뭉쳐 하나의 새로운 형태로 태어나기도 한다.

"눈에서 멀어지면 마음도 멀어진다."
많이 들어 진부한 이 말에는 진실이 숨겨져 있다. 사람들은 자신의 손에 닿을 만한 거리에 있는 것과 접촉하는 경향이 있기 때문에 장비와 도구에 접근하기 쉽도록 하는 것이 매우 중요하다. 자재와 장비를 진열해 놓고 마법과도 같은 찰나의 순간에 창의적인 영감을 얻을 수 있도록 해 보자.

작업 공간은 충분히, 도구는 언제든지 접근 가능하도록
도구와 재료 그 자체뿐 아니라, 사람들에게 그것을 사용할 수 있는 공간을 마련하는 것도 중요하다. 작업 공간을 충분히 마련하고 무엇인가를 물리적으로 구현해 볼 수 있는 기회를 제공하면, 사람들은 로봇이든 종이 프로토타입이든 디지털 경험이든 무언가를 만들어 낸다. 도구도 마찬가지다. 수공도구, 납땜, 전자기기, 죔틀이나 조임쇠와 같은 도구를 사람들 주변 가까이에 많이 구비해두자. 이렇게 하면 사람들은 생각만 하는 것이 아니라 실제로 무언가를 창조해낸다.

*"자르고, 으깨고, 붙이고: 기회주의적 디자인의 이해 Hacking, Mashing, Gluing: Understanding Opportunistic Design." 비욘 하트만Björn Hartmann, 스콧 둘레이Scott Doorley, 스콧 클레머Scott Klemmer (Pervasive Computing, 2008)

참고하기

조절 가능한 발산/집중 공간

공동작업은 한순간에 정적에서 비명으로 바뀔 수 있다.
여러 팀이 아이디어를 발산하고 있을 때 사람들은 서 있거나 돌아다니거나 무언가를 만들고 있을 것이다. 무언가에 집중할 때에는 그룹을 지어 가깝게 모여 있거나 혹은 정보나 작품 전시 근처에 모여 있을 것이다. 이러한 행동의 변화를 잘 관찰해 보면 필요한 자원을 구비하는 데 큰 도움이 된다.

각각의 행위가 필요한 자원에 대한 단서를 제공한다. 발산해내는 과정에서 집중하는 과정으로 넘어가는 것은 순간적으로 일어날 수 있지만, 두 활동은 매우 달라서 각각 다른 형태의 지원이 필요하다.

지원 도구와 표면은 항상 손에 닿을 수 있는 곳에 둔다.
어떤 사람이 갑자기 아이디어 하나가 떠올라 이것을 그리고 싶어한다고 해 보자. 적을 수 있는 물건(화이트보드, 펜, 종이, 포스트 잇 등 무엇이든지)을 항상 가까이 두어야 한다. 팀 발표 시에는 내용을 스토리보드화하여 발표하게 된다. 사람들이 잘 주목할 수 있도록 수직 벽면이 필요하다. 또한 의자를 치우기가 편리해야 한다.

조절 가능한 벽 혹은 쉽게 의자처럼 앉을 수 있는 물품을 사용하여 집중이 필요할 때 사람들이 빨리 집중할 수 있도록 한다.
활동에 집중할 수 있도록 친밀감을 만들기 위해 가장 중요한 것은 산만한 요소를 제한하고 구성원들이 서로 잘 연결되도록 하는 것이다. 팀 활동 중 잠시 휴식을 취하며 곰곰이 생각해 볼 시간이 필요하다. 혼자 앉아서 곰곰이 생각해 볼 수 있도록 도와주는 자리가 근처에 마련되어 있어야 한다. 보통 사람은 서 있다가 앉으면 생각을 발산하는 상태에서 집중하는 상태로 바뀐다. 칸막이(지랙Z-Rack과 같은)는 시선을 차단하고 주변 공간을 축소시켜주기 때문에 산만한 환경을 차단하고 사람들이 인지하고 있는 공간을 더욱 친숙하게 느끼도록

도와준다.
한마디로, 아이디어를 만들고 구현해 내기 위한 도구, 작업과 전시를 위한 표면, 활동에 알맞은 의자 등에 원할 때 즉시 접근할 수 있도록 하는 것이 매우 중요하다.
다양한 활동을 지원하는 공간을 만들기 위해서는, 이러한 자원을 이동하기 편하고 분리하기 쉽게 만들며 또한 모듈화해야 한다.

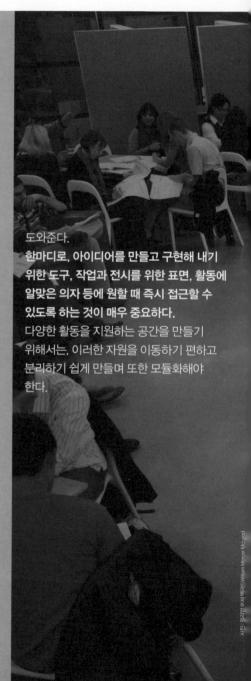

사진: 출판업 이자 세르비어ⓒWilliam Mercer McLeod

상황_조절 가능한 발산/집중 공간

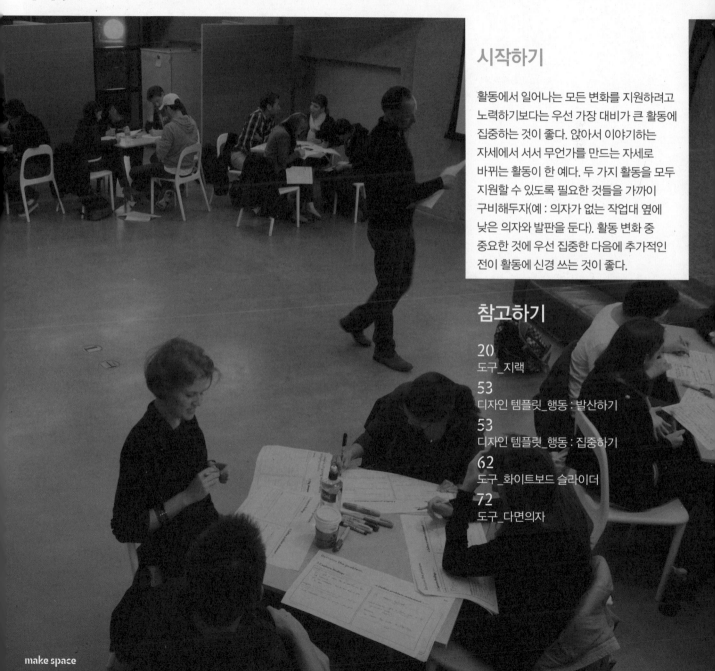

시작하기

활동에서 일어나는 모든 변화를 지원하려고 노력하기보다는 우선 가장 대비가 큰 활동에 집중하는 것이 좋다. 앉아서 이야기하는 자세에서 서서 무언가를 만드는 자세로 바뀌는 활동이 한 예다. 두 가지 활동을 모두 지원할 수 있도록 필요한 것들을 가까이 구비해두자(예 : 의자가 없는 작업대 옆에 낮은 의자와 발판을 둔다). 활동 변화 중 중요한 것에 우선 집중한 다음에 추가적인 전이 활동에 신경 쓰는 것이 좋다.

참고하기

기업문화로
스며들기

톰 마이오라나 Tom Maiorana

공간 연구_기업문화로 스며들기

위 : 마분지 정육면체
의자 프로토타입의
내부 지지 구조

나는 공간디자이너는 아니지만 디자이너이자 컨설턴트로서 공간이 창의성에 얼마나 큰 영향을 끼칠 수 있는지 목격해왔다. 내가 일하는 기업은 규모가 크고 혁신을 가치 있게 여기지만 업무 공간에는 창의력을 북돋아 줄 수 있는 공간이 거의 없다. 이러한 점을 염두에 두고서 나는 일반적인 기업 환경을 좀 더 흥미로운 환경으로 바꾸기 위해서 내가 무엇을 하면 좋을지 생각하게 되었다.

나는 참을성이 적고 산만하며 정치적 기지도 부족한 사람이라는 점을 먼저 이야기해 두어야겠다. 나의 이런 점을 잘 알고 있기 때문에 내가 무엇인가를 이뤄내면서도 동시에 해고되지 않으려면 어느 정도 허용된 범위 안에서 작게 시작해 보는 것이 최선이라고 느꼈다. 나는 한 변이 16"(약 40cm)인 정육면체를 만들어 좌석, 테이블 혹은 연극 소품으로 활용하면서 프로토타이핑 과정을 경험하였다. 이 방법은 공간을 변화시킬 수 있는 가장 단순한 방법인 것 같았다.

나의 이 정육면체를 내부 디자인적 사고design thinking 워크숍 때 활용해 볼 계획이었다. 워크숍이라는 환경에서 사용된다는 점을 고려해 정육면체에 대한 몇 가지 제약을 정해 보았다. 정육면체는 비영구적이며 10분 안에 조립할 수 있어야 하고 5개 한 세트당 비용은 50달러 미만이어야 한다. 초반에는 이러한 제약 조건이 제멋대로인 것처럼 느껴졌지만 곧 그 이상의 의미를 지니게 되었다. 제약 조건 덕분에 나는 단순하고 명확한 목적을

향해 집중적으로 일을 진행할 수 있었다. 제약 조건이 없었다면 나는 분명 엄청난 양의 스케치를 했을 것이고 완성할 때까지 실질적인 피드백이나 간단한 수준의 깨달음도 얻지 못했을 것이다.

내가 겪은 첫 장애물은 디지털 결과물이 아닌 물리적 결과물에 익숙해지는 것이었다. 인터랙션 디자인을 할 때에는 내 작품은 대부분 '깨끗'했다. 소프트웨어 프로그램은 내 옷을 더럽히지 않았고 내 몸에 상처를 내지도 않았다. 내가 얼마나 많은 실수를 하든지 간에 나는 실수를 되돌리기 위해

공간 연구_기업문화로 스며들기

키보드만 몇 번 두드리면 되었다. 도구인 칼로 마분지를 잘라야 하는 지금의 상황은 모든 것을 변화시켰다.

나는 물리적인 물체를 만드는 것이 처음이 아니므로 다른 사고방식, 실질적인 시간과 노력이 필요하다는 것을 잘 알고 있다. 여러 가지 측면에서 벤처 캐피털 회사인 Y컴비네이터YCombinator의 공동 창립자 폴 그라함 Paul Graham이 '제작자의 일정표'라고 묘사했던 것과 유사하다. 제작자는 문제에 깊게 파고들기 위한 시간이 필요하다. 이것은 개발자나 인터랙션 디자이너뿐만 아니라 마분지로 된 작은 정육면체를 만드는 제작자에게도 해당하는 것이다.

기업 문화에서 사람들은 파워포인트 문서를 기본적으로 사용한다. 이는 시각적 훈련의 잔해다. 그럼에도 불구하고 파워포인트 문서는 물리적 물체 – 심사숙고한 것이긴 하지만 만들 때는 빠르게 대충 만든 – 보다 더 멋져 보인다. 특히 초기단계 물리적 프로토타입을 본 적이 없는 사람들은 더욱 그렇게 느낄 것이다. 내가 워크숍에서 이 정육면체를 처음 활용했을 때 이것이 세련된 기업 환경과 대조적으로 너무 조잡하게 느껴져서 고심하긴 했다.

대충이라도 만들어 보는 것에는 장점이 분명 있다. 나는 실망을 극복하고 이 정육면체를 디자인 개념 수업에 가져왔다. 내부 동료뿐만 아니라 외부 고객도 함께 참여하는 시간이었다. 우리는 참석자들에게 방 안에 있는 아무 재료나 사용하여 프로토타입을 만들어보라고 하였다. 그들은 포스트잇과 강력 접착 테이프를 살펴보며 잠시 멈칫하더니 여러 재료를 분류해 보았다. 그때 한 여성이 정육면체 하나를 집어 들고 물었다. "이 위에 그림을 그려도 되나요?" 물론이다!

정육면체는 대충 제작되었기 때문에 그 여성은 기존 원칙을 생각하지 않고(적어도 질문하지 않고) 그녀 자신만의 공간을 만들어보는 데 쉽게 도전해 볼 수 있었다. '주어진' 것을 변형시켜 완전히 다른 것으로 만들어보는 것이다. 만일 우리 공간을 변경하고 부수는 것이 괜찮다면 아마 우리가 기존에 전통적으로 도전이라고 생각했던 것보다 훨씬 더 자유롭게 시도해 볼 수 있을 것이다. 물론 이것은 단지 나의 희망이다.

기업은 매우 천천히 변한다. 공간을 변형해 본다고 임금인상이 되지는 않을 것이다. 진급이 되지도 않을 것이다. 하지만 업무에 적용 가능한 본능적인 학습을 경험해 보고 또한 좀 더 유연한 사고를 지닌 사람이 되고자 한다면 공간을 변형해 보는 것은 매우 좋은 방법이 될 수 있다. 만일 여러분에게 끈기가 있다면 결국은 여러분이 속한 조직에 지속적인 영향을 끼칠 것이다.

톰 마이오라나Tom Maiorana는 제품디자인 전략전문가다. 그는 여러 기업, 스타트업, 비영리 단체 컨설턴트다. 그는 인간 공학에 대한 이해에서부터 제품 디자인 및 개발에 이르기까지 매우 다양한 프로젝트를 수행하였다.

오른쪽 : 프로토타입을 준비하는 모습을 순차적으로 찍은 것

공간 연구_기업문화로 스며들기

제조업체에서 사용하는 재료는 대부분 표준 4' x 8' (약 1.2m x 약 2.4m) 크기다.

여러분의 공간 내 수용 가능한 최대 크기의 시트 패널을 비축해두어라.

대형 판 재료

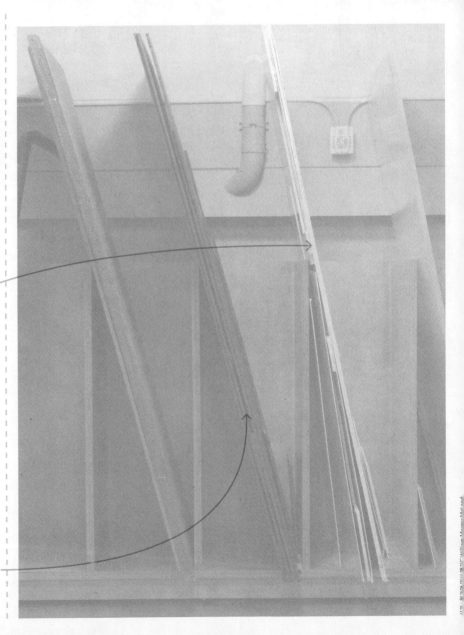

¼"(약 0.6cm) 크기 폼보드는 잘라 쓰기 좋으며 프로토타입을 만들 때 유용하게 사용할 수 있다.

½"(약 1.2cm) 크기 폼보드는 단단하여 프레젠테이션 용도로 사용하기 좋다.

대형 판 재료는 어느 디자인 단계에서든 유용하게 사용된다.

대형 판 재료는 갑자기 구성된 팀을 위한 공간을 만들 때, 프로토타입을 위한 재료가 필요할 때 등 여러 면에서 재료로 활용된다. 큰 판을 벽에 기대놓으면 나만의 작업 공간이 된다. 판을 여러 개 가까이 배열해 놓으면 팀 작업을 위해 몰입할 수 있는 공간이 생긴다.

무게가 가볍고 다용도로 쓰기에 적합한 판 재료를 아래 기술하였다.

· 폼보드는 전시대로 쓰거나 포스트잇 또는 사진을 붙여놓기에 좋다. 또한 무게가 가볍고 자르기 쉬우며 재활용이 용이하다.
· 잘 휘지 않는 폼보드는 게이터보드 gatorboard라고도 불리며 단단한 전시대가 필요한 경우에 사용하면 좋고 작업대로도 좋다. 매우 단단하고 재사용할 수 있다.
· 골이 진 폴리카보네이트는 썼다 지웠다 하기 좋고 공간을 분리하기 위한 용도로도 좋다. 단단하고 반투명하며 독특한 재료다.
· 두꺼운 방습지를 다양한 길이로 잘라 천장에서 바닥까지 늘어뜨리거나 벽과 벽을 연결하는 용도로 활용하여 작업 공간을 구성할 수 있다.

팁

만약 충분한 공간이 있다면 보드는 재단없이 원래 크기로 구매하여 보관하라. 나중에 최대한 여러 용도로 활용할 수 있다. 일반적으로 크기는 표준 4' x 8'(약 1.2m x 약 2.4m)다. 이 재료는 매우 기본적인 것으로 눈에 잘 보이고 꺼내 쓰기 좋은 곳에 보관한다.

· A형 스프링 고정쇠나 바인더 클립을 사용하면, 판을 어디든 고정할 수 있다.
· 비용을 아끼기 위해 대량 주문한다.
· 쉽게 자를 수 있는 도구를 마련해둔다(X-acto 칼, 톱 등).

재료 구하기

폼보드/카드보드
아크 서플라이스Arch Supplies(99 Missouri Street, San Francisco, CA 94107; 415 433-2724; www.archsupplies.com)

폼보드/게이터보드
유라인 쉬핑 서플라이 스페셜리스트ULINE Shipping Supply Specialists(800 958-5463; www.uline.com)

샤워보드
샤워보드는 가정용품점이나 동내 목재상에서 쉽게 구할 수 있다. 파인 콘 럼버Pine Cone Lumber(895 East Evelyn Avenue, Sunnyvale, CA 94086; 408 736-5491; www.pineconelumber.com)

폴리카보네이트/아크릴
포트 플라스틱스Port Plastics(550 East Trimble Road, San Jose, CA 95131; 408 571-2231; www.portplastics.com)

시작하기

재료를 주문한다. 사용을 위해 눈에 보이는 곳에 둔다. 벽에 기대어 쌓아 두는 것에서부터 시작한다. 그 다음에는 굴러다니는 목재 카트에 시도해 본다. 그리고 나면 재질별로 분리대도 만들어보자.

티에이피 플라스틱스TAP Plastics(154 South Van Ness, San Francisco, CA 94103; 800 246-5055; www.tapplastics.com)

종이
두꺼운 방습지는 크기가 다양하다. 색은 갈색 혹은 흰색이다. 켈리 페이퍼Kelly Paper(1375 Howard Street, San Francisco, CA 94103; 415 522-0420; www.kellypaper .com)

합판
근처 목재상 혹은 가정용품점에서 구매한다.

참고하기

**가벼운 판을 사용하여
개방성 있는 파티션을 바로
만들어보자.**

에스테틱
패널

수직 방향의
지지대를
부착하거나 벽에
걸 때 혹은 천정에
매달 때 필요한
구멍

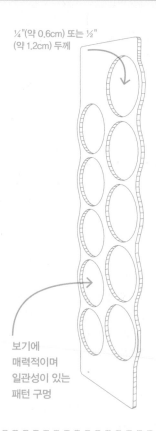

¼"(약 0.6cm) 또는 ½"
(약 1.2cm) 두께

보기에
매력적이며
일관성이 있는
패턴 구멍

어떤 모양의 패턴을
사용해도 좋지만 너무
번잡스러워 보이지
않도록 주의한다.

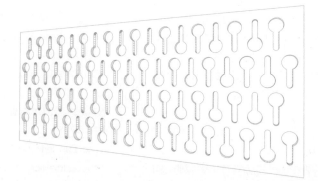

작업실 내에 간단한 패널 하나만 설치하여도 시각적으로 지나가는 길을 작업공간과 구분하여 충분히 구획할 수 있다. 부담스럽게 벽이나 칸막이를 굳이 설치하지 않아도 말이다.

패널은 구멍이 있는 울타리 같은 기능을 한다. 패널은 공간을 나눠주기 때문에 지나가는 사람들은 패널 안쪽에서 일어나는 일을 궁금해하며 슬쩍 안을 들여다보게 된다. 그렇게 함으로써 때로는 특별한 의사소통을 하지 않아도 누군가가 작업을 하느라 바빠 방해받고 싶지 않다는 메시지를 충분히 전달할 수 있다. 또한, 지나가는 사람들이 "와! 지금 하는 작업이 매우 흥미로워 보이는데요? 무엇을 만들고 있는 것예요?"라며 쉽게 말을 걸 수 있게 만들어주기도 한다.

패널에 새겨진 패턴 종류에 따라 접근 여부에 대한 메시지를 다르게 전달할 수 있다. 이렇게 한번 생각해 보자. 작업 공간에 아무 패널도 없다는 것은 공간에 아무 구획이 없다는 것이다. 안을 들여다볼 수 없는 사무실은 외부와 100% 분리된 것을 의미한다. 큰 구멍이 여러 개 뚫려 있는 패널은 공간을 구획하지만 완전히 사적인 공간으로 분리하지는 않는다. 반면 패널에 작은 구멍이 뚫려 있거나 상단과 하단만 뚫려 있는 경우 방해하지 않았으면 좋겠다는 메시지를 준다.

패널의 패턴은 또한 공간의 시각적 모습을 변화시키는 역할을 하기도 한다. 공간 구획 용도로 쓰는 대신 패널을 기존 벽에 따라 배열하여 분위기를 바꿔보자. 같은 재료로 된 패널을 사용해도 좋고 추가적인 효과를

내기 위해 일부러 재료를 다양하게 사용해도 된다. 폼보드, 게이터보드gatorboard, 합판이나 메소나이트 등은 구하기 쉽고 가공이 편리하여 재료로서 좋다.

만드는 방법

어떤 재료든 활용하여 패널을 만들어본다. 위아래로 지지할 수 있도록 천장에 걸거나 벽에 붙여 고정한다.

게이터 보드나 합판은 기계를 이용하여 절단할 수 있다. 자르고 싶은 모양을 간단한 그래픽 파일로 만들어 CNC 라우터, 워터 젯 커터 등과 같은 기기에 업로드한다. 근처 목공소에서 바로 이러한 방식으로 작업한다.

유리, 아크릴, 폴리카보네이트와 같은 투명판을 사용할 때에는 스티커, 그림 도안 등을 시중에서 구매하거나 자체 제작하여 붙이면 멋진 파티션이 완성될 것이다.

CNC 목공소에서 '컷 파일cut file'로 사용될 패턴 그래픽 파일을 만든다. 파일 형식은 보통 .dxf를 사용한다.

패턴을 뚫을 구멍의 크기는 의도에 따라 다르다.

큰 구멍 = 공공의 공간
작은 구멍 = 사적인 공간

재료 구하기

폼보드/카드보드
아크 서플라이스Arch Supplies(99 Missouri Street,

시작하기

두꺼운 방습지를 사용하여 패턴 구멍의 개수나 위치 등을 연습해 보면서 적절한 수준을 찾아보자. 패턴 구멍이 어떠한 영향을 줄지 미리 파악해 보기 위해 X-acto 칼로 패턴을 한번 잘라본다. 이러한 과정을 거치면 좀 더 정교한 판을 완성하기 전에 시간과 비용을 절약할 수 있다.

San Francisco, CA 94107; 415 433-2724; www.archsupplies.com)

폼보드/게이터보드
유라인 쉬핑 서플라이 스페셜리스트ULINE Shipping Supply Specialists(800 958-5463; www.uline.com)

합판
합판은 내구성이 가장 좋아 패널로 쓰기 용이하다. 그러나 폼 보드나 게이터 보드에 비해 무겁다. 여러 겹의 합판은 가정용품을 파는 상점에서 쉽게 구할 수 있다. 가공도 쉽다.

참고하기

허들 룸

허들 룸은 팀 작업을 위해 옹기종기 모일 수 있는 공간이다.
허들 룸이라는 용어는 꽤 많이 사용되고 있다. 우리가 말하는 허들 룸은 그룹 활동을 위한 방으로 선착순으로 쓸 수 있는 공간을 의미한다.

허들 룸은 집중을 위해 혹은 활기찬 활동을 위해 사용할 수 있다.
두 가지 용도 모두 가능하다. 허들 룸을 여러 개 만들어 놓아라. 어떤 방은 활기찬 활동을 위한 목적으로 어떤 방은 집중을 위한 목적으로 만든다. 혹은 두 용도로 다 활용할 수 있도록 가변적으로 공간을 구성할 수도 있다.

위치 : 열린 공간 근처
열린 사무실 근처와 같이 사람들이 쉽게 드나들 수 있는 위치에 허들 룸을 만들어라.

허들 룸의 수 : 많을수록 좋다.
개인적인 공간보다는 협업을 위한 공간을 많이 만들도록 하라.

유연성 : 룸을 사용하는 사람들이 공간을 바꿔볼 수 있도록 한다.
어느 정도의 유연성을 두어라. 초기 의도가 무엇이었든 간에 이 공간은 다양한 종류의 활동을 지원할 수 있도록 유연하게 변형할 수 있다.

**가시성 : 안이 들여다보이지만, 공간은
구분되게 한다.**
벽을 유리로 하는 것은 매우 좋다. 유리
벽 일부는 뿌옇게 처리하여 안이 완전히
들여다보이지는 않도록 해라. 눈높이 부분을
반투명하게 처리하는 것이 좋다. 유리 벽이
너무 투명하면 새가 창문에 부딪히듯이
사람들이 부딪힐 수 있다.

활기찬 활동을 위한 허들 룸
사람들이 많이 움직일 수 있도록 한다.
가만히 앉아 있을 수만은 없도록 하는
가구를 장치로 사용하라. 썼다 지웠다 할 수
있는 보드를 부착하여 벽을 작업 공간으로
활용한다. 음악을 쉽게 들을 수 있게 공간을
구성한다.

집중을 위한 허들 룸
푹신한 의자를 두어 편안하게 한다. 조명에
디머 스위치를 설치한다. 아니면 적어도
여러 개의 조명을 설치하여 분위기를 조절할
수 있게 한다.

**가시성 제한 : 활기찬 활동을 위한 허들 룸에
비해 안이 좀 덜 보이도록 해 보자. 뿌옇게
처리된 유리나 골 진 합판과 같이 반투명
재질을 사용하면 좋다. 공간 안에 누가
움직이고 있다는 것은 알지만 자세히 어떤
활동이 이뤄지고 있는지는 알 수 없게 된다.
안을 들여다볼 수 있도록 작은 구멍 정도
크기로 투명하게 처리해두면 직접적으로
방해하지 않고 어떤 일이 일어나고 있는지
들여다볼 수 있다.**

참고하기

30
도구 핵HACK : 잘 써지고 지워지는 샤워보드
47
디자인 템플릿_속성 : 자세
53
디자인 템플릿_행동 : 집중하기
53
디자인 템플릿_행동 : 발산하기
166
통찰_시간제한을 정하는 데 의자를
이용하라

파트너를 돋보이게 하라

간단한 규칙, 큰 효과

즉흥연극*은 효과가 매우 크다. 왜냐하면 모든 사람들이 동의한 단순한 규칙에 기반하여 이뤄지기 때문이다. 이러한 규칙 중 하나는 파트너를 돋보이게 하는 것이다. 일단 이것을 마음에 새기고 모든 사람들이 협력하여 서로를 도와주다 보면 즉흥연극을 효과적으로 할 수 있다. 팀 스포츠를 하는 운동선수들은 이 규칙의 가치를 잘 알고 있다. 좋은 어시스트가 위험한 슛보다 더 가치가 있다. 이는 협업에서도 마찬가지다.

"네, 그리고…"

다른 사람들이 말하는 것을 잘 듣고 받아들여라. 다른 사람의 아이디어를 새로운 것을 만드는 디딤돌로 여겨보자. 곧 전체적으로 괜찮은 컨셉을 낼 것이다. 진행하고 있는 아이디어가 누구의 것인지 분명하지 않을 수 있다. 그러나 이것은 지금 모두가 투자하고 있다는 좋은 의미다.

* 키스 존스톤Keith Johnstone의 즉흥연기(Impro: Improvisation and the Theatre, Routledge, 1987) 참고.

참고하기

55
디자인 템플릿_태도 : 다양한 분야의 사람들과 협업한다

탠저블 씽킹
Make Thinking Tangible

점점 더 많은 아이디어가 바닥에서 위로 치고 올라온다. 포괄적이기만 한 전문 지식과 계급을 나타내는 딱딱한 공간은, 오늘날 대부분의 역동적인 영역에 적합하지 않다.

2008년, 미디어 이론가이자 미래학자인 폴 사포 Paul Saffo 는 미국이 소비자 경제 consumer economy 에서 제작자 문화 Creator culture 로 변화할 것이라고 예견하였다.* 그것이 언제 일어나건 간에, 세계는 나눔과 DIY 운동으로 발칵 뒤집힌 것처럼 느껴질 것이다.

유동적 지능과 텐저블 씽킹

뇌과학 분야의 저널리스트 조나 레러 Johah Lehrer 는 두 가지 종류의 지능이 있다고 말하였다. 특정분야의 지식으로 설명되는 고정적 지능과 문제를 해결하고 패턴을 확인하는 능력으로서의 유동적 지능이다.† 상황이 변하고 또한 성장함에 따라, 리더와 교육자는 두 가지 유형의 지능을 모두 수용할 수 있어야 한다. 그러나 우리는 더욱 다양한 유형의 유동적 사고를 지원할 수 있도록 공간을 재검토해야 한다.

집단적 이해는 새로 생겨나고 또한 진화한다. 제작자 문화 Creator culture 속에서 그룹을 효과적으로 이끌기 위해서는 이러한

단적 이해를 발견, 진단, 통합하며 또한 이에 적절히 반응하는 것이 핵심이다.

이러한 유동적 지능을 발전시키기 위해서는 사고를 "만져볼 수 있을 정도로" 구체화시켜야 한다. 이렇게 함으로써 사람들은 사고를 확대하고 이해하며 그 사고에 따라 행동할 수 있게 된다.

텐져블 씽킹 공간에 필요한 요소 :

빠르게 시각화하기

작은 프로젝터와 필기 가능한 화이트보드를 활용한다.

다른 사람의 행동을 참고하기

학생과 스승, 리더와 팀원이 서로의 작업을 볼 수 있도록 같은 공간에서 작업하게 한다.

만들고, 공유하고, 피드백하기

주변에 프로토타이핑 공간을 만들어

아이디어를 빨리 구현하고 다른 사람과 그것에 대한 의견을 나누도록 한다.

친밀, 안전, 그리고 인간적 이해

연결된 느낌과 친밀함은 신뢰감과 유대감을 형성하는 데 중요하다. 조용한 사색의 공간이 있으면 좋다. 또한 서로 마주 보는 자세도 도움이 된다.

* 폴 사포 Paul Saffo, '새로운 경제 시대를 위한 준비' 2009.2.26
http://whatmatters.mckinseydigital. com/internet/get-ready-for-a-new-economic-era,(http://mintrans200.ru/files/ Saffo_essay_on_the_Creator_Economy.pdf : 원문의 링크에 해당문서가 없어 다른 링크를 추가 표기함 – 옮긴 이)

† 조나 레러 Johah Lehrer '아이큐를 높이는 간단한 운동' 2011.6.11
http://www.wired.com/wiredscience/2011 /06/a-simple-exercise-to-boost-iq/

참고하기

강요하지 말고, 행동을 유도하라

우리는 공간을 만들고, 공간은 우리를 만든다.
이 주제는 이 책의 전반에 걸쳐 엮여 있다.
공간은 문화를 바꿀 수 있으나 한계가 있다.

활기찬 문화를 북돋아 주도록 공간을 디자인하라. 그러나 여러분의 문화에 어울리는 범위 안에서 디자인하라.
고상한 드레스가 패션쇼 런웨이에서는 매력적으로 보일 수는 있으나 목재상점에서 입기에는 적합하지 않다. 같은 원리가 공간 디자인에도 적용된다.

공간은 '슬쩍 유도하는 것'이 되어야 한다. 비행기 발사대같이 갑작스러운 것이 되어서는 안 된다.
만약 여러분이 속한 사회의 문화적 규범이 시각화하는 것을 장려하지 않는다고 해 보자. 그렇다면 여러분의 이상 속에 있는 협업을 잘 지원하는 공간 – 화이트보드가 있는 넓은 놀이터 같은 작업 공간 – 은 북쪽 툰드라 지역의 텅 빈 주차장과 같은 처지가 돼버리는 것을 보게 될지도 모른다.

문화와 공간을 동시에 고려한다.
사람들의 행동을 장려하고 행동에 대해 보상하라. 또한 지원에 대해 대비하라.

일이 진행되고 있는 곳에서 시작한다.
여러분의 조직이 사용하는 공간부터

발전시킨다. 새롭고 훌륭한 공간을 만든 모범적인 팀에겐 상을 준다. 다른 사람들이 이러한 것에 자극받을 것이다.

움켜쥐고 있는 것을 살짝 풀어놓는다.
사람들이 스스로 공간을 바꾸도록 격려하는 것이 공간을 잘 만든 사람들에게 상을 주는 것보다 훨씬 좋은 방법이다. 자발적으로 공간 디자인을 실험하는 팀에게 비용을 조금 지원하자. 불쑥 튀어나오는 실험이 많아질수록 공간은 더욱 생기있을 것이다.

변화는 단계적으로 이뤄지도록 한다.
작은 것부터 시작한다. 그 다음 목표로 한 공간에서 급진적인 실험을 한다. 그 공간이 주목을 받으면 그것을 확장한다.

참고하기

돋보이는 성공을 조심하라

간단한 문제 해결방법은 오래 지속된다. 방법을 만들고 따라하기 간단하며 일반적으로 난해하지 않고 적용하기도 쉽다.

혁신은 항상 새롭고 실행 가능한 일에 관한 것이다. 우리는 참신한 해결방법을 좋아한다. 관절형 팔뚝, 컨버터블 가구, 증강현실 기술이 적용된 디지털 작업 화면은 우리를 흥분시킬 정도로 멋지고 매력적이다. 성능이 똑같거나 거의 비슷하다면 부품이 가장 적게 사용된 것이 제일 멋진 해결안이다.

그래서 우리가 때로 공감하는 오컴 Ockham*의 이론('오컴의 면도날 Ockham's razor'을 말한다. 필요 없이 많은 전제를 하지 않는다는 경제적 사고를 주장하였다. – 옮긴이)을 생각해 봤으면 한다.

눈에 띄는 성공은 균형을 잘 유지하고 있다. 여러분은 아마 특정한 작업을 위해 매우 고도화되고 환상적일 만큼 정교한 도구가 필요할지도 모른다(예를 들면, 선형 입자 가속기 같은). 그리고 다른 사람의 손이 닿지 않는 곳에 그 도구를 두고 여러분만이 이를 사용하고 유지보수할 것이다. 좋다. 그러나 만일, 여러분이 비행기 좌석과 같이 많은 사람들이 작동하고 사용하는 공공물품을 디자인한다고 해 보자. 이때

여러분은 평범한 것을 특별한 것으로 느끼게 하는 세세한 부분 그리고 고장이 나더라도 기본적인 기능을 수행할 수 있는 장치를 만드는 데에만 오직 집중해야 한다. 자신만의 무언가를 만들 때 특히, 이 균형을 유념해야 한다.

* 이 주제에 대해 더 잘 이해하기 위해 오컴의 팸플릿을 철저히 조사해 보자. 쉽지는 않다. 위키피디아에 따르면, 오컴이 이 개념을 처음으로 고안한 것은 아니다. 그는 단지 공개적으로 이에 대해 논의해 봄으로써 대중화했을 뿐이다. 일찍이 철학자들 (마이모니데스, 존 둔스 스코투스, 아리스토텔레스)이 그 씨앗을 심었다. 일반적으로, 디자인 역사에서는 흔히 일어나는 현상이다. (http://en.wikipedia.org/wiki/ Ockham's_razor)

참고하기

쿤스트호프 거리의 엉뚱한 하수관, 드레스덴, 독일

hack

끝없이 쌓여 있는 형광등 더미를 백열전구로 바꿔본다.*

1.
전구를 산다.

2.
전구를 램프 소켓에 돌려 끼운다.

백열전구와
디머 스위치

우리는 자원을 신중하게 사용해야 한다는 생각에 찬성한다. 형광등은 백열전구보다 에너지 사용량 대비 밝은 빛을 낸다. 그럼에도 불구하고 백열전구의 작은 필라멘트가 따스한 불빛을 만들어낸다는 점에서는 여전히 견줄 만한 것이 없다. 과자를 직접 구워 먹는 것은 다른 누군가로부터 쿠키를 사는 것과는 전혀 다른 경험이다. 아마도 당신 스스로 쿠키를 굽는 것은 쿠키를 사는 것보다 비효율적일 수 있으나 당신은 쿠키를 구워 먹는 총체적인 경험을 한다. 따라서 무엇이 더 가치 있는가? 우리는 신중히 디자인된 경험이라는 맥락에서 백열전구의 사용을 자신 있게 권장한다. 백열전구를 조금만 사용하되 사람들 근처에 두어 큰 효과를 얻도록 하자.

백열전구를 사용하는 방법 이외에 따뜻한 빛을 내는 여러 포인트를 사용할 수 있다. 일반적으로 평범한 사무실에서 사용되는 번지르르한 조명과 대조적으로, 작은 (백열) 조명이 몇 개 있으면 공간을 집처럼 편안하고 안락한 분위기로 만들어 준다. 하지만 대부분 조명에 스위치가 개별적으로 달려 있기 때문에 공간 도처에 흩어져 있는 모든 조명을 꺼야 할 때는 난처할 것이다. 이러한 문제를 해결하는 한 가지 방법으로 여러 조명을 한 번에 켜고 끌 수 있도록 하나의 벽면 스위치를 연결하는 방법이 있다. 창의적인 방법으로 전선의 경로를 만들고 감싸고 숨겨보자. 배선구를 한데

도구_핵HACK : 백열전구와 디머 스위치

묵을 수 있다. 이는 노력해 볼 만한 가치가 있을 것이다.

이사를 하자마자 일반 전기 스위치를 디머 스위치로 바꾼다.
작은 조명장치를 바꾸는 것만으로 놀라운 변화를 가져올 수 있다. 예를 들면, 밝고 활기 찬 분위기의 공간을 차분하게 변화시킬 수도 있다. 여러분이 좋아하는 레스토랑처럼 멋진 분위기를 내고 싶다면 밝기 조절이 가능한 디머 스위치를 써보자!

중요!
만약 여러분이 벽체용 디머 스위치를 설치해 본 적이 단 한 번도 없다면, 구상한 것 중 좀 독특한 것에 대해서는 전기 전문가와 상의하자. 디머 스위치를 설치하는 짧은 교육용 비디오를 유튜브에서 찾아볼 수도 있다('디머 스위치 설치하기'를 검색해 보자). 또한 인터넷에 사용 지침서가 많이 있다.

* 할 수 있을 때 하자: 미국 의회는 2014년도까지 현재의 모든 백열전구를 사실상 단계적으로 중단시키기로 에너지 독립 및 안보법Energy Independence and Security Act을 2007년도에 통과시켰다.

재료 구하기

인근 철물점이나 건축 자재점에는 셀 수 없이 많은 종류의 조명이 있을 것이다. 상업적 용도의

독특한 조명을 찾아보자. 이처럼 직접 조명장치를 구매하면 다양한 구매 방법과 다양한 색상을 지닌 전구를 종종 발견할 수 있다. 이는 백열전구와 형광등 모두에 해당된다.

3.
전원을 연결하고
조명을 켜라.

4.
즐겨라.

사진 : 스콧 둘리Scott Doorley

시간제한을 정하는 데 의자를 이용하라

활동의 목적에 맞는 편안한 의자를 짝짓는다.
협업 작업을 시작할 때에는 폼박스와
같이 다양하게 활용할 수 있는 의자를
구비해둔다. 지속적인 주의력과 십중력이
필요한 장시간 활동을 할 때에는 더욱
편안한 의자로 바꾼다.

어떤 의자는 인체공학적으로 세심하게
디자인되었음에도 불구하고 불편하다.
그러나 이러한 불편한 의자도 장점이
있다.
어린이들에게 가만히 앉아 있기를 강요하고
관찰해 보자. 여기에서 단서를 찾을 수
있다. 놀이터가 사다리 모양의 긴 등받이가
있는 식탁 의자가 아닌 그네와 스프링으로
가득한 이유가 있다. 마찬가지로 성인들끼리
협업 활동을 할 때에도, 자주 움직이고 서로
섞이면서 모임은 활발해진다.

참고하기

공간 디자인을 담당하는 팀은 작은 팀이 좋다

만약 울림이 있는 공간을 원한다면 누군가는 이 프로젝트를 맡아서 진행하고 변화를 실행하는 일을 해야 한다.
대부분 조직에서는 지속적 조직운영을 위한 도구로서 공간을 끊임없이 디자인해나가는 것에 그다지 우선순위를 두지 않는다. 이 책임은 건설업자에서 관리인에게로 열쇠가 넘어가는 순간 사라져버린다.

다양한 관점에서 디자인을 연마하고 풀어간다.
여러분의 컨셉과 프로토타입에 관하여 다른 많은 사람에게 철저하게 다른 관점으로 평가를 구한다. 올바른 관점이 적당한 시점에 등장할 때 협업은 가장 잘 이루어진다. 디자인 팀의 관점이 다양할수록 서로 다른 관점 간의 격차가 채워지면서 기발한 생각이 나오는 경우가 많다.

사람을 선택할 때 출신보다는 관련된 경험에 초점을 맞춘다.
예를 들어, 우리는 건축가나 인테리어 디자이너는 아니지만 영화제작, 구조공학, 디자인, 교육 분야의 다양한 경험을 융합하여 아주 난해한 공간 디자인 작업도

기발하게 해낼 수 있다.

작은 팀이 좋은 결정을 내릴 수 있다.
우리는 많은 사항을 통합하여 의사결정을 내려야 한다. 때로는 고려해야 하는 것들끼리 모순되기도 한다. 대규모 그룹 안에서 생각의 일치를 이루어 내기는 쉽지 않다. 우리가 보기에 의사결정자로 적당한 인원은 대략 두 명이나 세 명 정도다.

참고하기

55
디자인 템플릿_태도 : 다양한 분야의 사람들과 협업한다
180
통찰_프로젝트 중에 나의 감정선을 인식하라

원형 극장

발표나 강의를 할 때 사람들이 활발히
토론하도록 격려하려면 의자를 원형이나
U자 형태로 배열하라.

간단하지만 효과적이다. 활발한 토론을
이끌어 내고 싶다면 진행자는 의자에 앉는
것이 좋다. 공간의 에너지를 이끌어낼
필요가 있다면 사람들 가운데에 서서
진행한다.*

* 주의 : 만약 여러분이 '무대 위'에서
  강의한다면 주의해야 한다. 그룹 중심에
  있기 때문에 사람들은 앞뒤 모든 각도에서
  여러분을 볼 수 있다.

시작하기

간단하다. 줄 배열을 없애고 원형으로
의자를 조밀히 붙여 배열한다. 당장 해 보자.

참고하기

36
상황_캠프파이어 형태로 둘러앉아
48
디자인 템플릿_속성 · 방향

공사 중인 누에바
아이랩Nueva I-Lab

혁신을 위한 공간 디자인 : 아이랩I-Lab 을 안팎으로 알아본다

알렉스 고 Alex Ko

공간 연구_혁신을 위한 공간 디자인

2007년, 샌프란시스코 베이 지역에 있는 K–8학교인 누에바 학교Nueva School는 캠퍼스를 확장할 때, 디스쿨과 협업하여 새롭고 혁신적인 공간을 디자인해 보기로 하였다. 누에바는 학생들의 호기심을 실험적이고 학구적이며 다학제적인 자유로운 수업방식과 결합해 보는 커리큘럼을 만들었고 이 커리큘럼에 '디자인적 사고design thinking'를 포함하고자 했다. 누에바는 아이랩I-Lab으로 알려진 혁신 공간을 만들어 책상과 칠판으로 이뤄진 기존의 교실에서는 수행할 수 없었던 이러한 커리큘럼이 잘 수행되도록 하였다. 학생들은 매우 큰 나뭇조각과 '레고 모양'의 물건을 다뤄보면서 물리적 경험에 대한 공감대를 형성할 수 있다. 학생들이 자신의 작업 일부로 프로토타입을 손쉽게 만들어 볼 수 있도록 창고 내 모든 재료는 모두 학생들에게 개방되어 있다. 한 학생이 말한 것처럼, 아이랩은 '우리집 창고와 같이 특정한 작업실에서나 할 수 있는 일'을 하도록 도와주는 곳이다.

공간 연구_혁신을 위한 공간 디자인

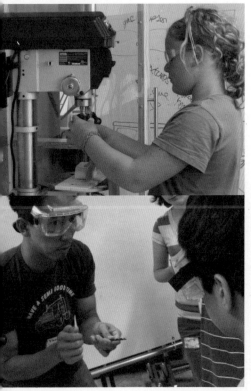

위 : 한 학생이 드릴 프레스 drill press 사용법을 배우고 있다

맨 위 : 유수케 미아시타 Yusuke Miyashita가 학생들에게 안전교육을 하고 있다.

우리는 열정적으로 아이랩을 구성하는 프로젝트를 시작했다. 누에바 캠퍼스 내 사람을 20명 모집하여 누에바 교육의 본질을 관찰하고 탐구하였다. 우리는 여름 동안 디스쿨 공간 내에 아이랩을 실제 크기의 프로토타입으로 만들어보았다. 누에바 학생들과 선생님들은 실제 상황을 재현해 보면서 새로운 교육과정에서부터 안전시설에 대한 모든 것을 테스트해 보았다. 3개월 동안 우리는 많은 것을 배웠고 상당히 기발하고 정교한 컨셉을 디자인했다. 아이랩은 상당한 관심을 받으며 새 학기에 딱 맞추어 문을 열었다.

그 후 4년이 지나 아이랩을 방문하였을 때는 모든 것이 달라져 있었다. 디자인 프로세스에 맞게 특화된 공간은 여러 가지 프로젝트 결과물로 가득 차 있었다. 일부 초창기 가구는 옆으로 치워져 있었으며 그 자리에는 새로운 가구가 놓여 있었다.

디자이너로서 나는 이 상황이 약간 불편했다. 마치 버섯 피자를 만들려고 오븐에 버섯 피자도우를 넣었는데 오븐을 열어보니 슈프림 피자가 있는 그런 당황스러운 느낌이었다. 그때 마침 점심시간이 되어 학생들이 아이랩으로 들어왔다. 학생들은 곧장 인조잔디 매트로 가서 자신들이 만든 게임을 시작하였다. 학생들이 수업시간에 배운 바다 위 섬의 수질오염과 관련된 게임이었다. 그 게임의 목적은 긴 팔과 같은 도구를 사용하여 플라스틱병, 군인 모형, 특이한 형태의 물건으로 이뤄진 섬을 6'(약 2m) 이동시키는 것이었다. 학생들은 빗자루, 커피콩으로

채운 바람 빠진 풍선, 실, 나뭇조각 등을 활용하여 흡입관을 만들었다. 매우 기발한 프로토타입이었다. 학생들은 프로토타입 '팔'을 이용하여 자신들이 생각한 대로 군인 모형물을 잘 집어내었다. "그 다음에는 무엇을 해 볼 수 있을까?" 아이랩의 디렉터인 킴 삭스가 갑작스레 질문하였다. 그러자 학생들은 즉각적으로 다양한 아이디어를 이야기하였다. 가장 중요한 것은 학생들이 매우 열정적으로 "한번 해 봐요!" 라고 이야기했다는 것이다.

성인이자 디자인 분야의 전문가인 내가 봤을 때에도, 학생들의 해결책은 매우 분명하고 명쾌했다. 킴은 "이것이 아이랩I-Lab의 성과다. 학생들은 노닥거리는 것처럼 보이지만 실제로는 조잡한 일을 하는 것이 아니다." 라고 설명했다. 그것은 한번 빨리 만들어보고 아이디어를 테스트해 보는 것을 가능하게 만드는 것이다. 그녀의 말을 빌리자면, 디자인적 사고는 "완벽함에 대한 해독제 같은 것으로… 실패를 보는 태도를 바꿔주었다."

내가 아이랩을 떠날 때, 당시의 공간이 내가 처음 구성했던 아이랩과 많이 달라져 있던 점이 여전히 불편했다. 전통적으로 건축의 성공을 가늠하는 잣대가 '영원함 timelessness'인데 그에 비추어보면 우리는 실패한 것처럼 보였다. 그러나 초창기 우리의 아이디어는 진화하였고, 새로운 문제점을 해결할 수 있는 아이디어가 제안되었다. 우리가 예측했던 것 중 일부는 아예 없어졌다. 그럼에도 불구하고 10살짜리 아이의 활동에서 명백히 증명할 수 있듯이 디자인 개념을 누

공간 연구_혁신을 위한 공간 디자인

에바 아이랩에 적용해 본 것은 매우 성공적이었다고 생각한다. 이제 나는 깨달았다. 이 건축 프로젝트의 성공은 최초에 우리가 평면도에 그려놓은 선과 공간에 붙여놓은 이름이 오래 지속되는가로 가늠할 수 있는 것이 아니라, 아이랩이 누에바의 선생님과 학생들이 지속해서 프로토타입을 만들고 아이디어를

가지고 놀 수 있도록 계속해서 지원하느냐에 관한 것임을. 이것저것 다 해 볼 수 있는 작업 실처럼, 아이랩에서는 깔끔하게 정돈된 집안에서는 하기 힘든 실험을 해 볼 수 있다. 사람들과 아이디어에 대한 여러 즉각적인 테스트를 허용해주는 것이야말로 누에바 아이랩을 '영원히' 유지시켜주는 원천이 될 것이다.

알렉스 고Alex Ko는 건축과 디자인의 경력을 가진 제품디자이너다. 디스쿨의 연구원으로서 그는 누에바 아이랩의 프로젝트 리더였다.

아이랩에서 '주위를 어지럽히고 있는' 아이들

때로는 작업대로, 때로는
전시대로 변형이 가능한
테이블

플립탑 테이블

flip-top table

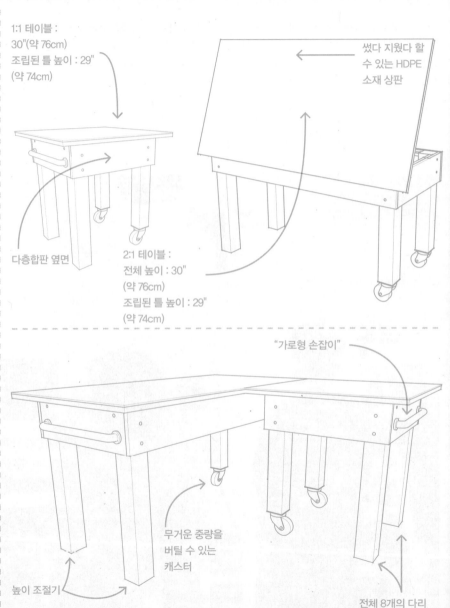

1:1 테이블 :
30"(약 76cm)
조립된 틀 높이 : 29"
(약 74cm)

썼다 지웠다 할
수 있는 HDPE
소재 상판

다층합판 옆면

2:1 테이블 :
전체 높이 : 30"
(약 76cm)
조립된 틀 높이 : 29"
(약 74cm)

"가로형 손잡이"

무거운 중량을
버틸 수 있는
캐스터

높이 조절기

전체 8개의 다리

상판 아랫면 경첩

상판을
들어올리기 위한
버팀대

'플립탑 테이블'은 앉아서 하는 작업이나 낮은 자세로 서서 하는 작업을 할 때 유용하게 쓰인다. 또한 '고개를 숙이고' 하는 수평형 작업 시 사용할 수 있고 상판을 수직으로 들어올려 전시대로 사용할 수도 있다. 이러한 점은 소규모 팀 작업을 긴밀하게 진행할 수 있게 해주며 동시에 다른 그룹과 결과물을 공유할 때 유용하다.

서로 다른 크기의 두 '플립탑 테이블'은 각각 따로 사용할 수도 있고 같이 상호 보완적으로 활용할 수도 있다. 기본형인 2:1비율과 1:1비율의 테이블을 여러 개 조합하여 L자 형태 혹은 C자 형태로 배열할 수 있다. 또한 다양한 행사에 활용될 수 있도록 '격자형' 또는 '뷔페형'으로 일자 배치도 할 수 있다.

만드는 방법

2:1 테이블 :

· 전체 높이 : 30"(약 76cm)
· 조립된 프레임 높이 : 29"(약 74cm)
프레임 레일(긴면) :
· 높이 7"(약 18cm) x 길이 54"(약 1.3m)
· 두께 1.5"(약 4cm, 두 개의 ¾"−약 2cm 합판)
프레임 레일(짧은면) :
· 높이 7"(약 18cm) x 길이 22.5"(약 57cm)
· 두께 1.5"(약 4cm, 두 개의 ¾"−약 2cm 합판)
다리 (캐스터 있는 쪽) :
· 24.5"(약 62cm, 캐스터의 크기에 따라 달라질 수 있다.)
다리 (캐스터 없는 쪽) :
· 28"(약 71cm, 수평에 따라 달라질 수 있다.)
테이블 상판 :
· 길이 60"(약 152cm) x 가로 30"(약 76cm)

· 두께 ¾"(약 2cm, 7겹의 합판) 또는 두께 ⅛"(약 3mm, 백색 HDPE*)

1:1 테이블

· 전체 높이 : 30"(약 76cm)
· 조립된 프레임 높이 : 29"(약 74cm)
프레임 레일(긴 면)
· 높이 7"(약 18cm) x 길이 24"(약 61cm)
· 두께 1.5"(약 4cm, 두 개의 ¾"−약 2cm 합판)
프레임 레일(짧은 면) :
· 높이 7"(약 18cm) x 길이 22.5"(약 57cm)
· 두께 1.5"(약 4cm, 두 개의 ¾"−약 2cm 합판)
다리 (캐스터 있는 쪽) :
· 24.5"(약 62cm, 캐스터의 크기에 따라 달라질 수 있다.)
다리 (캐스터 없는 쪽) :
· 28"(약 71cm, 수평에 따라 달라질 수 있다.)
테이블 상판 :
· 길이 60"(약 152cm) x 가로 30"(약 76cm)
· 두께 ¾"(약 2cm, 7겹의 합판) 또는 두께 ⅛"(약 3mm, 백색 HDPE)

팁

· 레일을 기둥형 다리에 붙인다. 이때, 지름 ½"(약 12mm) 캐리지 볼트 carriage bolt를 레일의 윗면과 바닥면에 각각 1개씩 고정한다. 이렇게 되면 각각의 다리에는 볼트 2개가 2세트씩 박힌다. 2개는 긴 레일 쪽에 부착된 것이고 다른 2개는 짧은 레일 쪽에 부착된 것이다.
· 상판 버팀대는 테이블 상판 무게와 관련이 있다. 테이블 상판의 무게별로 하중에 대해 실험을 하여 적절한 상판 버팀대를 구하는 것이 좋다. '플립탑 테이블'에는 두 개의 18kg짜리 버팀대를 사용했다.

재료 구하기

'플립탑 테이블'은 캘리포니아 힐스버러 지역에 위치한 누에바 스쿨 내 아이랩에서 사용하도록 디스쿨에서 디자인하고 제작한 것이다.

하드웨어

모든 연결 철물은 주변의 철물점에서 구매가능하다. 상판 버팀대와 마운팅 부속, 높이 조절기는 맥마스터 카 Mcaster-Carr에서 구매했다.
맥마스터 카(600 North County Line Road, Elmhurst, IL 60126 ; 630 600−3600; www.mcmaster.com)

캐스터

인터스트리얼 캐스터 앤 휠 Industrial Caster & Wheel Co.(2200 Carden Street, San Leandro, CA 94577; 510 569−8303; www.icwco.com) 스탠포드 디스쿨에서 사용하는 3"(약 8cm)나 5"(약 13cm) 높이의 빨간색 캐스터를 참고하자.
캘리포니아 캐스터 앤 핸드 트럭 컴퍼니 California Caster and Hand Truck Company(1400 17th Street, San Francisco, CA 94107; 800 950−8750; www.californiacaster.com)

HDPE(고밀도 폴리에틸렌)

포트 플라스틱스 Port Plastics(550 East Trimble Road, San Jose, CA 95131; 408 571−2231; www.portplastics.com)

참고하기

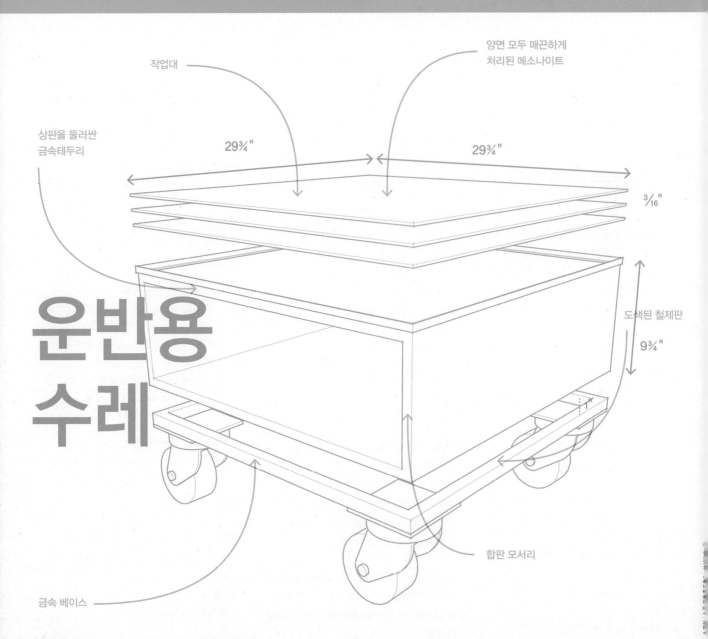

작업대

양면 모두 매끈하게
처리된 메소나이트

상판을 둘러싼
금속테두리

29¾"

29¾"

³⁄₁₆"

운반용
수레

도색된 철제판

9¾"

합판 모서리

금속 베이스

운반용 수레는 소규모 이동식 작업대다. 제작, 보관, 전시에 사용되는 이 도구는 프로토타이핑 제작 및 실험 문화를 위해 중요하다.

'운반용 수레'는 모든 형태와 크기, 그리고 무게의 물건을 옮기거나 쌓아놓을 수 있도록 단순한 구조로 되어 있다. 또한, 튼튼하고 용도가 다양하다. 이 수레는 작업 진행 중에 언제든지 즉각적으로 활용할 수 있다.

메소나이트 원단을 여러 겹 이용하면 작업 시 상판을 효율적으로 사용할 수 있다. 한 겹이 손상되거나 닳으면 뒤집어 새로운 면을 사용할 수 있다. 철제로 상판을 둘러싸 메소나이트masonite 표면이 잘 놓이게 한다.

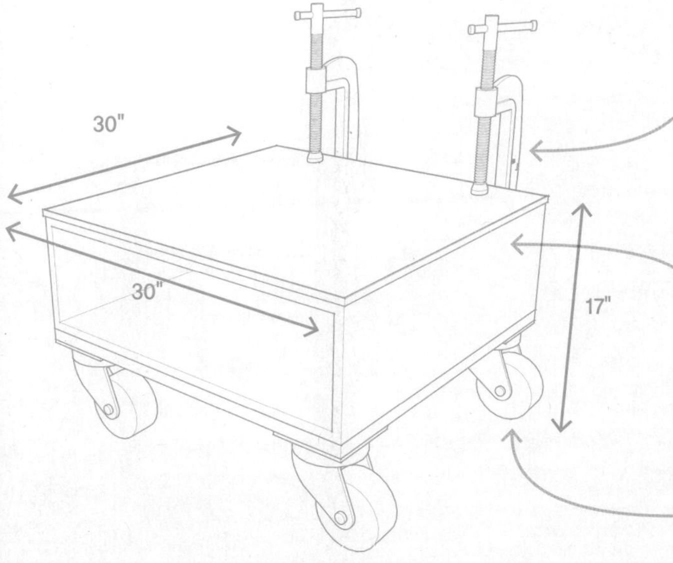

시작하기

가구용 짐수레는 이동식 작업대로 쓰기 매우 좋다. 상판에 합판을 붙이고 작업을 한번 해 보자.

재료 구하기

제작

운반용 수레는 에이치씨에스아이 매뉴팩쳐링HCSI Manufacturing의 스탠 하익Stan Heick이 제작했다 (16890 Church Street, Building 7, Morgan Hill, CA 95037; 408 778–8231; www.hcsidesign. com).

캐스터

인터스트리얼 캐스터 앤 휠Industrial Caster & Wheel Co(2200 Carden Street, San Leandro, CA 94577; 510 569–8303; www.icwco.com). 스탠포드 디스쿨에서 사용하는 3"(약 8cm)나 5"(약 13cm) 길이 빨간색 캐스터를 참고하자.

참고하기

57
디자인 템플릿_태도 : 해결책을 위한 프로토타입을 만든다

밀어넣기 위한 특대형 "C" 죔쇠 핸들

30"

30"

17"

라미네이트 외장 표면과 11겹의 합판 뼈대

무거운 중량을 버틸 수 있는 캐스터

스토리지 갤러리

간단히 말해서, '스토리지 갤러리'는 진행 중인 작업을 다른 사람들에게 보여주는 전시대다. 스토리지 갤러리는 사람들이 쉽게 발견할 수 있는 장소에 두는 것이 좋다. 진행 중인 작업을 사람들에게 보여주는 것은 작업을 보관하는 방법의 재발견이라고 할 수 있다. 이것은 여러분의 기존 작업 방식과 비교하여 가장 큰 논란을 부를 수도 있다. 하지만 진행 중인 아이디어, 완성되지 않은 스케치, 생각의 기록과 같은 비밀을 다른 사람이 볼 수 있도록 적극적으로 공개해 보라.

'스토리지 갤러리'를 활용하는 데는 다음 세 가지 이유가 있다.

1. 작업을 진행하고 있다는 흔적은 창의적 공간 내로 에너지를 끌어들이는 힘이 있다.
2. 진행 중인 작업을 공개하면 피드백을 받을 수 있다.
3. 제작물과 시각적 결과물은 아이디어를 공유하는 통로가 될 수 있다. 마치 메시지를 담는 병과 같이 말이다.

현재 디스쿨에서는 스토리지 갤러리를 학생들의 주 작업실 통로에 설치하였으며 학생용 게시판을 부착하였다. 각 팀은 휴대용 작업 패널을 설치하여 자신들의 생각, 통찰 결과, 아이디어 스케치, 프로토타입 스케치, 다이어그램 등을 부착한다. 실제 프로토타입 결과물이나 제작물과 같이 큰 것들은 근처에 위치한 스토리지 타워에 전시한다. 이렇게 함으로써 지나가는 사람들은 진행 중인 초기 프로토타입 그리고 좀 더 정돈된 형태의

결과물 등을 모두 볼 수 있게 된다.

사진 촬영 ⓒNoah Webb

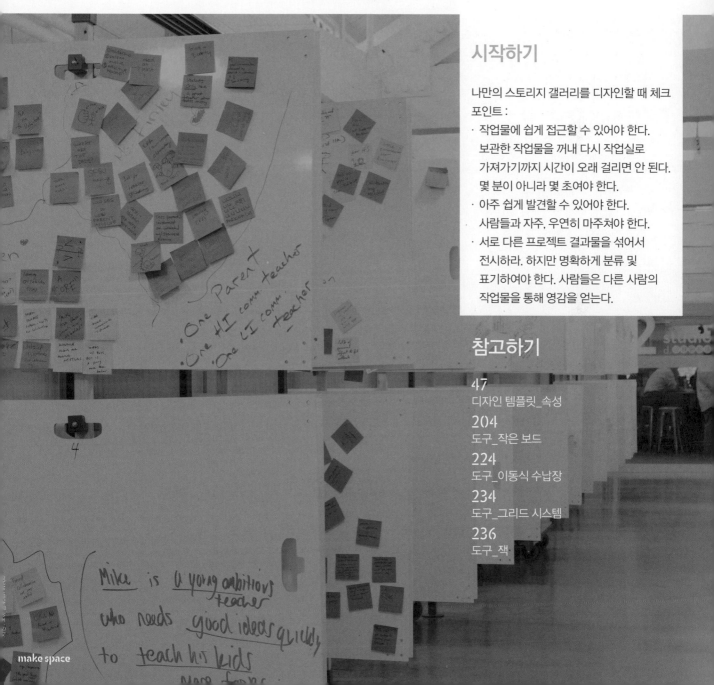

시작하기

나만의 스토리지 갤러리를 디자인할 때 체크
포인트 :

· 작업물에 쉽게 접근할 수 있어야 한다.
  보관한 작업물을 꺼내 다시 작업실로
  가져가기까지 시간이 오래 걸리면 안 된다.
  몇 분이 아니라 몇 초여야 한다.
· 아주 쉽게 발견할 수 있어야 한다.
  사람들과 자주, 우연히 마주쳐야 한다.
· 서로 다른 프로젝트 결과물을 섞어서
  전시하라. 하지만 명확하게 분류 및
  표기하여야 한다. 사람들은 다른 사람의
  작업물을 통해 영감을 얻는다.

참고하기

프로젝트 중에 나의 감정선을 인식하라

이것은 당신을 위한 것이다. 창의적인 프로젝트를 진행할 때에는 감정 주파수가 생기게 마련이다. 이것을 염두에 두고 있다면 까다로운 감정의 최고점과 최저점을 성공적으로 찾는 데 도움이 될 것이다.

공간 디자인 과정에서 발생하는 감정선의 변화는 그 어떤 드라마와도 견줄 만하다. 희망과 꿈은 불안정한 상태다. 두려움과 흥분상태는 우위를 두고 서로 다툰다. 자존심이 생기고 지위 겨루기가 팽배해진다. 선택하는 경험에 따라 실망할 수도 있고 꽤 흥미로울 수도 있다.

일을 진행해 나가면서 다음과 같은 현상에 마주하게 된다. 만일 각 현상을 인식하는 방법을 안다면 적어도 프로젝트가 진행되는 것과 여러분이 하는 것 간에 조화를 이룰 수 있을 것이다.

+ 흥분감과 무한한 가능성. 아이디어나 발견은 새롭다. 그것이 열매가 되는 과정에서 드러나는 결함은 처음엔 가려져 보이지 않는다. 잠재력이 있다는 것은 꽤 멋진 일이지만 아직은 현실성이 부족하다. 이것은 마치 자동차 정비사도 모른 체 페라리 자동차를 사는 것과 같다. 이 상태를 즐겨라. 그러나 버리기 아까울 정도로 몰두하지는 마라.

– 압도적으로 복잡함. 공간을 파고들자마자 고려해야 할 감정적이고 논리적인 요소가 동시에 끝없이 발견될 것이다. 이는 마치 늪과 같은 상황이어서 너무 많은 고민은 오히려 문제가 될 수 있다. 이런 상황에서는 행동에 초점을 맞춰라. 바로 목업을 제작하고 경험해 보면서 시작해 보자. 새로운 이슈가 생기면 분류하되 우선순위를 매겨야 한다. 모든 이슈를 해결할 수는 없다. 복잡함의 안개 속에서 벗어나 영감을 얻고 나아갈 방향을 찾기 위해 눈을 항상 열어두어야 한다.

+ 통찰을 통합하기. 이 단계는 모든 걸 알아냈다고 느끼는 명확함의 순간이다. 매우 즐거운 순간이지만 궤도에서 벗어날 수 있는 유혹이기도 하다. 이 단계에 이르도록 혼신을 다하라. 그러나 이 단계에 도달했을 때에는 그 명확함에 대해 지속적으로 의문을 가져야 한다.

– 완전한 자신감 상실. 내가 무슨 생각을 하고 있었지? 난 이걸 할 수 없어. 여러분은 할 수 있다. 그리고 실제로 지금 하고 있다. 이 느낌이 특정 문제를 해결하기 위해 도움

을 요청해야 한다는 의미일 수는 있지만 대체적으로 쓸모없다. 그렇다면 필요한 도움을 받아라. 자신감을 잃은 것이 단지 과거 경험 때문이라면, 새로운 행동을 함으로써 무시해라.

– 실행이라는 잔혹한 현실. 일은 시간이 더 걸리기 마련이다. 왜냐하면 보이는 것보다 고려할 사항이 훨씬 많기 때문이다. 절충이 필요하다. 옳은 것에 손 들어줄 의지를 가지고 의미없는 조각을 버리는 지혜가 필요하다. 이러한 의사결정을 언제 어떻게 해야 할지 아는 능력은 프로토타이핑 과정에서 생긴 직관과 경험적 증거를 통해 얻는다.

+ 완료. 끝났다. 성취감을 즐겨라. 어쩌면 출산후유증을 경험할지도 모른다. 괜찮다. 자연스러운 상황이다. 그러나 그것에 빠지지는 마라. 시간을 충분히 갖고 성취를 축하하며 프로젝트 과정을 되짚어보아라. 실제로 완전히 다 끝낼 수는 없다. 언젠가는 이러한 과정 중 적어도 일부를 다시 반복할 것이다. 과정을 되짚어보는 것은 다음 프로젝트를 더 효율적으로 진행하기 위해 매우 중요하다.

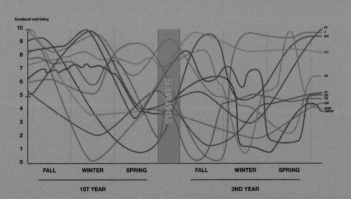

스탠포드의 디자인전공 대학원생들 스스로 정서적 행복감에 대해 그래프를 그려본 것

벽 vs. 열린 공간

역설적인 상황 : 벽이 있으면 협업에 도움이 된다. 하지만 협업은 개방성이 있을 때 더 융성하게 이뤄진다.

개방성은 혁신의 원동력이다.
공간이 시각적으로 개방적이고 또한 공간 내 옮겨 다닐 수 있는 방이 있으면, 사람들은 서로를 잘 인지하고 상호작용이 많아진다. 이러한 것은 사람들에게 지속적으로 영감을 주며 프로젝트가 잘 조율되도록 돕는다.

벽은 전시도구로서 아주 훌륭하다.
벽과 수직면을 이용하면 그룹 간 아이디어를 공유하는 데 매우 좋다. 작업에 대한 시각적 증거자료는 새로운 아이디어를 발견하고 융합하는 데 영감과 도움을 준다.

빌어먹을.
벽과 열린 공간 사이의 이런 수수께끼는 창의적인 공간의 끝나지 않는 도전 중 하나다. 공간을 분리하는 것이 아닌 하나의 표면으로 인식하면, 벽을 언제 어디서 어떻게 활용할 수 있는지에 대한 아이디어를 얻을 수 있다. 이전에 미닫이 유리문으로 사용되었던 것을 아이디어를 얻고 전시하는 용도로 활용할 수도 있다. 미닫이 혹은 커텐식 벽, 이동식 임시 벽, 그리고 반투명 벽을 활용하면 이 난제를 해결하는 데 도움이 된다. 마치 스쿱 스툴Scoop Stool에서 했던 것처럼 스탠드에 폼보드같이 가볍고

단단한 자재를 연결하여 만들어볼 수도 있다.

참고하기

관습을
지키거나,
버리거나

**관습이 문제를 해결해 줄 경우 그것을
이용한다. 반대로 그렇지 않다면 과감히
버린다.**

관습적인 방법을 사용하는 것이 괜찮을 수도
있다. 굳이 바꾸려 하지 않아도 된다. 그러나
여러분이 왜 그것을 사용하고 있는지 알고
있어야 한다.

이 글을 쓰고 있는 지금 시점에는
집이나 스튜디오 부엌을 개방적으로 만들고
아일랜드 형 탁자를 두는 것이 관습적인
수방 디자인이나. 개방형으로 실계할 때
주방 중앙에 아일랜드형 탁자를 놓으면
가족과 어울리고 싶은 욕망을 완벽히
충족시킬 수 있다. 단순하게 관습을 지켜라.

여러분의 작업이 완료되었다.

여러분의 문화에서 작업할 때 장시간
동안 방해하지 않는 것을 선호한다고
가정해 보자. 아마, 중요한 작업에 몰두하고
있는 사람을 방해하지 않도록 주방을 작업
공간과 멀리 떨어지게 배치해두고 주방을
폐쇄적으로 만드는 것이 좋을 것이다. 이런
경우에는. 관습적인 방법을 무시하라!

혹은 두 가지 방법을 결합하라. 독립된
공간에 개방형 주방을 디자인하는 것이다.
어떤 결정을 하든지 간에 의도를 가지고
그리고 여러분의 문화에 진정으로 맞도록
디자인하라.

참고하기

70
통찰_공간의 목적을 정의한다

예산을 모두 날리지 말 것

프로젝트가 '완료'되고 사람들이 새로운 환경에 반응하는 시점이 되면 어쩔 수 없이 새로운 요구사항이 생겨나게 마련이다. 그리스의 철학자 헤라클레이토스 Heraclitus는 1,500여 년 전에 '변화 외에 불변하는 것은 없다'고 설파했다. 역설적으로 이 말은 여전히 유효하다.

훗날을 위해 여분의 자금을 남긴다. 이 말은 쉬워 보이지만 실제로 쉽지는 않다. 대부분 연간예산과 보조금에는 만일의 사태를 대비한 비용이 산정되어 있지 않다. 미리 계획을 세워두어야 한다. 만약 여유자금을 현금으로 숨겨놓을 매트리스나 마룻바닥이 없다면 프로젝트의 시작과 동시에 예산을 여러 번에 걸쳐 나눠 지급한다. 공간준비 비용(일반적인 인테리어, 가구, 이사비용 등)과 공간 유지 보수비용(보통 다음 해에 정산)을 나눈다. 예상되는 비용보다 자금을 더 준비하라.

참고하기

80
통찰_공간이 필요에 따라 진화되도록 한다
101
통찰_예산 지출에 우선순위를 두어라

사진·소묘 위트호프트 프트Scott Witthoft

결합형 블록

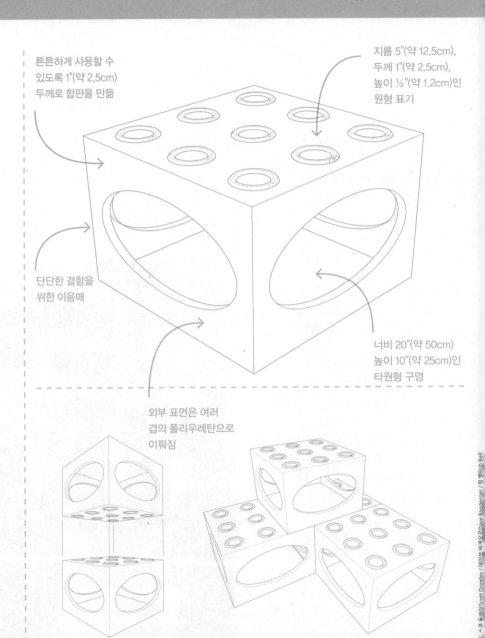

튼튼하게 사용할 수 있도록 1"(약 2,5cm) 두께로 합판을 만듦

지름 5"(약 12,5cm), 두께 1"(약 2,5cm), 높이 ½"(약 1,2cm)인 원형 표기

단단한 결함을 위한 이음매

너비 20"(약 50cm) 높이 10"(약 25cm)인 타원형 구멍

외부 표면은 여러 겹의 폴리우레탄으로 이뤄짐

스케치: 스콧 둘리(Scott Dooley) / 데이블 바거오튼(Dave Baggeroer) / 룹 벨(Rob Bell

결합형 블록은 합판으로 만든다. 각 블록을 서로 연결하면 앉고 서고 오르락내리락 할 수 있는 기발한 구조가 된다.

결합형 블록 윗면과 아랫면에는 암수 형태의 링이 있고 이를 이용해서 각 블록끼리 결합할 수 있다. 마치 거대한 레고 블록 같다. 다양한 활동을 할 때 활용할 수 있다. 결합형 블록은 애초부터 즉흥적인 결합이 쉽도록 설계되었기 때문에, 테이블, 칸막이, 창고 또는 프로토타이핑을 위한 기본 구조 등으로 잘 응용하여 사용할 수 있다.

만드는 방법

3가지 형태
· 직사각형
· 정사각형
· 삼각형

직사각형 크기
· 높이 18"(약 45 cm)
· 길이 60"(약 152 cm)
· 너비 30"(약 76 cm)

정사각형 크기
· 높이 18"(약 45cm)
· 길이 30"(약 76cm)
· 너비 30"(약 76cm)

정삼각형 크기
· 높이 18"(약 45cm)
· 변의 길이 60"(약 152cm)

시작하기

카드보드 상자와 플라스틱 우유통으로 결합형 블록의 초기 버전을 만들어보자. 피라미드 형태와 같이 흥미로운 결합을 기본 결합으로 정해 놓아보자. 사람들에게 결합형 블록을 소개하는 데 도움이 될 것이다.

재료 구하기

조마딕의 롭 벨Rob Bell at Zomadic, LLC(San Francisco, CA; www.zomadic.com)이 결합형 블록을 만들었다.

참고하기

27
통찰_영장류를 위한 디자인

하얀 방

현재 디스쿨 빌딩에
있는 부스 블랑 —
하얀 방.

상황_하얀 방

몰입의 경험은 행동을 매우 빠르게 변화시킬 수 있는 방법 중 하나다.
하얀 방의 컨셉은 하나의 마감재로만 방을 꾸며 한 가지 기능만 수행하도록 환경을 조성하는 것이다. 바로 팀원들이 특정 활동에 집중할 수 있도록 하는 기능이다. 팀원들이 만든 아이디어가 공간을 채우는 유일한 색이 될 것이다.

왜 하얀색인가? 하얀색은 완전히 몰입하도록 만들어주기 때문이다.
바닥에서부터 천장까지 화이트보드 혹은 샤워보드를 설치한다. 있음직하지 않은 이러한 공간은 팀원들이 풍부한 아이디어를 내고 또한 이를 시각적으로 표현할 수 있도록 자극한다. 사람들은 보통 한 페이지 정도는 쉽게 채울 수 있다. 하얀 방의 목적은 사람들이 몰입하고 또한 만져볼 수 있는 페이지를 방 하나 크기로 제공하는 것이다.

하얀 방을 만들 때 주의해야 할 사항 :

경계선이 없는, 끄적거릴 수 있는 표면이어야 한다.
모든 곳에 설치해야 한다. 정말로!

샤워보드의 장점은 대부분의 공간 크기에 맞도록 보드를 쉽게 잘라 쓸 수 있다는 점이다. 구석구석 모든 공간을 덮어 보자. 분명히 그럴 만한 가치가 있다.

가구는 최소화한다.
하얀 방이 활동적인 공간으로서 의도되었다. 그런 만큼 이 공간은 앉을 수 있는 것으로 채워 넣지 않는다. 사람들이 적극적으로 활동할 수 있도록 스툴과 같이 가볍고 캐주얼한 의자를 가져다둔다. 부드러운 분위기를 조성하고 싶다면 소파를 배치한다.

공간은 작게.
황량한 표면은 좁은 방에 잘 어울린다. 공간이 너무 넓다면 하얀 방은 마치 세상에 종말이라도 온 것 같은 효과를 낼 수도 있다. 참고로, 디스쿨에서는 10' x 14'(약 3m x 약 4m) 정도 크기 혹은 좀 더 작은 8' x 10'(약 2.5m x 약 3m) 크기의 하얀 방에서 많은 성과를 얻었다.

시작하기

벽 하나뿐만 아니라 양쪽 두 벽에 모두 바닥부터 천장까지 화이트보드를 설치한다. 샤워보드를 사용하면 매우 쉽고 저렴하게 썼다 지울수 있는 보드를 만들 수 있다. 사람들이 작업 면이 있다는 것을 잘 알아차릴 수 있도록 앉는 것은 어느 정도 제한한다.

참고하기

30
도구_핵HACK : 잘 써지고 지워지는 샤워보드
52
디자인 템플릿_행동 : 가득 채우기
56
디자인 템플릿_태도 : 말로 하지 말고, 직접 보여준다

수평한 곳은 잡동사니를 불러 모은다

여기 놀랄 만한 소식이 있다. 어떤 것은 굉장히 직관적임에도 불구하고 사람들은 이상하게도 그것을 별로 신경 쓰지 않는 경향이 있다는 것이다. 사람들이 무엇인가를 만들어내는 방식에 지속적으로 영향을 끼치는 데도 말이다. 창의적 문화 안에서 수평한 곳은 마치 파리 잡는 끈끈이처럼, 초기 실패작의 잔해 혹은 탐색의 흔적을 불러 모은다. 음료를 마신 빈 컵은 말할 것도 없다.

자, 이제 어떻게 해야 할까? 우선 수평한 곳을 최소한으로 하고 눈에 잘 띄는 곳에 배치한다. 사용하지 않는 물건 더미가 아닌 현재 이뤄지고 있는 작업과 관련된 물건을 올려놓자. 물건 더미와 도구는 근처 선반 위에 올려놓는다. 정기적으로 혹은 불시에 '봄맞이 대청소'를 하듯 방을 재정돈하는 시간을 갖는다.

참고하기

주머니 속 기술

가장 훌륭한 기술은 보통 주머니 속에 있다.
말 그대로 당신의 손안에 있는 기술을
내려놓아보자. 여러분은 공간을 더 유연하고
유용하게 만들 수 있다. 최첨단 기술에
정통한다는 것은 항상 가장 최신 기술을
모두 갖춘다는 것을 의미하지 않는다.
사람들이 직관적으로 사용할 수 있도록
돕는 것을 말한다. 사람들은 보통 기술에
대한 자신만의 노하우를 구전으로 공유한다.
이처럼 새로운 기술은 위에서 아래top-down
가 아닌, 아래에서 위bottom-up의 방향으로
전파된다.

**어려운 전자 공학적 방법으로 문제를
해결해내기보다는, 기존의 기술을 잘
활용한다.**
사람들은 스마트폰, 노트북 및 태블릿을
사용하는 데 익숙하다. 이를 이용하여
이미지를 갈무리하고 인터넷에 접속하며
다른 사람들과 의사소통하는 등 다양한
행위를 한다. 이런 기존의 도구는
사람들에게 익숙하고 우리 주변에 늘 있다.
또한 스마트 기기의 기술적 어려움을
해결해주는 커뮤니티도 잘 구축되어 있다.
종종 사람들은 스마트 기기를 우회적으로
활용하기도 한다. 예를 들어, 사람들은
필기한 것을 사진으로 찍어 자신의 이메일
계정으로 보낸다. 이때 사소한 기술을
익혀야 하긴 하지만, 이를 해결해 주는
비싼 기계를 사는 것보다는 개인의 스마트

기기를 활용하는 것이 훨씬 낫다. 사용법이
익숙하지 않기 때문에 사람들은 비싼 기계를
잘 사용하지 않게 된다.

참고하기

100
통찰_기술은 필요할 때 바로 사용할 수
있어야 한다. 하지만…

기업가를 위한 런웨이 만들기

코레이 포드Corey Ford

내가 이노베이션 인디보Innovation Endeavors의 초기 팀(구글의 에릭 슈밋이 후원하는 초기 단계 벤처 투자 단체)에 합류했을 때, 나의 도전 과제는 창업가들이 파괴적 혁신을 창조하고 실행할 수 있도록 하는 프로그램을 만드는 일이었다. 런웨이 프로그램은 일종의 예비 팀처럼 벤처 창업을 돕는 인큐베이터 같은 역할을 한다. 이 프로그램은 학제적 팀 구성을 원하는 창업가를 돕는다. 또한, 체계적으로 잘 짜인 6개월 과정을 통해 창업가가 기업을 시작하고 고객의 심도 있고 근본적인 요구를 만족시키도록 지원한다. 내 동료인 셀러스틴 존슨Celestine Johnson과 나는 이 프로젝트를 시작하면서 주요 활동, 마음가짐, 우리가 추구하는 문화적 가치를 명확히 하는 것이 매우 중요함을 깨달았다. 또한, 이러한 것이 공간에 대한 구체적인 해결책으로 어떻게 드러날지 이해하는 것이 핵심임을 알게 되었다. 몇 가지 중요한 원칙을 바탕으로 우리는 의사결정을 하였다.

불완전을 받아들여라.
우리는 이러한 기업 문화를 실현해가는 과정에서 우리는 공간을 구축할 때에는 조사, 실험, 그리고 반복 과정을 거치도록 하였다. 그리고 우리 팀에게도 같은 것을 요구하였다. 우리는 '올바른 이해'라는 것이 단번에 성공하는 것이 아니라 필요에

왼쪽 :
공간 중앙에 있는
기둥에 아이디어들이
붙어 있다.

오른쪽 :
기업가 팀이 학습하고
작업하는 주요 공간

make space

위 :
작업 중인 런웨이
프로그램 참가 팀

아래 :
2 x 4 구조 테이블과
콘크리트 바닥은
활동적 분위기를
조성한다.

공간 연구_기업가를 위한 런웨이 만들기

맞도록 진화해가는 것임을 깨달았다. 우리는 콘크리트 속에 공간을 내던져버리는 결정은 하지 않기로 하였다. 우리를 도와줄 건축가를 처음 만났을 때 우리는 시작부터 완벽할 것이라고 생각하지는 않는다는 우리의 생각을 말했고 건축가는 이를 매우 생소하게 여겼다. 그는 '완벽함'을 요구하는 고객에게 익숙해져 있었다. 그래서 우리는 우리의 원칙을 고수하면서 그에게 완벽하지 않아도 괜찮다고 끊임없이 말해주었다. 일단 그가 우리를 신뢰하게 되자 그는 불완전함을 받아들였다. 곧 그는 우리에게 2 x 4 형태 책상을 만들자고 제안했다. 모듈식 보드 아이디어는 매우 훌륭했다. 우리는 이제 불완전함 속에서 잠재성을 구현해 나가는 우리만의 방식을 확고히 하게 되었다.

활기찬 기운, 능동적 참여, 협업하는 태도는 기본이다.

활기는 우리에게 중요하다. 이러한 점에 대해 이전 우리 사무실 경험에서 부족했던 점을 생각해 보았다. 대부분 사무실 공간은 책상에 앉아 컴퓨터로 타자를 치는 일에 잘 맞춰져 있다. 우리는 이런 상태를 '화분'이라고 표현했다. 화분이 가득한 정원을 좋아하긴 하지만, 우리는 동물원을 기대하고 있었다. 또한 '화분'과 같은 기본적인 상태는 사무실 어디서나 가능하다고 가정하였다. 따라서 어떤 형태로도 정의되지 않는 활기찬

상태를 만들어내야 할 필요가 있었다. 그렇다면 우리는 어떻게 해야 할까? 서서 사용하는 책상과 의자를 사무실 표준 가구로 정하였다. 심지어 의자 등받이를 꼿꼿하게 조정하여 의자가 '너무 편하지' 않게 하였다. 컴퓨터는 데스크탑이 아닌 노트북으로 하였고, 물품 보관용 서랍을 책상과 멀리 떨어뜨려 의도적으로 앉았다 일어서도록 유도하였다.

세상에 나가는 것을 축하하라.

마지막으로, 우리는 창업가가 성공하기 위해서는 적어도 그들 시간의 반은 건물 밖에서 보내야 할 필요가 있다고 생각했다. 밖으로 나가서 고객과 전문가를 직접 만나면서 그들의 필요를 발견하고 창업 아이디어를 검증해야 한다. 과연 이런 생각을 '건물 안에서' 어떻게 독려할 수 있을까? 우리는 각 팀의 작업 결과물을 시각적으로 보여주는 전시대를 만들었다. 전시대에는 캐스터를 달았고 조립과 해체가 쉽도록 제작하였다. 이러한 것은 적극적으로 피드백을 이끌어냈고 이는 새로운 작업에 반영되었다. 마치 시간대별로 회원들이 들락날락하는 헬스클럽처럼 '밖에서 탐험하고 안으로 돌아오는' 우리만의 문화를 통해 공간 활용도를 높였다. 우리는 더 많은 창업가를 초대하여 다른 사람들이 현장에 나가 있을 때에도 공간이 끊임없이

시끌시끌하도록 유지하였다.

첫 번째 실험 주기가 지났다. 이 프로젝트가 쉽고 편한 프로젝트인 것만은 아니었다. 공간을 디자인하는 일에는 용기가 필요하다. 우리는 혼란과 집중, 불완전성과 전문성 사이에서 균형을 잡느라 고전했다. 우리는 사람들이 피드백을 갈망하도록 만들고 있고, 우리의 문화적 가치를 변화시키는 데 필요한 낯 두꺼움을 끊임없이 길러왔다. 힘들기는 하지만, 의도적인 불완전함을 통해 우리는 배우고 변화할 수 있었다. 이에 대한 깊은 필요성을 창업가들에게도 피력하였다. 이것은 매우 가치 있는 일이었다.

코레이 포드Corey Ford는 '혁신 도전가를 위한 런웨이 프로그램'의 총 책임자다. 그는 다큐멘터리 필름 제작에 대한 전문가이고 경영과 저널리즘을 전공하였다. 그리고 2008년부터 2009년까지 디스쿨의 연구원이었다.

**쉽고 쓰고 지울 수 있는 면은
즉각적인 혁신에 도움을 준다.**

물결 모양의
폴리카보네이트 판은
가볍고 커다란 벽을
만들기에 적당한
재료다.
큰 판으로는 0.6'
(약 1.6cm), 작은
판으로는 0.25'
(약 0.6cm) 두께가
적당하다.

화이트보드는 어떤
형태로든지 자를 수가
있어 원하는 형태로
재미있게 활용할 수
있다.

모든 곳을
메모할 수
있는 공간으로
만들기

생각지 못한 스케치를 기록하고
브레인스토밍 활동을 촉진할 수 있도록
공간의 이곳저곳에 쉽게 쓰고 지울 수 있는
면을 설치하자.

**쉽게 쓰고 지울 수 있는 면을 제작할 때
창의적인 방법으로 재료를 구한다.**
회사 사무실에서 흔히 볼 수 있는 쉽게
쓰고 지울 수 있는 벽면은 평범하기도 하고
비용도 많이 든다. 대체할 수 있는 재료를
활용하여 다양한 형태와 조합을 만들어
사용자의 영감을 불러일으켜 보자.

**매끄럽고 구멍이 없는 재료는 매우
유용하다. 공간의 느낌과 잘 어울리는
재료를 고른다.**
손쉽게 구할 수 있는 재료로 아크릴, 폴리카
보네이트, 화이트보드, 페인트를 칠한 철판,
유리 등이 있다. 이것은 모두 식상한 사무용
칠판을 대신할 재미있는 재료가 될 수 있다.
　아크릴과 폴리카보네이트는 투명하게
혹은 반투명하게 만들 수 있다. 유리가
너무 무겁거나 비싸서 사용하기 망설여질
경우 이것들이 좋은 대안이 된다. 아크릴과
폴리카보네이트 둘 다 다양하고 재미있는
모양으로 잘라 활용할 수 있다. 재료판에
미리 구멍을 뚫어 멋진 나사와 장비로 벽에
걸어보자. 바닥부터 천정까지 붙이거나 혹은
판 가장자리에 따로 틀을 부착하지 않은
상태로 한 **벽** 전체에 판을 붙인다. 낙서할
수 있는 무한한 공간의 느낌을 낼 수 있을
것이다.

꼭 벽에만 붙이려고 하지 마라.
샤워보드는 자르기 쉽고 일반적인
목공도구를 활용하여 다양한 형태를 만들
수 있다. 테이블 상판이나 판매대 같은 곳에
샤워보드를 풀로 혹은 나사를 활용하여
붙여본다. 키 높이 테이블 산판을 완전히
덮어보자. 작업하거나 대화를 나누기에
특별한 공간이 될 것이다.

팁

· 테이블을 변형시킬 때, 한 단계 더 나아가 홈을
파는 기계인 라우터router를 사용하여 모든
모서리를 둥글게 만들어야 한다. 모든 부분이
만졌을 때 거슬리지 않아야 한다.

재료 구하기

다양한 크기, 색상, 조합의 아크릴과
폴리카보네이트를 구매할 수 있다.

폴리카보네이트/아크릴
포트 플라스틱스Port Plastics(550 East Trimble
Road, San Jose, CA 95131; 408 571-2231;
www.portplastics.com)
티에이피 플라스틱스TAP Plastics(154 South Van
Ness, San Francisco, CA 94103; 800 246-
5055; www.tapplastics.com)

시작하기

건축 자재점에서 4" x 8"(약 10cm x 약
20cm) 화이트보드 몇 개를 사서 벽에
붙인다. 끝! 회사 사무실의 보드에 비해
적은 비용으로 순식간에 끼적일 수 있는 큰
표면이 완성되었다.
다음은 스탠포드 디자인 리서치 센터에서
일하는 우리의 친구로부터 얻은 아이디어다.
여러분 공간에 밀폐된 창문이 있는가?
그곳을 쉽게 쓰고 지울 수 있는 면으로
활용하자. 대안으로는 창문 크기만 한
아크릴판을 창문 위에 부착하여 투명하면서
넓은 메모 공간을 만드는 방법이 있다.

샤워보드
샤워보드는 건축 자재점이나 지역 상점에서 쉽게
구매 가능하다. 파인 콘 럼버Pine Cone Lumber(895
East Evelyn Avenue, Sunnyvale, CA 94086;
408 736-5491; www.pineconelumber.com)
'솔리드 화이트 타일보드solid white tileboard' 또는
'샤워보드showerboard'를 참고하자.

참고하기

당신이라는 브랜드를
간단하고 재미있는 아날로그
방식으로 전시하여 알린다.

간단하고
재미있는
프로필 전시대

구성원을 드러냄으로써 현재 조직 문화를 알린다.
최근의 사진을 맨 앞이나 정면에 붙이면 여러분의 공
간에 들어오는 모든 사람이 이 사진을 보고 쉽게, 그리
고 즉각적으로 사람들과 연결될 것이다. 혹은 방문 교
수님과 특별한 손님의 사진과 관련된 설명을 붙임으로
써 모든 사람에게 새로운 사람에 대해 알릴 수 있다.

**이것은 여러분이 속한 조직이 역동적이고 인간
중심적이라는 표시다.** 여러분이 누구인지를 나타내는
전시대를 상황에 따라 변형 가능하도록 만들자.
그리고 조직 구성원을 알리고 기념하는 것으로 여러분
공간의 성격을 정의해 보자. 고정된 게시물이나 로고
대신 구성원 각자의 사진을 타일 크기로 혹은 더 큰
판에 붙이자.

만드는 방법

옵션 1 : 사진 타일

부착 가능한 종이에 사진을 인쇄하고 이를 자, 폼보드, 자석 시트에 붙여 간단한 방법으로 포토 타일을 제작한다. 포토 타일 위치를 이리저리 바꾸어보면서 매력적인 게시물을 만들어보자.

금속 시트, 자석 칠판, 혹은 격자 금속판을 활용하여 자석 부착 가능한 표면을 멋지게 만든다. 자석이나 바인더 클립으로 사진을 고정한다.

좌석이 최소한 0.5'(약 1.3cm) 크기는 되어야 잡기 쉽다. 강한 자석은 적어도 2파운드(약 907g)는 고정할 정도여야 한다.

포토 타일이 내구성이 있어야 사진을 이리저리 옮겨서 붙였다 떼었다 할 수 있다.

· 아연도금된 금속이어야 자석의 성질을 지닌다. 스테인리스 재질은 그렇지 못할 수 있다.
· 재료를 망치지 않도록 나사 구멍을 조심스럽게 미리 뚫어둔다.
· 나사를 박고 나면 나사 머리가 보이므로 나사 머리 모양에도 신경을 쓴다.

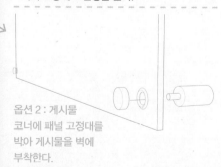

옵션 2 : 게시물 코너에 패널 고정대를 박아 게시물을 벽에 부착한다.

옵션 2 : 다이나믹 패널

구성원을 소개하거나 여러분이 브랜드화하고 싶어하는 벽을 고른다. 그리고 종이, 직물, 플라스틱, 유리 등 여러 종류의 광고물을 게시하도록 다보볼트를 설치한다. 일반적인 광고물 그기를 고려히어 패널 고정대 간격을 전략적으로 조정하면서 설치한다.

여러분이 사용하고자 하는 패널을 구하여 여러 형태로 구성해 본다. 인쇄해 보기도 하고 잘라보기도 한다.

패널에 고무 지지대를 설치하고 고정대 간격에 따라 줄을 맞춘다.

대안으로는 철사와 클립을 활용한다.

팁

· 레이아웃은 어느 정도 절제된 형태로 구상하는 것이 좋다. 아니면 시각적 레이아웃을 구상할 때 그래픽 디자이너의 도움을 받아보자.
· 고정대를 부착하기 전에 일반적인 직물, 폼보드, 플로터 등의 가로 길이를 물품 공급자에게 문의해 보는 것이 좋다.
· 고무 지지대 키트를 구하여 패널을 고정하는 구멍을 뚫을 때 활용한다.

재료 구하기

자석

대표적인 온라인 구매점인 케이앤제이 마그넷K&J Magnets에 가면 다양한 모양과 크기의 자석을 구할 수 있다(888 746-7556; www.kjmagnetics.com).

시작하기

2' x 4'(약 0.6m x 약 1.2m) 크기의 커다란 금속판을 눈에 잘 보이는 장소에 건다. 금속판을 자를 때 가로세로 비율을 다양하게 적용해 보자. 예를 들어, 8' x 2'(약 2.4m x 약 0.6m) 비율인 길고 좁은 판에 자석을 아주 많이 100개 정도 붙인다. 모든 사람을 같은 배경에서 자연스러운 모습으로 찍고 사진을 인화하여 자석으로 금속판 위에 붙인다.

금속판

여러분이 사는 지역 건설 자재상에 가면 다양한 금속판을 구매할 수 있다. 디스쿨에서는 맥니콜스 McNichols라는 상점에서 천공된 금속판을 구했다 (San Francisco Bay Area: 19226 Cabot Blvd., Hayward, CA 94545-1143; 877884-4653; www.mcnichols.com).

다보볼트standoff

맥마스터 카McMaster-Carr에 가면 다양한 종류의 패널 고정대와 다양한 물건을 구매할 수 있다(600 N County Line Rd., Elmhurst, IL 60126; 630 600-3600; www.mcmaster.com).

디지털 그래픽을 직물에 인쇄하여 배너로 활용하는 방법은 종류가 많다. 디스쿨의 프로필 전시대는 캔버스팝CanvasPop에서 인쇄하였다 (2753 Broadway Suite 374, New York, NY 10025; 866 619-9574; www.canvaspop.com).

개방형 사무실의 좌석 배치

make space

상황_개방형 사무실의 좌석 배치

벽이 없는 개방형 사무실이라 할지라도 사람들은 개인적이고 전문적인 자신만의 공간을 갖고 싶어한다.
벽을 허물어 기존 사무실에 대한 관습을 깨뜨리고자 할 때에는 사무실을 사용하는 사람들이 어떻게, 어디서, 왜 그 공간에서 일하는지를 신중하게 고려해야 한다. 개방형 사무실이 성공적으로 진화하는 데 도움이 될 만한 몇 가지 전략적 접근 방법을 소개하고자 한다.

'고개를 숙여' 집중해야 하는 일일지라도 사람은 한 장소에만 머물면서 계속 같은 형태로 일하진 않는다. 그래서는 안 된다.
사람들은 자리에서 일어나 음식을 먹고 돌아다니고 사람들과 이야기를 하며 또한 여러 도구를 이용한다. 이제는 노트북을 사용하는 것이 일반적이기 때문에 사람들이 라운지 의자 같은 곳에 앉아 작업하는 것을 쉽게 상상할 수 있다. 이렇게 일하는 방식은 개방형 사무실의 장점으로, 생산적이면서도 사람들의 건강에 도움이 된다. 사람들은 자세를 바꾸면서 일하게 되고 또한 잘 마주치기 쉽지 않은 동료들과 교류하기도 쉽다.

사람 수보다 더 많은 좌석을 준비한다.
모든 사람에게 책상을 준다. 또한 잠시 앉아 일할 수 있는 좌석을 부가적으로 제공한다. 유동적으로 활용하려면 전체 사람 수보다 30% 정도 더 많은 좌석을 준비하는 것이 좋다.

각기 다른 특징을 지닌 좌석을 준비해 본다.
피크닉 테이블 느낌 : 누구나 잠시 이용할 수 있는 긴 개방형 테이블
호텔 로비 느낌 : 주변 환경과 은은하게 어울리고 라운지에서 볼 수 있을 법한 큰 카우치 형태 소파
저녁 식사 느낌 : 중앙에 테이블이 있고 등받이가 높은 의자

주변 환경을 신중히 고려한다.
라운지 의자는 출입구와 작업실 사이에 배치하면 좋다. 사람들은 다른 활동을 하면서 또한 동시에 작업에 집중할 수도 있다. 피크닉 테이블은 주방 근처에 두는 것이 좋다. 도서
관은 방문객이 드나드는 곳이나 시끄러운 곳에서부터 멀리 떨어진 곳으로 정한다.

시작하기

여러분의 그룹에서 몇 가지 작업 스타일을 파악하고 각 테마에 따라 그에 맞는 좌석 형태를 구상해 본다. 각 좌석에는 각 작업 스타일에 대한 설명을 붙인다. 짧은 기간 동안 각 스타일을 시범적으로 운영해 보고 재편성하여 변화를 준다.

참고하기

200
통찰_개방형 사무실도 단점이 있다
228
상황_카페

개방형 사무실도 단점이 있다

"누구나 그림자가 있다. 그리고 그것을 개인의 의식 속에 구체화하지 않으면 더 어둡고 짙어진다." – 칼 구스타프 융Carl Gustav Jung[*]

과도한 협업 공간의 부작용은 협업을 피하게 되는 것이다.

협업은 부분적으로는 개인적인 활동이다. 이 책은 일차적으로 협업 공간에 대해 기술한 책이다. 협업을 지원하기 위해 필요한 개인 공간에 대해 쓴 책은 아니다. 하지만 협업을 극대화할 수 있도록 디자인된 공간 내에도 개인적인 공간이 필요하다. 러디어드 키

플링Rudyard Kipling은 그의 저서 『두 번째 정글북』에서 "무리의 강한 힘은 늑대에게서 오고, 늑대의 강한 힘은 무리로부터 온다"라고 말했다. 이는 협업의 성공은 개인의 성공과 불가분하게 연결되어 있다는 것을 의미한다.

사람들은 자신의 필요를 채움 받을 방법을 찾을 것이다. 만일 협업하는 동안 사람들과 어울려 이야기하는 것 이외에는 다른 휴식 방법이 없다면, 사람들은 다른 어딘가로 휴식처를 찾아나서게 되고 여러분의 기막히게 멋진 공간은 텅 빈 채로 남을 것이다. 이러한 단점을 더 어둡게 만드는 것은 사람들이 이전에는 자신만의 공간을 가졌는데 이제는 가질 수 없게 되어 소속감을 상실할 수도 있다는 사실이다. 휴! 어렵다.

중요 : 적당한 공급과 유도

개인 공간, 조용한 공간, 사적인 공간, 그리고 편의 시설을 제공한다. 주문 제작한 라운

지 의자를 놓고 최신유행인 가정식 인테리어로 부엌을 꾸미는 등 공간을 멋지고 특별하게 디자인하면 구성원의 자부심과 소속감을 상승시키는 효과가 있다. 터무니없이 호화롭게 지출할 필요는 없지만 약간의 부드럽고 사랑스러운 보살핌TLC, tender loving care을 제공하는 것은 투자할만하다.

공간을 유도한다. 공간 구성원이 스스로 공간을 수정하고 장식하면서 모양을 갖춰나가도록 독려한다. 사람들은 개인 공예품을 여기저기에 장식해 놓고 또한 화분을 가져다 놓을 수도 있다. 개방형 사무실은 고정된 하나의 해결책이라기보다는, 변화에 대응하는 플랫폼이라고 말할 수 있다.

[*] 칼 구스타프 융Carl Gustav Jung, 『심리학과 종교 Psychology and Religion』(West and East, CW 11, 1938, p. 131 Princeton).

참고하기

책임감과 공간의 가변성

공간에 대한 책임자가 많을수록, 공간은 더 가변적일 수 있다

지나치게 협업을 강조하는 공간 속에 있는 사람들은 그 이면에 협업을 회피하려는 경향이 있다.
이러한 이치에 대한 예외는 많다. 하지만 실행이라는 현실에 비추어 여러분의 비전을 한번 깊이 있게 점검해 보는 데 좋은 원칙이 된다.

공간 구성이 단순할 필요는 없다. 하지만 사용자의 맥락을 고려하여 공간을 구성해야 한다.
만일 여러분이 다양한 부류의 많은 사람들이 사용할 다용도 공간을 디자인한다고 해 보자. 여러분은 이 사람들이 어떻게 서로 관여하고 상호작용하는지를 고려해야 한다. 극장에서 영화를 보는 것과 공원 내 원형 극장에서 영화를 보는 것을 생각해 보자. 극장이란 곳은 반전 있는 시나리오를 기반으로 잘 구성된 경험을 창출해내는 데 초점이 맞춰져 있다. 그곳에서 관객이 제어할 수 있는 것은 별로 없다. 반면 공원의 언덕은 완전히 다른 공간이다. 사람들은 담요, 의자, 음식을 챙겨와 자신만의 흔치 않은 경험을 정성스럽게 만들어낸다. 같은 영화이지만 다른 관계를 보인다.

참고하기

대담함이 단조로움보다 낫다

대조는 아마 최고의 디자인 도구일 것이다.

대조는 차이를 이용하여 강조하거나 혹은 약화시킨다.

밤하늘에 있는 보름달이 대조다. 1923년의 아르놀트 쇤베르크Arnold

Schonberg(1874~1951, 1923년 무렵 12음 기법을 창안한 독일의 표현주의 작곡가 – 옮긴 이)와 1976년의 라몬즈Ramones(미국의 펑크 록 밴드 라몬즈Ramones가 1976년에 발표한 앨범 – 옮긴 이)가 대조다.

당신이 '실제로 무언가를 하는 의미 있는 회의'와 '대부분의 사무실에서 하는 회의'의 차이가 대조다.

다소 과장하는 것을 두려워하지 마라. 기억에 남는 환경은 그것이 평범하지 않기 때문에 기억에 남는 것이다.

과장을 하면 눈에 잘 띈다. 하지만 의미와 목적에 대한 견고한 표현이 없는 과장은 그리 기억에 남지 않는다. 핵심 가치가 강조되어 새겨진 공간은 매우 강력하다. 진정성이 투명히 드러나기 때문이다.

문자 그대로 '투명한' 사례가 두 가지 있다. 파리 루브르 박물관 앞에 있는 아이 엠 페이I.M.Pei의 크리스탈 피라미드 파사드와 뉴욕 5번가 지하 애플 스토어 위의 유리 큐브. 두 구조물은 믿기 어렵게도 유리를 벽체로 사용하고 있다. 더 중요한 사실은 두 구조물은 주변 구조물과는 노골적으로 다르다는 점이다. 그러나 이것들 모두 각 조직의 기풍을 증폭시키고 있다. 모험적인 시도지만 가치가 있다.

참고하기

뉴욕 맨하튼 5번가
애플스토어 지상 입구

파워 오브 텐
Power of Ten

공간을 관찰하고 디자인할 때에는 개인의 손바닥 수준에서부터 주변 이웃 전체에 이르는 범주에까지 여러 스케일에서 고려한다.

1968년 부부 디자인 팀인 찰스 ⬜⬜⬜ 와 레이 임스 ⬜⬜⬜⬜ 는 파워 오브 텐 ⬜*이라는 영향력 있는 영화를 만들었다. 영화 시작에서는 공원에서의 소풍이라는 다소 평범한 사건에 초점을 맞춘다. 사건은 '파워 오브 텐' 규모의 시각적 질서에 따라, 순차적으로 재해석되며 전개된다. 어느 순간 소풍을 즐기는 사람들이 분명하게 화면에 들어왔다가, 다음 순간 사라지고 인지할 수 없을 만큼 작게 나타난다. 다음 장면에서는 전 우주적 맥락에서 지구를 비춘다. 이때 임스 부부는 사건을 역으로 뒤집어, 소풍을 즐기던 사람들에게 다시 돌아가 더 작은 스케일인 분자 수준의 구성 질서에 초점을 맞춘다.

　이 영화가 충격적인 것은 어떤 드라마적인 요소 때문에 아니라 주제(소풍)를 스케일이라는 측면에서 바라보았기 때문이다. 과감히 일탈한 맥락에서 말이다. 이러한 기법을 잘 활용하면 디자인의 목적을 달성하기 위해 맥락을 잘 이해하고 또한 이에 반응할 수 있다.

　간단하게 말하여, 공간을 디자인할 때

각 상황을 다른 각도에서 바라보자. 열띤 논쟁이 벌어지고 있는 회의를 관찰하고 있다고 해 보자. 각 회의 참가자들이 어떻게 논쟁을 경험하고 있는지 관찰한다(서로에 대한 몸의 방향과 자세에서 드러난다). 그리고는 바라보는 관점을 확장해 보자. 회의실 음향이 논쟁을 어떻게 돕고 있는가? 사람들이 행동하는 방식에 영향을 미치는 상황과 문화는 어떤 것인가? 이러한 전략을 사용하여 여러분 자신이 새로운 방식으로 공간과 관계를 맺도록 압박하고, 새로운 통찰을 발견해 본다.

* 파워 오브 텐은 임스 재단 웹사이트에서 볼 수 있다(www.powersoften.com). 영화는 케스 보케 ⬜⬜⬜⬜⬜의 책 『우주의 조망 40번의 도약으로 본 우주 ⬜⬜⬜⬜⬜ ⬜⬜⬜⬜ ⬜⬜⬜⬜』를 각색한 것이다(J. Day, 1957). 소장가치가 있는 책이다.

참고하기

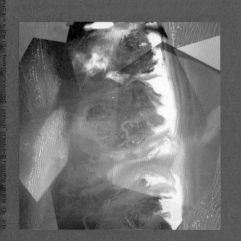

2010 멕시코 걸프 기름 유출의 DIY 항공 문서. 카메라를 풍선에 묶어서 촬영

가볍고 이동 가능한 패널로, 프로젝트 메모, 사진, 그리고 계획을 끊임없이 보관하고 전시하는 데 사용한다.

작은 보드

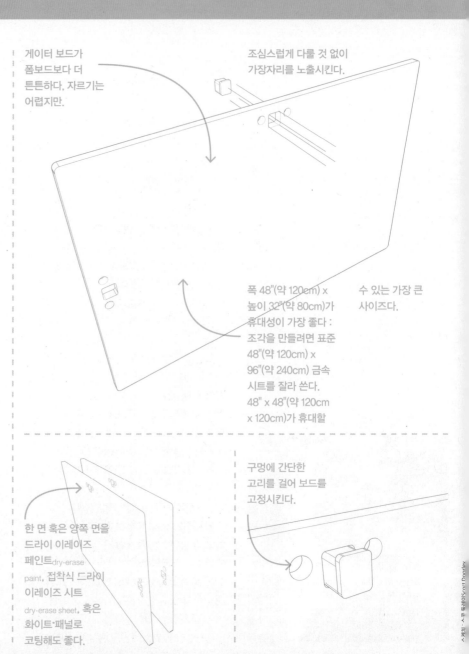

게이터 보드가 폼보드보다 더 튼튼하다, 자르기는 어렵지만.

조심스럽게 다룰 것 없이 가장자리를 노출시킨다.

폭 48"(약 120cm) x 높이 32"(약 80cm)가 휴대성이 가장 좋다 : 조각을 만들려면 표준 48"(약 120cm) x 96"(약 240cm) 금속 시트를 잘라 쓴다. 48" x 48"(약 120cm x 120cm)가 휴대할 수 있는 가장 큰 사이즈다.

한 면 혹은 양쪽 면을 드라이 이레이즈 페인트dry-erase paint, 접착식 드라이 이레이즈 시트 dry-erase sheet, 혹은 화이트·패널로 코팅해도 좋다.

구멍에 간단한 고리를 걸어 보드를 고정시킨다.

스케치 : 스콧 둘레이Scott Doorley

작은 보드는 포스트잇과 사진을 부착하기에 매우 적합하다. 작업 환경이 바뀜에 따라 정보는 재배열되고 전시될 수 있다. 사이즈가 작아서 휴대 가능하기 때문에 즉석에서 개인 혹은 팀 작업을 위한 공간을 만들 수 있다. 고정이 가능한 보드는 물건 보관이나 전시용으로 다양한 장소에서 활용할 수 있다.

작은 보드를 사용하면 가능한 한 많은 사람에게 많은 작업 공간을 제공할 수 있다. 팀 작업을 활발히 진행하는 동안 작은 보드를 사용하여 정보를 얻고 가공할 수 있다. 그리고 작업이 끝난 후에는 작업물을 보관하거나 전시하는 용도로 작은 보드를 활용한다. 중요한 사항에 대해서 '지우지 마세요'라고 메모를 남기는 대신, 언제 어디서나 활용 가능한 작은 보드에 작업물을 안전하게 붙여놓으면 정보를 확실히 간직할 수 있다.

작은 보드는 전시하기 위한 것이다. 절단 비트나 드릴을 사용하여 2"(약 5cm)에서 3"(약 7.5cm) 크기의 원형으로 고정 구멍을 낸다. 운반이 쉽도록 두 개 낸다. 여러분의 공간에 고리나 못을 박는 것은 단순한 일이지만 이러한 것은 물건을 보관할 수 있는 장소를 만들어낸다. 또한 잠재적으로 팀 작업을 위한 공간도 만든다.

재료 구하기

디스쿨은 현재 스틸케이스Steelcase와 협력하여 개발한 작은 보드를 사용한다. 이 보드는 양면이 화이트보드로 되어 있고, 주문 제작한 못을 걸 수 있는 구멍이 나 있다.

폼보드

아크 서플라이스Arch Supplies(99 Missouri Street, San Francisco, CA 94107; 415 433-2724; www.archsupplies.com)

폼보드/게이터

유라인 쉬핑 서플라이 스페셜리스트ULINE Shipping Supply Specialists(800 958-5463; www.uline.com)

고정용 하드웨어

디스쿨에서는 한 개의 못만으로 보드를 걸 수 있도록, 못을 주문 제작하여 사용한다. 표준 "L"자형 고리는 아무 철물점에서나 손쉽게 구매할 수 있다. 이 "L"자형 고리는 작은 보드를 여러 개 고정할 수 있다. 맥마스터 카McMaster-Carr(600 North County Line Road, Elmhurst, IL 60126 ; 630 600-3600; www.mcmaster.com)

시작하기

폼보드를 구매하고 적당한 크기로 자른다. 4' x 8'(약 1.2m x 약 2.4m) 크기 폼보드를 낭비 없이 잘라서, 48" x 32"(약 120cm x 약 81cm)짜리 작은 보드를 3개 만든다. 작은 보드를 여러 개 만들어 눈에 잘 띄는 장소에 붙인다. 여러 장소에 고리를 설치하여 각 장소에서 작은 보드를 사용할 수 있도록 한다. 복도에 고리와 작은 보드를 달아 복도를 변화시켜보자.

참고하기

퍼치Perch는 디자인과 가구업계에서 잘 알려진 용어다. 스틸케이스Steelcase R&D의 대부인 프랭크 그라지아노Frank Graziano는 퍼치를 짧은 순간적 상황을 위해 잠깐 멈추거나 기댈 수 있는 장소라고 적절히 설명한다. 바 옆에 있는 스툴이 퍼치가 될 수 있고, 의자 등받이나 카우치 팔걸이도 퍼치가 될 수 있다.

퍼치를 많이 만들어 활동적인 문화가 자라도록 독려해 보자. 스툴에서 폴짝 내릴 때에는 낮고 푹신한 카우치 의자에서 몸을 일으킬 때보다 에너지가 훨씬 적게 든다. 역동적인 공간에서 의도적으로 만든 퍼치는 환영받을 만하다. 퍼치는 사람들이 행위를 빠르게 할 수 있도록 도움으로써 사람들에게 휴식의 순간을 제공한다. 칵테일 테이블과 같이 의도적으로 작게 만든 테이블이 있으면 더욱 도움이 된다. 작은 테이블은 코스 요리를 펼쳐놓을 만큼은 아니더라도 작은 물건들을 올려놓을 수 있을 만한 공간은 충분히 제공한다.

참고하기

활동적인 공간에는 신속한 퍼치를 제공하라

녹슬음은 일종의 허용이다

창조적인 환경을 디자인할 때, '스튜디오' 혹은 '작업실'을 기본으로 한다. '사무실' 말고.

만일 여러분이 실제로 스튜디오를 만들겠다고 생각하고 있다면 곧 스튜디오를 하나 얻을 것이다. 만일 회의실을 만들 생각이라면 결국에는 무엇과도 다른 멋진 회의실을 갖게 될 것이다.

창조적 공간으로서 최고라 할 수 있는 곳은 매우 굳건하고 사려 깊다. 하지만 고상하고 귀하지는 않다.

아주 체계적이고 정교한 아트 스튜디오라 할지라도 거기에 가보면, 여러분은 창조적 과정의 증거를 보게 될 것이다. 콘크리트 바닥의 페인트칠, 벽의 구멍, 작업 테이블 상단의 흠집 등이 그것이다. 이것은 작업이 이루어지고 있다는 의미고 권장되는 일이다. 창의력이라는 것은 때로는 아주 지저분한 상태에서 나온다. 여러분의 작업실에서 페인트를 사용한 적도 앞으로 사용할 일도 없을 지라도 말이다. 주위에 널려진 종이 더미, 뚜껑 열린 펜, 그리고 다양한 음식 용기를 보면 알 것이다.

활발한 활동이 이뤄지거나 물건을 만드는 공간은 저렴한 재료로 구성한다.

약간의 마모와 찢김도 견딜 수 있는 표면을 사용한다. 이것은 작업 중 대안을 탐색하는 동안 마음을 열고 공간을 더럽혀도 괜찮다는 것을 암시한다. 비싸지 않고 가볍게 마감된 표면을 사용하면, 사람들은 가구 손상에 대한 걱정 없이 현재 하고 있는 작업에 집중할 수 있다. 사람들이 활발히 움직이는 주방에 놓인 통나무 테이블을 떠올려보면 알 수 있다.

혼돈 속에서도 창조적 공간은 고려되고 때로는 잘 정돈되기도 한다.

도구를 찾거나 계속해서 가구를 이리저리 재배치하는 데 시간을 쓰는 것은 낭비다.

참고하기

회의 장소

회의실을 만남과 어울림의 장소로 재구성한다.
일반적인 회의실은 지위를 드러내고 구분하는 것이 전부다. 긴 방과 긴 테이블은 테이블 머리 부분을 특별히 강조한다. 또한, 마주 보고 앉는 것은 대립적인 상황을 만들도록 강요한다. 아더 왕King Arthur의 원탁은 무언가 깊은 의도가 있었다.

사람들이 함께할 수 있는 편안하고 인간적인 장소를 만든다.
회의실을 뭐라고 부르든, 사람들은 회의 말고도 더 많은 용도로 회의실을 사용한다. '미팅'의 의미는 가변적이다. 프로젝트 시작을 위한 형식적인 모임에서부터 친밀한 대화까지 어느 것이나 의미할 수 있다. 이러한 다양한 상황에 적용할 수 있는 장소를 만들도록 한다.
미팅(명사) : 둘 혹은 그 이상의 사람들이 모이는 것.*
이것이 다소 부정적인 의미를 지니고 있을 수도 있으나 — 누가 실무 회의를 좋아하겠는가? — 이 단어 자체는 사람들이 모여 관계를 맺는 것을 가장 잘 설명한다.

모임 하기 좋은 장소의 특징 :

안락함
공간은 기분을 좋게 해줄 수 있어야 한다 (문자 그대로 혹은 비유적으로). 물리적으로 안락해야 하며 시각적으로 차분해야 한다. 돈을 들여 좋은 가구를 들여놓아야 하는 장소가 바로 이곳이다. 그러나 '집'과 같아야 한다. '사무실' 말고.

재구성
우선적으로, 테이블에 캐스터를 부착하거나 접이식 테이블을 사서 필요할 때 테이블을 치울 수 있도록 해야 한다. 친밀한 대화를 할 수 있도록 도와주는 시나리오가 적어도 한 개는 있어야 한다. 바닥 여기저기에 푹신한 쿠션을 놓는 것이 좋은 예가 될 수 있다.

적당한 방음
개방적인 공간이 많은 경우라면 적당한 방음은 특히 중요하다. 필요에 따라 사적인 대화를 나눌 수 있도록 하는 방안을 준비하는 것이 좋다.

가변적 가시성
약간의 가시성이 있는 것은 훌륭하다.

사람들은 방 안의 활동을 살짝 엿볼 수 있으며, 안에 누가 있는지 보기 위해 문을 노크하지 않아도 된다. 하지만 때로는 방 안에 있는 사람들이 다른 사람의 시선에서 해방되고 안정감을 느끼는 것이 중요하다. 불투명 유리가 효과적이다.

8명에서 12명을 수용할 만큼 충분히 크게. 하지만 2명이 가까이 이야기할 수 있을 정도로 친밀하게.
방의 크기는 12' x 12'(약 3.6m x 약 3.6m)와 15' x 20'(약 4.5m x 약 6m) 사이 정도가 적절하다. 사람들이 장소를 조금 더 친밀하게 느끼도록 만들려면, 어두운 혹은 어두우면서 따뜻한 색상을 사용한다. 표면은 부드러운 재질이 좋다(벽지는 기분 좋게 긴장을 풀어준다).

가능하면 사각형으로
길고 좁은 회의실은 긴 회의 테이블과 어울리기 마련이다. 이러한 방식에서는 사람들의 이동이 쉽지 않기 때문에 서열관계가 강화된다.

사용시간을 제한
미팅이 동기화될 때까지는 시간을 충분히 허용한다. 그러나 그 이상은 안 된다. 미팅 시간이 연장될 경우 프로젝트 룸을 사용해라.

다양하게 선택이 가능한 조명
밝고 환한 사무용 조명(예를 들어, 형광등

조명)과 잔잔하고 스포트라이트가 비추는 담소 분위기용 조명(예를 들어, 바닥 백열 조명을 사용하거나 전등 달기) 사이에서 전환하는 것이 편리하다.

시각화를 돕는 공간을 많이
작은 플립차트는 버리고 프로젝터를 둔다. 벽 전체를 메모할 수 있는 표면으로 만든다 (예를 들면, 바닥에서 천장까지의 화이트보드를 설치).

*'미팅', 『애플 사전Apple Dictionary』, 2011.

시작하기

회의실을 하나 택한다. 테이블을 빼버린다. 벽을 다시 칠한다. 푹신한 가구 몇 개를 배치한다.

참고하기

실험적인 주방

벤 로체|Ben Roche

공간 연구_실험적인 주방

모토Moto 레스토랑에서는 단순히 새로운 요리법을 발견하는 일에 그치지 않고 어떻게 레스토랑을 성공적으로 시작하고 체계화하며, 운영할 수 있는지에 대해 고민한다. 우리는 미국에서 홀 – 주방 순환 시스템을 초기에 도입한 레스토랑 중 하나다. 이는 모든 웨이터는 셰프가 된다는 것을 의미한다. 그렇다고 아직까지는 모든 셰프가 웨이터가 될 수 있는 것은 아니다. 침착하고 차분하게 그리고 부드럽게 돌아가는 홀은, 뜨겁고 시끄럽고 분주한 저녁의 주방과는 다른 세계다. 여하튼 우리는 함께 매일매일 이 두 세계를 효율적으로 운영해가고 있다.

전환 모드 : 같은 장소를 다른 방식으로 사용하기

전문적인 주방의 경우, 공간은 매우 제한적이다. 이런 공간에서 셰프는 창의적으로 모든 것을 운영하고 유지하며 활용할 수 있어야 한다. 모토에서는 훨씬 더 복잡하다. 매일 오후 다섯 시쯤이 되면 공간의 기능이 바뀌기 때문이다. 주방 직원들은 하루의 절반 동안 준비 작업을 한다. 이 시간 동안 재료 상자, 필기 노트, 도마, 실험용 순환식 항온기immersion circulators, 액체 질소통 등이 테이블 위에 모두 펼쳐져 있다. 식사는 다섯 시에 시작한다. 이때 테이블 위를 치우고, 윤기 나는 접시와 특별한 도구를 줄 맞춰 정리한다. 그리고 요리에 사용할 재료를 사전에 모두 준비해둔다.

왼쪽 상단 : 액체질소 실험

위 : 기초 재료 담기

make space

공간 연구_실험적인 주방

흠잡을 데 없는 실험

요리실험과 새로운 요리연구는 준비작업 혹은 요리를 하고 있는 중에도 진행된다. 무언가를 요리하고 있거나 건조시키거나 굳히고 있을 때 언제든 계속된다. 생산적인 실험을 위해서는 체계적인 준비가 필요하다. 필요한 도구와 재료, 그 밖의 모든 것들이 미리 준비되어 있어야 한다. 그렇지 못한 경우, 제한된 시간 속에서 상황은 혼란스러워지고 셰프들은 모두 허둥거리게 된다.

"레이지 케이지rage cage" : 모든 것이 손닿는 곳에

주방 내 셰프의 개인 공간에서 가장 중요한 것은 재료에 대한 접근성이다. 정신없이 바쁜 와중에 무엇을 잡기 위해 몇 걸음을 더 가야 한다면 아마 여러분은 쓰러져 버릴지도 모른다. 주방 안 내 자리에서 나는 "레이지 케이지"에 둘러싸여 있다. 작업대, 도구, 장비를 꼼꼼하게 배열해서 내게 필요한 모든 것이 한 걸음 안에, 팔로 닿는 거리에, 살짝 뒤틀은 거리에, 혹은 빨리 선회해서 돌아오는 거리에 있도록 하였다. 목표는 말 그대로, 일곱에서 열 개의 완전히 다른 요리를 하는 동안 한 중심점에서 거의 움직이지 않는 것이다. 어느 특정한 방법이 있을 수는 있겠지만 여기에는 분명히 많은 시행착오가 필요하므로 특정 배열에 너무 집착하지 않도록 유연함을 갖는 것이 중요하다.

당신을 기분 좋게 하는 것으로 둘러싼다.

내 앞에 있는 대형 냉장고 한쪽 면에는 내가 일하는 동안 계속해서 현실감을 유지하고 분별력을 갖게 해주는 예술품과 물건을 붙여 놓았다. 옛 동료를 마치 미친 사람처럼 냅킨 위에 그린 것, 마스킹 테이프와 샤피Sharpie(마카펜 전문 브랜드—옮긴 이)로 만든 가운데 손가락을 치켜세우고 있는 거대한 손, 재밌다고 생각해서 재료 상자에서 오려낸 로고, 불특정 사람들을 조각한 작은 상이 붙어 있다. 자전거 경적(여러분의 자전거에도 있는 그것)도 있는데 이것은 누군가 어리석은 말을 하거나 행동을 했을 때를 위한 것이다. 그저 그들에게 좋은 경적 소리를 들려주자!

당신의 팀이 행동할 수 있는 방을 제공하라

나는 지난 7년 동안 이 레스토랑에 있으면서 내 구석 자리가 지니는 한계에 대해 오랫동안 고민해왔다. 나는 또한 매우 다양한 사람들과 함께 일해왔다. 초기에 나는 텃세를 부려 보조 셰프에게 어디에 서 있어야 하며 물건은 어디에 놓여 있어야 하는지를 수차례 강조했다. 하지만 지난 몇 년 동안 나는 가장 효율적인 방식은 사람들이 원하는 대로 자신의 장소를 구성할 수 있도록 해주는 것임을 깨달았다. 내가 동의할 수 있는 한도 내에서 말이다. 이러한 방식은 사람들에게 자신만의 구성 감각을 발달시키는 데 도움을 주었다. 뿐만 아니라, 나 또한 내가 해야 할 일 – 만들어내는 것, 실험하는 것, 그리고 궁극적으로는 언제나 앞을 향해 계속해서 나아가는 것 – 을 고민하는 데 더 많은 시간을 보낼 수 있도록 해주었다.

벤 로체Ben Roche는 일리노이주의 시카고에 있는 모토레스토랑의 제빵사나. 그는 기술과 요리 분야를 넘나드는 인터랙션 디자이너다.

모토의 주방에서 일하고 있는 셰프들

쉽게 사용할 수 있는 재료가
풍부하게 갖춰져 있으면
디자인템플릿에 있는
'해결책을 위한 프로토타입을
만든다'와 '행동으로 옮긴다'를
잘해낼 수 있다.

프로토타이핑 카트

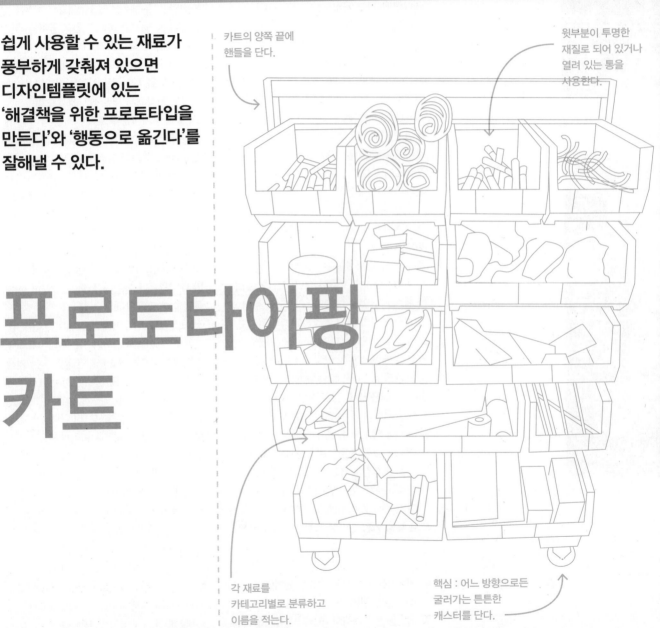

카트의 양쪽 끝에
핸들을 단다.

윗부분이 투명한
재질로 되어 있거나
열려 있는 통을
사용한다.

각 재료를
카테고리별로 분류하고
이름을 적는다.

핵심 : 어느 방향으로든
굴러가는 튼튼한
캐스터를 단다.

프로토타이핑 카트에 있는 것을 활용하여 여러 가지를 만들어봄으로써 아이디어에 대한 영감을 얻을 수 있고, 그 아이디어를 발전시켜 나갈 수 있다.

언뜻 보기에 프로토타이핑 카트는 굴러다니는 단순한 재료창고 같다. 그러나 대부분 작업 공간에서와는 달리, 프로토타이핑 카트는 쉽게 눈에 뜨여 접근이 쉽고 많은 재료를 잘 보이게 보관할 수 있다. 사람들이 아이디어가 있을 때 반사적이고 즉각적으로 그것을 구현하게 하려면 재료를 쉽게 사용할 수 있게 하는 것이 핵심이다. 재료를 쉽게 구할 수 있으면 사람들은 간단하게 프로토타이핑을 해 보고 반복적으로 테스트해 봄으로써, 새로운 아이디어를 구상해 나갈 수 있다.

손이 쉽게 닿는 곳에 카트를 두고 언제든지 다룰 수 있도록 하자.

재료를 넣는 용기는 반드시 투명해야 한다. 그래야 무엇이 사용 가능한지 항상 볼 수 있다. 프로토타이핑 카트를 눈에 잘 띄는 장소에 두었다가 작업을 하는 곳으로 카트를 밀고 간다. 미팅이 있는가? 프로토타이핑 카트를 가지고 가라.

물품을 다섯 개의 카테고리로 나누어라 :

1. 유연한 재료 : 고무줄, 점토, 은박지, 종이류
2. 구조를 만드는 물품 : 수공예용 막대, 발포 고무용 공, 파이프 청소도구, 와이어
3. 연결용 물품 : 마스킹 테이프, 접착제, 스테이플러용 철심침, 바인더 클립
4. 도구 : 가위, 스테이플러, 펀치기계, 매직펜을 포함한 펜과 연필
5. 보물 : 트럼프 카드, 완구, 모자, 스티커, 풍선

만드는 방법

5'(약 1.5m) 높이가 사용하기 편하다.
4'(약 1.2m) 너비 정도는 이동시키기 불편하지 않다.
출입구를 통과하기 적합한 크기의 통을 선택하라.

팁

· 여러분의 카트에 재고가 충분히 있는지 그리고 정리는 잘되어 있는지 확인하자. 물품에 라벨이 잘못 붙어 있거나 필요한 물품이 없는 경우 사람들은 금세 좌절하게 될 것이다.

재료 구하기

카트

디스쿨 프로토타이핑 카트는 아크로 밀스Akro-Mils, Inc.에서 구했다. 'Two-sided Rail Racks'로 표기되어 있다(1293 South Main Street, Akron, OH 44301; 800 253-2467; www.acro-mils.com).

캐스터

인터스트리얼 캐스터 앤 휠Industrial Caster & Wheel Co(2200 Carden Street, San Leandro, CA 94577; 510 569-8303; www.icwco.com). 스탠포드 디스쿨에서 사용하는 3"(약 8cm)나 5"

시작하기

우유상자, 플라스틱 통, 책꽂이, 쓰레기통 등 여러 가지 다른 용기를 사용해서 프로토타이핑 카트의 기능을 쉽게 구현할 수 있다. 이런 용기는 선반이나 캐스터 달린 책꽂이 같은 곳에 잘 붙는다. 이케아 IKEA 선반에 캐스터를 달아보자. 쓸모없는 쓰레기가 가득 찬 서랍이 되지 않도록, 재료는 눈에 잘 보이게 하고 주기적으로 정돈한다.

(약 13cm) 크기의 빨간색 캐스터를 참고하자. 캘리포니아 캐스터 앤 핸드 트럭 컴퍼니California Caster and Hand Truck Company(1400 17thStreet, SanFrancisco, CA94107;800950-8750;www.californiacaster.com)

참고하기

hack

활동을 구분하거나 혹은 실제 규모의 시뮬레이션을 즉각적으로 해 볼 수 있도록, 바닥에 선을 긋고 재료를 놓아둔다.

바닥에 표시된 단순한 선은 놀라울 정도로 효과적인 구획을 만들어 사람들의 행동을 바꾸고 경계를 정의한다. 공간의 범위를 재빠르게 구분 지어야 할 경우, 카펫 타일, 페인트 혹은 테이프를 사용해 보자. 바닥에 테이프를 붙이면 공간 레이아웃을 쉽고 간단히 만들 수 있다. 이러한 시각적 경계선이 있으면 한 장소를 다른 장소로부터 분리할 수 있다. 예로, 작업공간 안에 라운지를 만들거나 열린 공간 안에 닫힌 공간을 만들 수 있다.

팁

· 빨리 실험해 보려면 테이프를 사용하자. 강력 접착테이프가 유용하게 쓰이지만 종종 바닥에서 깨끗하게 떨어지지 않는 경우가 있다. 대신 마스킹 테이프를 사용해 보자. 그 외 다양한 색상의 테이프도 경계를 구분하는 표시로 사용할 수 있다.

· 좀 더 공을 들여, 합판, 리놀륨, 콘크리트 바닥에 저렴한 카펫 타일을 스프레이 접착제로 붙여도 좋다.

바닥표시를 이용해서 일시적으로 공간을 분할하기

도구_HACK : 바닥표시를 이용해서 일시적으로 공간을 분할하기

특정 페인트 칠과
직선 표시가
자전거 주차지역을
구분해준다.
팔로 알토Palo Alto

열린 주방

열린 주방은 집과 같은 기분을 느끼게
해주는 공간이다.

**사람들은 많은 시간을 주방에서 보내기
때문에 꽤 큰 비용을 들여도 좋다.**
파티에 온 손님들은 주방에서 오랜 시간을
머무르는 경향이 있다. 작업할 때에도
마찬가지다. 작업 공간을 매우 즐거운
곳으로 만들어라. 주저 말고 멋진 조명,
조리대, 그리고 수납장의 값을 지불하라.

**가까운 곳에 앉아서 먹을 수 있는 공간을
만들어라.**
혁신 디자인 기업 아이데오IDEO는 주방
안쪽에 피크닉용 큰 테이블들을 배치하였다.
전략 디자인 기업 에스와이파트너스
SYPartners는 공용공간에 주방을 만들고
카페 분위기를 내는 테이블을 구비하였다.

사진: 조지 켐벨(George Kembel)

상황_열린 주방

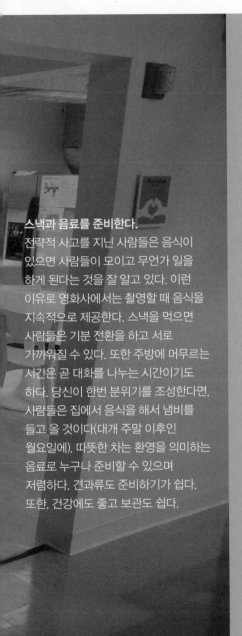

스낵과 음료를 준비한다.
전략적 사고를 지닌 사람들은 음식이 있으면 사람들이 모이고 무언가 일을 하게 된다는 것을 잘 알고 있다. 이런 이유로 영화사에서는 촬영할 때 음식을 지속적으로 제공한다. 스낵을 먹으면 사람들은 기분 전환을 하고 서로 가까워질 수 있다. 또한 주방에 머무르는 시간은 곧 대화를 나누는 시간이기도 하다. 당신이 한번 분위기를 조성한다면, 사람들은 집에서 음식을 해서 냄비를 들고 올 것이다(대개 주말 이후인 월요일에). 따뜻한 차는 환영을 의미하는 음료로 누구나 준비할 수 있으며 저렴하다. 견과류도 준비하기가 쉽다. 또한, 건강에도 좋고 보관도 쉽다.

공용 주방은 집처럼 어질러지기 마련이다.
이를 대비해서 청소계획이 필요하다. 청소 서비스를 이용할지, 조직 내 청소 규칙을 만들지는 여러분이 결정하면 된다.

가전제품
주방을 준비하는 것은 꽤 간단한 일이지만, 돈을 너무 아끼지는 마라. 커피메이커와 냉장고는 당연히 있어야 한다. 오븐은? 전자레인지가 편리하긴 하지만 오븐 토스터가 있으면 더 좋다. 따끈따끈한 토스트를 먹으면 기분이 편안해진다. 냉온수 정수기는 꼭 필요하다. 싱크대와 식기세척기도 잊지 말자. 그리고 큰 쓰레기통이 있어야 물건을 잘 정리할 수 있다.

시작하기

가전제품을 놓을 공간이 부족하다 하더라도, 주방의 구색을 갖추려면 테이블과 정수기는 꼭 있어야 한다. 근처에 의자를 놓고 간단히 먹을 수 있는 스낵을 항상 준비해두자. 토스터와 같은 작은 가전제품을 두자.

참고하기

45
디자인 템플릿_장소 : 모이는 공간
45
디자인 템플릿_장소 : 문턱/전이공간

조금 일찍 도착하고, 조금 늦게 떠나라

스탠포드대학의 뛰어난 여자 축구팀*의 부코치인 제이 쿠니 Jay Cooney 는 항상 10분 먼저 연습장에 도착했다.

연습 10분 전, 선수들은 축구화를 신으며 준비운동을 한다. 이때가 선수들과 가볍게 대화하고, 선수들의 신체적, 감정적 상태를 알아보기에 적절한 기회다. 또한 연습 중에는 드러나지 않는 선수들의 세세한 부분까지 신경 쓸 수 있다. 이 같은 사소한 시간이 큰 차이를 가져올 수 있다.

만약 당신이 일찍 도착해서 그곳에 있는 유일한 사람이라면, 혼자 그 시간을 즐겨라. 활동 시간 사이에 주어지는 사색 시간은 멋진 선물과 같다.

장소를 조금 늦게 떠나는 것도 다른 종류의 이점이 있다. 방금 일어난 일에 대해 이야기해 보고 생각해 볼 수 있는 기회다.

* 이것은 편향된 이야기가 아니다 : 초판에 쓰인 것과 같이 스탠포드대학 여자 축구팀은 2년 연속(2009년과 2010년) NCAA 결승전에 진출하였고, 같은 기간 동안 47승 2패의 성적을 자랑했다.

참고하기

124
통찰_작은 변화가 심오한 영향을 줄 수 있다

사진 : 스콧 위트호프트Scott Witthoft

창의성을 고무하기 위해 요소를 제한하라

더 유연한 공간을 위해 더 제한한다.

이는 사실 아이러니한 표현이기도 하다. 처음에 우리는 모든 요소가 항상 움직일 수 있게 공간을 디자인하였다. 소파부터 벽까지 모든 것에 캐스터를 달아 굴렸다. 앉는 자세와 사람들 간의 상대적 위치를 다양하게 할 수 있도록 책상 크기와 높이를 끊임없이 여러 가지로 해 보았다. 특별히 공간 디자인에 능숙한 일부 사람들에게는 이러한 것이 창조성의 경지와도 같았다. 그러나 교실에서 강의를 하는 대다수의 사람들에게는 이렇게 과도한 선택 가능성이 그들을 마비시킬 뿐이었다.

　그 후로 우리는 공간 내 선택 가능한 요소를 제한시켰다. 화이트보드 슬라이더가 있을 경우, 그것을 사용할지 안 할지만 선택하면 된다. 또한 방 안에 같은 모양의 테이블이 많이 있는 경우, 사람들은 그것을 어떻게 배치할지만 결정하면 된다.

선택권을 제한시켜라. 모든 것에 대해서
바로크 스타일은 아름답고 웅장하긴 하지만, 일반적으로 사용자 친화적이지는 않다. 옛말에도 있듯이 확장하기 위해서는 더욱

단순화시켜야 한다.
　가구의 종류를 제한하면, 새로운 공간 구성을 생각하기가 더욱 쉬워진다.
　장식적인 요소를 제한하면, 게시물이 더욱 눈에 띈다.
　소재의 종류를 제한하면, 패턴이 예측 가능해짐에 따라 뇌가 좀 쉴 수 있다.
　방의 종류를 제한하면, 방의 목적이 간단하고 명확해져서 방을 다양한 용도로 쉽게 사용할 수 있다.
　색상을 제한하면, 전체적으로 통일되며 색상에 특정 의미를 부여할 수 있다. 예를 들어, 다른 종류의 방들을 색으로 구분해 보자.

참고하기

수납공간은 공간에서 최소한 30%는 차지하여야 한다

수납 공간을 디자인을 하든 하지 않든, 최소한 전체 공간의 30%는 차지해야 한다.

창의적인 공간에는 보관 장소가 필요하다. 준비물, 개인적인 물건, 사용하지 않는 가구, 영감을 주는 물건, 언젠가 필요할지 모르는 물건(어떤 것을 말하는지 알 것이다)을 보관해야 한다. 수납 공간을 전체 공간의 최소 30%는 차지하는 살아있는 존재로 인식해라. 적어도 그 정도는 필요할 것이다.

수납 공간은 사용하지 않는 물건들을 모아두는 곳이 아니다.
물건이 어둠 속에 갇히지 않도록 수납공간은 잘 보여야 한다. 수시로 사용할 수 있도록 물건을 잘 보이는 곳에 두자.

릭 윌머딩 Lick-Wilmerding
고등학교 내 금속가공 작업장. 수납 공간이 잘 활용되고 있다.

make space

특정 계절에만 사용하는 물건을 보관할 때에는 근처 외부 수납공간을 고려해 볼 수 있다.
이러한 방식으로 내부에 부족한 공간을 외부로 확장해서 손쉽게 찾아볼 수 있다.

참고하기

178
상황_스토리지 갤러리
224
도구_이동식 수납장

사진 다름

쿠키의 법칙

디저트는 맛있어서 계속 먹게 된다.
쿠키의 법칙 : 사람들에게 쿠키를 주면 주는
대로 다 먹어버린다.*

맛있는 간식에서처럼 어떤 귀한 물건에 대해
서도 이 법칙은 통한다. 미국문화에서 수납공
간, 화이트보드와 폼보드, 포스트잇, 프로토
타이핑 도구, 커피 등은 마치 맛있는 간식과
도 같다. 쿠키는 당연히 여기에 해당된다.

    그러면 어떻게 해야 하나? 쿠키의 법칙
을 이해하고 조절해서 제공하는 것이 중요하
다. 만약 여러분이 이러한 아이템을 사람들이
많이 활용하길 원한다면 가능한 한 많이 제공
하고 전부 사용했을 때를 대비해 여분을 준비
하자. 사람들의 행동을 바꾸고 싶다면 사용을
제한할 수 있는 현명한 방법을 찾아라.

* 예의가 중요시 되는 문화에서는 쿠키의 법칙을
  적용할 때 약간의 주의가 필요하다. 어떤
  문화에서는 쿠키를 다 먹는 것을 예의 바르지
  않다고 생각하여 하나 남기는 경우가 있다.
  미국에서는 그렇지 않다.

참고하기

사진: 스콧 위트호프트Scott Witthoft

크기 : 너비 36"(약 90cm) x 깊이 36"(약 90cm) x
높이 60"(약 150cm)
크기 확인하기 : 자주 드나드는 문 크기에 맞게
길이와 폭을 조정한다.*

유용하게 사용되는
손잡이 + 걸이로도
사용 가능

저렴한 합판을 사용한
표면

보안을 위해 잠글 수
있도록 되어 있는 문

이동식
수납장

높이 조절이 가능한
선반

반투명
폴리카보네이트
표면을 사용하여
수납장이 "블랙
홀"이 되는 것을
방지한다. 글씨를
썼다 지웠다 할 수도
있다.

내구성이 강하고
여러 방향으로
움직이는 캐스터를
단다.

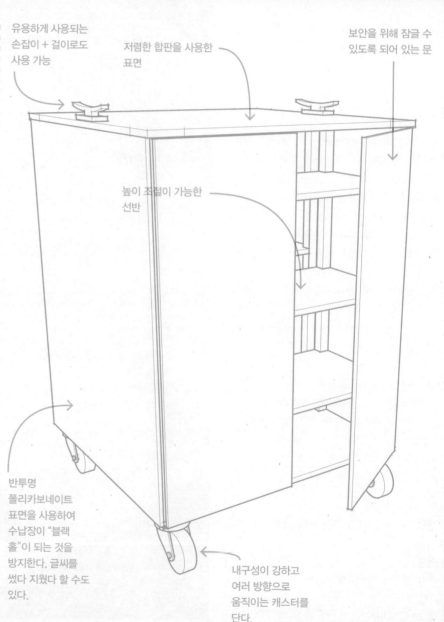

물건을 앞쪽 중앙에 둠으로써 수납장을 재정의해라.

개인 물품과 공용물품을 두는 수납장을 벽에서 분리해낸다면, 수납장 자체를 도구로 사용할 수도 있고 벽에 화이트보드를 설치해서 메모할 수도 있다. 이동식 수납장은 구석이 아닌 공간 안에서 사용할 수 있는 보관 공간이다. 낭비되는 공간에서 나타나는 행태인 "눈에서 멀어지면 마음에서도 멀어진다"라는 말에 도전해 보자.

　　과거의 수납장과는 달리 이동식 수납장에는 조절 가능한 선반, 모든 방향으로 움직이는 캐스터, 탈착 및 잠금이 가능한 문이 달려 있다. 이런 유연함이 있기 때문에 이동식 수납장을 사용하면, 여러분은 고정된 벽장이나 캐비넷을 사용할 때보다 공간을 좀 더 주도적으로 활용할 수 있다.

* 미국 실내문 폭 표준ADA standard은 최소 32"(약 80cm)다. 오래된 빌딩이나 주택에는 32"(약 80cm) 이하의 문이 있기도 하다. 중앙에 기둥이 없는 이중문의 경우는 32"(약 80cm)를 넘는다.

사람들이 잘 볼 수 있도록 이동식 수납장 옆 부분을 가리지 않는 방법도 있다.

재료 구하기

제조

수납타워는 에이치씨에스아이 매뉴팩처링HCSI Manufacturing의 스탠 헤익Stan Heick이 제작했다 (16890 Church Street, Building 7, Morgan Hill, CA 95037; 408 778-8231; www.hcsidesign. com).

캐스터

인터스트리얼 캐스터 앤 휠Industrial Caster & Wheel Co(2200 Carden Street, San Leandro, CA 94577; 510 569-8303; www.icwco.com). 스탠포드 디스쿨에서 사용하는 3"(약 8cm)나

시작하기

가지고 있는 크고 작은 서류함을 가구 이동용 카트에 올려놓아보고, 수납장의 개념을 재고해 보자. 기성품 선반에 캐스터를 달아본다. 이를 방 중앙에 배치해두고, 이동식 칸막이나 혹은 수납장으로 활용해 보자.

5"(약 13cm)크기의 빨간색 캐스터를 참고하자. 캘리포니아 캐스터 앤 핸드 트럭 컴퍼니California Caster and Hand Truck Company(1400 17th Street, San Francisco, CA 94107; 800 950-8750; www.californiacaster.com)

참고하기

오브제를 이용하여 경험을 만들기

"디자인은 그것이 사용되기 전까지는 불완전한 예술의 한 형태에 불과하다."
-매트 칸Matt Kahn

다시 말해, 오브제는 오직 그것이 만들어내는 경험만큼만 유용하다.
디자이너는 아름다운 오브제를 창조할 수 있다. 하지만 그 오브제가 유용하지 않다면 의미가 별로 없다. 디자인의 이런 면을 더 깊이 생각하자. 그리고 디자인이 만들어내는 가능성으로 디자인의 성공을 측정해 보자.

공간 혹은 문화 안에서 여러분이 만들고자 하는 행동과 역량을 확인하라.
이러한 결과물을 만들어낼 수 있도록, 사람과 물건 사이의 상호작용을 고민한다. 가구, 재료, 그리고 도구에 있어서도 이 같은 접근법을 취하자. 테이블을 선택할 때, 여러분은 사람들이 어떻게 그 테이블을 사용할지 그리고 테이블이 다른 사람의 행동에 어떤 영향을 줄지를 생각해 봐야 한다. 작업용 테이블은 무엇인가를 제작하는 것을 의미해야 하며, 식사용 테이블과는 다른 관계를 사용자와 구축한다. 장난감은 유쾌한 분위기를 유도할 수 있다. 그러나 같은 맥락이라 할지라도, 농구 게임은 레고 놀이와는 또 다른 관계를 만들어낸다. 이러한 방식으로 생각해 보자. 여러분이 고른 가구의 형태, 천, 높이가 사람들에게 영향을 미칠 수 있는 숨겨진 요소임을 알 수 있을 것이다.

참고하기

헤드폰은 집중을 돕는다

열린 공간에서 헤드폰을 끼고 있는 것은 "나를 방해하지 말라"라는 의미다.

이것은 단순한 물리적 현상이다. 동료가 헤드폰을 끼고 있다면 여러분은 선뜻 그를 방해하지 못할 것이고, 설령 그가 당신이 하는 말에 반응하지 않더라도 이해할 수 있을 것이다. 시야가 트인 사무실에서 일하는 사람들은 이 같은 사실을 잘 알고 있다. 이는 사무실 문을 잠그는 것과 같다.

헤드폰을 끼고 있는 것은 꽤 잘 먹히는 신호. 그러나 공간을 좀 조용하게 만든다. 이런 현상은 여러분이 원하든 원하지 않든 일어난다. 이것이 여러분 문화에 잘 맞는다면, 어느 공간에 들어가기 위한 의식의 일부로 사람들에게 헤드폰을 나눠주는 것을 고려해 보자. 이는 좋은 시도이며 기준을 세우는 데 도움이 될 것이다.

참고하기

136
상황_은신처
200
통찰_개방형 사무실도 단점이 있다

사진 · 휠러맨 장면 리처 녹비드©William Mercer Mcleod

카페

높고, 길고, 좁은 테이블은 카페 분위기를 만드는 최고의 요소다.

개인 일을 하면서 또한 다른 사람과도 함께 일할 수 있는 공간을 만든다.
카페는 다른 사람을 만나 일을 할 수 있는 장소로서 창의적 업무를 하는 개인 작업자들에게 오랜 안식처와 같은 곳이다. 우리가 이 책에서 이야기하고 있는 이 순간에도 탁 트인 책상과 의자, 셀프 서비스 주방, 그리고 예약이 필요 없는 회의 공간을 갖추고 협업을 지원하는 카페가 무수히 생겨나고 있다.

이 모델이 잘 작동하면 두 마리 토끼를 모두 잡을 것이다.
실제 이런 공간에서 사람들은 업무를 잘 끝마친다. 뿐만 아니라 이런 협업 공간에서는 조언과 피드백을 빨리 얻을 수 있고 다른 사람의 작업과 작업 스타일을 볼 수 있다는 장점이 있다.

단점

많은 사람이 함께 일하는 곳이나 방해를 좋아하지 않는 문화에서는 이러한 열린 공간이 방해가 될 수도 있다. 수많은 대화 소리는 집중이 필요한 사람들을 방해하기 때문에 이 사람들이 다른 조용한 곳을 찾아 나가버릴 수도 있다. 반면 너무 조용하면, 다른 사람이 가지고 있는 잠재적 에너지를 얻지 못할 수도 있다. 너무 시끄럽거나 반대로 너무 조용한 환경은 공간을 함께 사용하고자 하는 본래의 취지에 맞지 않는다. 상황이 돌아가는 모습을 지속적으로 관찰하고 고민해 보면, 사람들의 사회적 행동을 설정 혹은 재설정하는 데 도움이 된다.

업무공간 안에 멋진 카페를 만들려면 몇 가지 미묘한 사항을 생각해야 한다.

홈 베이스

카페 같은 공간을 좋아하는 사람에게도 도구, 참고할 만한 재료, 개인 물품 그리고 진행 중인 일을 보관할 자신만의 작은 홈 베이스가 필요하다. 앉아서 일할 만한 공간, 벽과 수납장이 있는 카운터 혹은 책상을 고려해 보자.

선택권

한 자세로 너무 오래 앉아 있는 것은 비생산적이고 건강에도 좋지 않다. 노트북 혹은 그와 비슷한 기기가 있으면 옮겨 다니며 일할 수 있다. 의자배치를 바꾸면 사람들은 작업 스타일과 자세를 쉽게 바꿀 수 있다. 편안한 안락의자, 높은 작업대, 공동 테이블, 따로 떨어져 있는 책상으로 공간을 채워본다.

개인 공간

열린 공간인 사무실에서도 사적인 공간은 필요하다. 사적인 전화통화를 하거나 비밀 이야기를 해야 할 때가 있다. 열린 작업 공간 안에 사적으로 숨을 수 있는 공간을 몇 개 만들자.

시작하기

몇 가지를 시도해 보자. 로비, 복도, 혹은 큰 작업실과 같이, 열린 작업 공간을 찾아보자. 이러한 장소에서 몇 주간 몇 사람에게 일을 해 보게 하고 상황을 지켜본다. 공간을 잘 만들기 위해 물리적으로 혹은 사회적으로 필요한 것은 무엇일까?

참고하기

사진 : 스콧 둘리Scott Doorley

재프로그래밍이
가능한 건축

댄 오설리반 Dan O'sullivan

공간 연구_재프로그래밍이 가능한 건축

건축적 워너비

인터랙티브 미디어는 건축 분야에서 배울 만한 것이 많다. 레드 번즈Red Burns는 한 영화 학교에서 스토리텔링에 중점을 둔 인터랙티브 텔레커뮤니케이션즈 프로그램 ITP, Interactive Telecommunications Program 을 시작하였다. 컴퓨터 메모리RAM, Random Access Memory 성능이 좋아짐에 따라, 건축과 같이 공간을 다루는 분야가 시나리오 작업과 같이 선형적인 것을 다루는 분야보다 적용하기 더 좋은 모델이 되었다. 컴퓨터를 활용하다 보니 건축가들이 하는 것처럼 공간을 창조하는 것에 더욱 관심을 갖게 되었다. ITP를 시작한 지 5년이 되었을 때 즈음, 매사추세츠 공과대학교 MIT, Massachusetts Institute of Technology 의 미디어랩Media Lab이 건축대학에서 분리되어 나왔다. 이와 같은 인터랙티브 미디어와 건축과의 연관성이 ITP 교수들과 학생들이 끊임없이 실제 공간을 가지고 만지작거리는 이유에 대해 설명해 줄 수 있을지도 모른다.

소프트웨어 문화

ITP에서는 취업과 관련된 지식보다는 실험적인 작업을 추구하는 경향이 있다. 하지만 15년 후 졸업생들은 결국 '정보설계자'라는 직업을 얻는다. 소프트웨어 문화가 시대적으로 인정을 받으면서 이러한 일이 벌어졌고, 건축이라는 것은 너무 무겁게 느껴지기 시작했다. 소프트웨어 문화에서 실패는 당연한 일이고,

선례는 친구보다는 오히려 적이 될 수 있다. 또한 사용자 테스트를 해 보는 것이 비평을 하는 것보다 더 효율적이기도 하다. 지금은 오히려 건축이 이러한 소프트웨어 문화로부터 무엇인가를 배울 수 있는지도 모른다. 우리의 실제 공간이 컴퓨터 메모리에서처럼 쉽게 재배치될 수 있다면 어떨까?

왼쪽 : 새 학기가 시작하기 전 ITP 교내 공간

위 : 공간 전반에 걸쳐 일어나는 학생 프로젝트와 활동

공간 연구_재프로그래밍이 가능한 건축

사용자에 의해 만들어지는

일 년에 두 번 우리 층은 완벽하게 비워져 맨 바닥이 된다. 벽에 있는 것을 다 떼고 테이블을 줄 맞추어 정돈한다. 공간은 점점 노트북을 가지고 앉아 있는 사람들로 여기저기 채워진다. 천장에는 조명을 옮길 수 있도록 격자무늬로 레일을 설치했다. 모든 가구에는 캐스터를 달았고 모든 스크린은 회전이 가능하다. 학생들이 사용할 수 있도록 파이프, 커튼, 보드, 조임쇠를 다발로 구비하였다. 물품 보관장을 갖추는 것이 우선적으로 해야 할 일 중 하나였기 때문에, 이 거대한 '도구 세트'는 일단 방구석에 잘 보이도록 두었다. "당신의 수납장을 드러내자"라는 생각은 공간을 쓸모없는 물건 더미를 보관하는 곳이 아닌 새로운 곳으로 재정의하였다. 뿐만 아니라 학생들은 이전까지는 감춰져 있던 물건의 유용성을 재발견하고 새로운 프로젝트를 시작하기도 하였다.

프로젝트가 점차 진행되면서 더 많은 구조물이 필요해지자, 테이블과 조명은 이동되거나 새로 설치되었고 기둥과 커튼이 생겨났다. 우리 층은 마치 판잣집을 연상시키는 것 같았다. 학기 말 이틀간 진행되는 작품 전시회 동안 수천 명의 사람들이 걸어다닐 수 있는 길을 만들기 위해 우리는 물건을 좀 치운다. 그리고 마지막 방문객이 떠나고 나면 학생들은 개미 군단처럼 조식적으로 함께 일해서 두 시간여 만에 공간을 아무 것도 없는 맨 처음 상태로 재정돈한다. 이러한 반복을 통해 학생들은 공간에 대한 주인의식을 얻고

공간 구석구석에서 자신의 창의성을 발휘한다. 여름이 되면 영구적으로 설치된 벽을 옮겨 새로운 흐름을 만들어내기도 한다.

우리의 대들보, 학장님

물론 건축은 아직 소프트웨어처럼 유연하지는 않다. 우리처럼 공간을 만들고자 하는 사람들은 관료주의적 생각을 지닌 사람들의 장벽을 넘어야 한다. 뉴욕대학교와 같이 규모가 큰 조직의 경우 우리의 상향식bottom-up 접근 방법을 갑작스럽게 받아들이기 어렵다.

일반적으로 건축예산은 프로젝트 초기 짧은 기간에 쓸 수 있을 정도로만 책정된다. 그러나 실험과 배움의 과정은 매년 있어야 한다. 지난 30년 동안 우리는 학습실을 조금씩 변형시켜가면서 이러한 신념을 발전시켜왔다. 매해 여름 공간의 10% 정도만 변경했으면 하는 기대와 한번도 진행 상황을 궁금해하지 않는 무관심에도 불구하고 말이다. 우리는 단순한 로프트 구조 공간을 갖는 행운을 누렸다. 이 공간에는 16'(약 5m) 간격으로 기둥이 있고, 소재는 상대적으로 저렴하며, 바라건대 생태학적으로 변경 가능하다.

댄 오설리반Dan O'Sullivan은 뉴욕대학교 티쉬예술학부Tisch School of the Arts ITP의 학과장이다.

학생들의 작업에 맞게
재프로그래밍 된 공간

극장에서 아이디어를 가져온
천장형 그리드는 공간 구성을
변형해야 할 때 매우 유용하게
쓰인다.

그리드
시스템

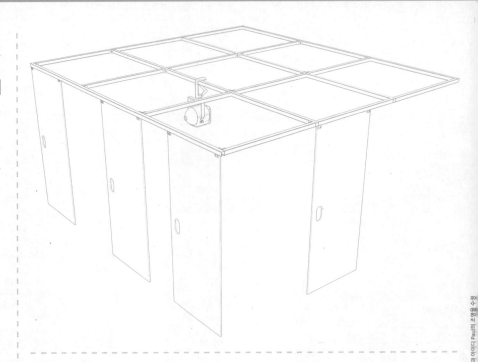

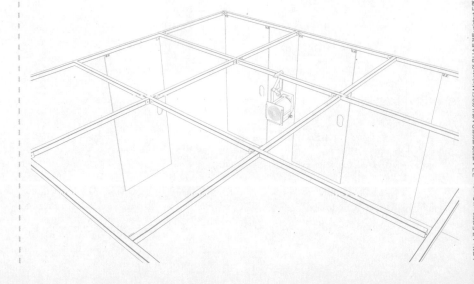

게시_스튜 등의 이사_이사드라드 unistrut 도크와 조명의 아이디어 Paul의 조명을 수 있음. 정말 _스 쿠 유추진 열어있우수에서 연계진 도 구조 수 케게진 열어있우수에서

그리드가 있으면 팀 작업을 위한 공간 그리고 프로젝트 작업물을 보관 혹은 전시할 수 있는 기반을 빠르게 구축할 수 있다. 그리드 시스템에 쉽게 접근하여 사용할 수 있도록 하는 것이 핵심이지만, 그리드 시스템의 정확한 구조는 상황에 따라 아주 다양할 수 있다. 여러 팀의 작업을 물리적으로 잘 지원할 수 있을 만큼 그리드 시스템은 쉽고 빠르게 연결할 수 있어야 하고 규모가 커야 한다.

튼튼한 그리드는 썼다 지웠다 할 수 있는 판 – 샤워보드, 합판, 폴리카보네이트 시트에 이르기까지 다양한 종류—을 지탱하는 데 유용하다. 케이블, 밧줄, PVC 파이프로 된 가벼운 그리드는 폼보드, 커다란 종이와 같은 재료를 빠르게 부착하는 데에 적합하다.

연결하는 작업은 빨랫줄에 빨래집게를 거는 것만큼이나 쉬워야 한다. 연결하는 방식은 설치할 그리드 종류에 따라 상당히 다양하다. 유니스트러트와 같은 여러 제조사에서 다양한 용도로 쓸 수 있는 금속 연결재를 판다. 테이프, 옷걸이, 바인더 클립 또한 꽤 효과적이다. 철물점이나 건설자재상에 가서 여러 가지 고리를 구경하면서 연결을 위한 아이디어를 얻어보자.

재료 구하기

금속

유니스트러트Unistrut에서 표준 연결 방식에 맞는 금속 재료를 살 수 있다(430 East Trimble Road, San Jose, CA 95131; 800 468–3791; www.lordandsons.com).

알루미늄

80/20에서 다양한 알루미늄 제품을 구매할 수 있다. 80/20Inc(1701 South 400 East, Columbia City, IN 46725; www.8020.net).

그 외

PVC 파이프, 빨랫줄, 와이어 케이블/밧줄/실 등은 대부분의 철물점이나 건설자재상에서 구매할 수 있다.

시작하기

방의 반대편 벽면에 고리(못 위치에) 를 설치한다. 그리고 공간을 가로질러 와이어케이블을 단다. 케이블을 조일 수 있도록 턴버클을 사용하자. 전시를 위한 폼보드 또는 다른 재료의 보드를 붙일 때에는 바인더 클립을 사용한다. 다음으로, 작은 방을 가로질러 두 방향으로 유니스트러트Unistrut의 채널 제품을 설치한다(이것을 설치할 때에는 기술적 도움이 필요할 수도 있다). 썼다 지웠다 할 수 있는 판을 간단히 만들고 표준규격의 자재를 사용하여 설치한다.

참고하기

스프링이 장착된 스터드는
수직적 지지대로, 팀별 공간을
나누거나 작업물을 전시할
때와 같이 비구조적인 벽이
필요한 경우 간편하게 사용할
수 있다.

잭
jacks

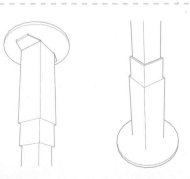

잭이란 이름은 건설현장에서 사용하는 비슷하게 생긴 도구에서 따왔다. 건설현장에서 잭은 위로부터의 무거운 하중을 지지하는 데에 사용된다. 우리가 사용하는 잭은 가벼운 봉으로 바닥에서부터 머리 위 지지대 – 가로 기둥이나 단단한 지붕 같은 – 로 길게 늘여서 사용한다.

잭을 설치하면 폼보드 판이나 짧은 보드를 신속하게 전시할 수 있다. 또한 잭을 이용하여 수납공간(수직 방향으로)을 만들 수 있다. 이렇게 함으로써 벽의 남은 공간은 화이트보드 설치용으로 사용할 수 있다. 잭 세 개 또는 네 개를 나란히 세우고 폼보드를 붙일 수 있도록 고리를 몇 개 단다. 잭과 잭 사이에 시트를 붙여서 금세 공간을 다시 나눌 수도 있다. 이 즉석 파티션은 단기간뿐만 아니라 장기간 이용할 수도 있다.

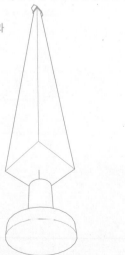

2 x 2 길이 높이 조절기를 상단과 하단에 부착.

잭을 변경할 수 있는 범위는 세로 부분을 이루는 소재로만 한정되며, 여기에는 고리를 부착하고 구멍을 내는 것과 같은 부수적인 것도 포함된다. 고리나 구멍이 있으면 넓은 공간을 작은 공간으로 나누거나 작은 공간을 만들어 낼 수 있다. 세로 부분을 목재 또는 금속/PVC파이프 같은 기본 소재로 하면, 단기 혹은 장기적 필요에 맞게 공간을 구성할 수 있다.

재료 구하기

목재
2 x 2로 된 표준규격 목재는 일반 목재소나 건설자재상에서 구할 수 있다. 가능하면 울퉁불퉁하지 않은 편편한 목재를 고른다.

하드웨어
가구용 수평계 그리고 고리와 같은 부속 용품은 철물점에서 구매할 수 있다. 맥마스터 카McMaster-Carr에서 다양한 치수와 소재의 제품을 판매한다 (600 N. County Line Road, Elmhurst, IL 60126; 630 600–3600; www.mcmaster.com).

부착장치
디스쿨에서 사용하는 상단/하단 부착장치는 현재 스틸케이스Steelcase와 협업하여 맞춤 제작한 것이다. 위 부착장치에는, 표준규격의 유니스트러트Unistrut 채널에 끼우거나 편편한 천장을 눌러 지지할 수 있도록 스프링이 들어 있다.

시작하기

2 x 2 목재를 몇 개 구하고 천장 높이에 맞게 대략 길이를 다듬는다. 잭 밑 부분에 견고한 가구 수평계를 붙인다. 아주 꽉 조여 딱 맞게 조절한다. 먼저 표준 규격의 고리를 사용하여 폼보드 판을 고정한다. 여러 가지 부착장치를 사용해 보면서 다양한 활용 가능성을 찾아본다.

참고하기

결합형 모듈식 가구

여러 개의 모듈형 도구는 작업과 탐색을 더욱 쉽게 해준다.

우리는 한 방에서 동시에 어떤 상황에든 맞출 수 있도록 네다섯 종류의 테이블과 의자를 갖추었다. 선택사항을 여러 개 주는 것은 좋아 보였지만 결론적으로 잘못된 선택이었다. 많은 경우, 사용자들이 시간에 대한 압박을 받을 때(항상 그렇다) 그들에게 너무 많은 선택권을 주면 문제가 더 복잡해진다. 여기에서 얻은 교훈은 같은 종류의 가구를 방 안에 여러 개 두는 것이다. 선택 가능한 범위를 한두 가지 종류의 의자와 테이블로만 제한함으로써 공간 풍경을 쉽게 구상하고 구성할 수 있도록 한다.

시작하기

한 방에는 한 가지 종류 테이블로 제한하여
배치한다. 작은 테이블을 한 군데 모아
놓아서 여러 가지 공간 구성을 해 볼 수
있도록 한다.

참고하기

32
도구_모듈형 테이블
221
통찰_창의성을 고무하기 위해 요소를
제한하라

make space

플랫폼 vs. 애플리케이션

소프트웨어에서 플랫폼과 애플리케이션
사이에는 명확한 차이가 있다.
애플리케이션은 특정 과업을 수행한다.
플랫폼은 애플리케이션을 실행시키는
환경이 된다. 공간을 창조적 협력을 위한
플랫폼으로 생각해 보자.

건물은 항상 모든 종류의 애플리케이션을
가능하게 하는 플랫폼이 되어왔다.
이 점은 변하지 않는다. 변화하는
것은 애플리케이션의 특성이다. 반면,
공간디자이너의 역할은 변화하는 중이다.
DIY, 제작자, 참여형 미디어, 창작자 문화,
이런저런 2.0 버전 등과 같은 유행어는
제쳐놓고 보자. 현재, 공간디자이너의 주된
일은 사람들이 만들어보고 행동하도록
그들을 움직이는 것이다. 공간 디자인은
특히 이러한 목적에 맞춰져 있다.

**사용자를 위한 디자인 대신, 디자이너를
위한 디자인을 생각해 보자.**
사용자라는 말은 익숙하지 않은 단어다.
사용자라는 말은 끽해야 폐품, 바늘, 그리고
오래된 골목길과 같은 이미지를 떠올리게
할 뿐이다. 디자이너를 위해 디자인을 할
때는, 문제 해결보다는 자율권을 주는 것에
초점을 맞추는 것이 좋다. 이것을 컴퓨터

프로그래밍에 비유한다면 실제 공간을
위한 API*를 만드는 것과 같다. 어떻게
하면 여러분이 만든 플랫폼이 사람들이
기존 애플리케이션을 수정하거나 새로운
애플리케이션을 만드는 데 도움이 될까?
어떻게 하면 공간을 누구나 쉽게 접근
가능하도록 만들 수 있을까?

* API = 애플리케이션 프로그래밍 인터페이스
　　　　　　　　　　　　　　　 : 간단히

설명하자면, 프로그래머가 새로운 확장기능이나
애플리케이션을 개발할 때에 소프트웨어와
연결하기 위해 사용하는 통신규약과 명령어의
집합이다.

참고하기

상상놀이터†의 구성품처럼, 완성되기 전 컨셉
단계의 도구는 막연한 생각을 구체화하는 데에
유용하다.

† 상상놀이터Imagination Playground : 뉴욕에서
제작된 어린이용 놀이터 제작 시스템. ─ 옮긴 이

블랙 박스 극장에서 아이디어 훔치기

여러 가지를 연상시키는 물건과 자재가 구비된 단순한 공간에 있으면, 사람들은 집중하게 되고 떠오른 아이디어를 실제로 만들어 보기도 한다.

블랙 박스 극장은 단순히 어떤 커다란 방 안에 만들어진 작은 극장이다.
이곳은 창의적인 공간을 잘 나타낸다.

공간을 없앰으로써 공간 작업을 마무리한다.
벽과 바닥은 검은색으로 칠한다. 일반적으로 바닥은 쉽게 탈부착할 수 있도록 나무로 마감한다. 무대 바닥을 설치하고 서너 방향으로 정렬된 의자를 놓는다. 조명과 무대 장치용 기구는 천장에 설치한다. 리허설을 할 때는 필요한 도구만 최소한으로 둔다. 앉거나 눕거나 올라설 수 있는 블랙 박스를 주로 둔다. 나중을 위해 경계선과 소도구의 위치를 바닥에 테이프로 표시한다.

블랙 박스를 사용하는 것은 관례적으로 그렇게 해서라기보다는, 블랙 박스의 기능이 단순하기 때문이다.
이것에 대단한 기능이 있는 것은 아니다. 그러나 그 잠재력은 믿기지 않을 정도로

특별하다. 이 공간에 발을 들이는 순간 무언가 특별한 일이 벌어지리라는 것을 알게 될 것이다. 장식 없는 공간은 오히려 사람들을 집중하게 만든다. 그리고 이러한 공간에 적응을 하면 용도가 정해져 있지 않은 도구들이 사람들로 하여금 상상력을 발휘하게 한다. 예를 들어, 나무 블록은 조리대로 쉽게 변신할 수 있다. 의자를 배열하여 빌딩 로비를 구성해 볼 수 있고 새로운 고객이 되는 경험을 만들어볼 수도 있다. 이러한 접근 방법은 서비스 디자인과 같이 사람과 연관된 작업을 하는 공간에서 특히 유용하다.

방을 검정으로 칠해야만 할까? 꼭 그럴 필요는 없다.
그 의미만 가져오면 된다. 공간을 고민하는 데에 있어 필요한 최소한의 도구와 지원을 고려한다는 점에서의 검정이다. 여러분의 창조적인 공간이 더욱 효율적인 공간이 되기 위해 필요한 최소한의 물건들은 무엇일까?

필요한 공간 : 실제로 얼마나 큰 방이 필요한가? 아이디어 워크숍을 위해 비어 있는 사무실이나 복도를 어떻게 활용할 수 있을까?

도구와 지원 : 어떤 종류의 장치, 소도구, 그리고 지지대가 필요한가? 어떤 종류의 조명, 오디오, 파티션 도구를 함께 활용하여 공간을 재구성할 수 있을까?

참고하기

조지아Georgia 트빌리시Tbilisi의 루스타벨리Rustaveli 국립극장 안의 블랙 박스 극장

시작, 중간, 그리고 끝을 디자인하기

우리가 시간순으로 삶을 경험하는 것처럼, 공간을 디자인할 때에도 공간에서 벌어질 일들을 순서대로 생각해 보자.

공간은 삼차원으로 정의된다. 하지만 네 번째 요소인 시간은 공간에서 일어나는 어떤 경험을 이해하는 데 매우 중요하다.

우리는 '이야기의 흐름'이라는 유용한 구조에 영감을 준 고대 그리스인들에게 감사해야 할지도 모른다. 아리스토텔레스 시대 이후 희곡의 구조는 시작, 중간, 그리고 끝으로 전개됐다.

공간 참여에 있어 스토리 구조는 무엇일까? 이러한 세 단계를 위해 어떻게 공간을 디자인할 것인가? 시작은 출입, 환영, 도착, 참여다. 중간은 활동, 실행이다. 끝은 마무리, 인사, 정리, 퇴장이다.

참고하기

영화를 보는 것은 로스앤젤레스 극장에서 얻을 수 있는 경험의 일부에 불과하다.

통찰_시작, 중간, 그리고 끝을 디자인하기

공간을 적극적으로 변경할 수 있도록 다양한 종류의 연결 장치를 가까이 둔다.

디스쿨과 데이브 쉽맨Dave Shipman, 스틸케이스 커스텀 프로덕트 그룹 Steelcase Custom Products Group에서 디자인한 연결 장치의 프로토타입

연결 장치

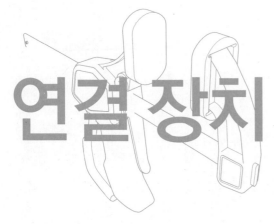

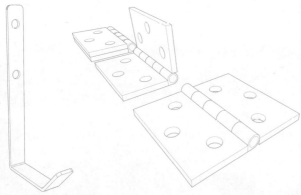

사진 : 윌리엄 머서 맥레오드William Mercer McLeod

도구_연결 장치

다양한 연결 장치를 주변에 두면 쓸 데가 많다. 보드에 여러 연결 장치를 결합하여 기존 공간을 변형시키거나 새로운 공간을 만들어내는 용도로 사용할 수 있다. 연결 장치는 공간이 재구성될 수 있다는 (또 그렇게 되어야 한다는) 강력한 메시지를 우리에게 준다.

연결 장치는 공간의 튼튼함을 나타내는 단서이기도 하다. 단단한 금속 갈고리, 튼튼한 꺾쇠, 그리고 강력한 경첩은 공간의 견고함에 대한 자신감을 나타낼 뿐만 아니라 실제로도 매우 튼튼하다. 사람들은 연결 장치를 수없이 반복 사용하고 고의로든 실수로든 남용하지만 그럼에도 불구하고 연결 장치는 그 모든 것을 견뎌낸다. 연결 장치를 구비해 두면 사람들이 아이디어를 실제로 구현할 때 뿐만 아니라, 그들을 둘러싼 물리적 환경에 반응하고 이를 구축하는 데에 큰 도움이 된다. 이렇게 함으로써 무엇인가를 만드는 문화를 장려하게 된다.

디스쿨은 스틸케이스Steelcase 및 다른 지역 기업체들과 협력하여 간단한 부품을 다수 디자인하고 제작해왔다. 이러한 부품은 - 못, 경첩, 꺾쇠, 관 - 인근 철물점에서 쉽게 찾을 수 있는 일반 제품보다 조금 더 다듬어진 버전이다.

시작을 위한 기본구성

· 클램프 : 퀵클램프Quick-clamp는 부품을 연결하고 고정하는 데 쓰기에 놀랍도록 유용한 도구다. 포니 A형 스프링 클램프는 값이 싸고 사용하기 쉬우며, 보드를 어떤 곳에든 고정하는 데 사용된다.

· 테이프 : 테이프는 빠르게 사용할 수 있는 대표적인 연결 도구다. 테이프는 또한 보드를 연결할 때 경첩처럼 훌륭하게 쓰인다. 덕트 테이프는 좋지만 사용 후에 자국이 남는다. 반면에 3M의 파란색 마스킹 테이프는 매우 견고하고 쉽게 떼었다 붙일 수 있으며 보기에도 꽤 멋지다.

· 스탠리 L형 갈고리는 목공용 못으로 고정할 경우 50lb(약 22kg) 정도는 버틸 수 있다. 벽면에서 4"(약 10cm)에서 5"(약 13cm) 정도 튀어나와서 여기에 짧은 보드를 매달고 선반을 고정하고 공구를 수납하고 또한 코트를 걸 수 있다.

· 유니스트러트 트롤리Unistrut Trolley(Part P2949)는 슬라이딩 부품으로 벽이나 천장에 고정할 수 있는 유니스트러트 채널과 결합하여 사용할 수 있다. 본래는 작은 롤러스케이트로 이 부품은 다양한 크기의 보드(합판, 샤워보드, 폼보드)에 부착할 수 있다. 이동 가능하고 여러 형태로 배치할 수 있는 작업면을 만드는 데 유용하다.

· 스탠리Stanley의 단단한 금속 경첩을 사용하면 합판과 같은 보드를 아주 쉽게 연결할 수 있다. 전문 목수의 도움을 받을 필요없이 견고한 구조물을 빠르게 직접 만들 수 있다. 또한 경첩이 있으면 공간에 역동적인 느낌을 부여할 수 있다. 예를 들면, 확장 가능한 벽을 만들 수 있다.

· 나사, 볼트, 너트, 와셔와 같은 고정용 재료를 사용하여 연결 장치를 빠르고 쉽게 고정해 보자. 다양한 길이, 지름, 나사선별로 재료들을 항상 갖춰두자. 필요할 때 이 재료를 이용해서 부품을 쉽게 조립, 분해, 그리고 재사용할 수 있다. 테핑 나사는 미리 구멍을 뚫지 않고도 스스로 나사선을 만들며 박히기 때문에 환상적이다.

시작하기

가까운 상점을 둘러보고 다른 종류의 연결 장치 몇 개를 고른다. 종류별로 몇 개씩 구매하여 언제든지 사용할 수 있도록 한다. 사용하지 않는 벽에 갈고리를 걸고 폼보드를 고정한다. 이제 어떤 일들이 일어나는지 관찰하면서 시도해 볼 수 있는 또 다른 것은 무엇이 있을지 찾아보자.

재료 구하기

연결 장치

지역 철물점이나 건축자재점은 모든 종류의 연결 장치를 구매할 수 있는 최고의 장소다. 맥마스터 카McMaster-Carr(www.mcmaster.com)는 온라인 상점으로, 이 책에 나온 클램프, 후크, 힌지를 비롯한 엄청난 종류의 연결 장치를 구비하고 있다.

금속

유니스트러트Unistrut(www.unistrut.com)에서는 표준 연결 방법으로 연결하여 사용할 수 있는 다양한 금속 재료를 판다. 샌프란시스코 베이 지역에 위치한 유니스트러트: 로드앤손스Lord & Sons(430 East Trimble Road, San Jose, CA 95131; 800 468-3791; www.lordandsons.com).

알루미늄

80/20에서 다양한 알루미늄 제품을 구매할 수 있다. 80/20 Inc(1701 South 400 East, Columbia City, IN 46725; www.8020.net).

테이블은 일하는 방식과 일하는 장소를 결정한다. 물론 이것은 테이블을 사용할 때의 이야기이고, 그렇지 않은 경우 테이블은 장소만 차지하는 애물단지일 뿐이다. 쉽게 이동시키고 분리할 수 있는 테이블을 만들어보자.

조립형 테이블

선택가능한 모든 것들이 여러분의 물리적인 공간이나 문화가 추구하는 가치에 항상 딱 맞아떨어지는 것은 아니다. 어떤 유형의 테이블이 여러분의 문화를 정확히 보여줄 수 있을까? 탁구대? 원형? 네모난? 접이형? 만약 탁구대가 필요한 경우라면, 여러분에게는 스포츠용품 가게가 곧 가구 가게가 될 수도 있다.

이처럼 빠르고 저렴한 방법으로 공간을 구성하는 방법들을 떠올려보자. 이러한 방법을 가구를 배치하는 기본 원칙으로 삼아보자. 혹은 더 정교하게 공간을 구성하기 전에 떠올린 방법을 실험 삼아 한번 시도해 보자.

합판이나 다른 재료를 상단에 올리고 파이프 플랜지pipe flanges (단단히 고정하거나 다른 두 물체를 연결할 때 사용하는 도구 – 옮긴 이)를 사용하여 연결한다.

이음매와 파이프를 이용해 직사각형 프레임과 테이블 다리를 만든다.

이동하기 쉽도록 하단에 캐스터를 단다.

프레임이나 가로대로 다리를 고정하는 것을 잊지 말아야 한다. 중간 길이의 틀을 받쳐 추가로 지지할 수 있게 한다.

스케치 | 스콧 둘레이Scott Doorley

만드는 방법

옵션 1 : 알루미늄 파이프 구조물(그림)

파이프와 이음매pipe fitting만으로도 다양한 가구를
만들 수 있는 간단한 조립세트를 구성할 수 있다.
특수 알루미늄 파이프는 가볍고 자르기 쉬워
특히 좋으며, 다양한 마감재로 사용 가능하다.
파이프를 기본 구조로 하여 만든 테이블은 완전한
분해가 가능하고 필요한 경우 부품을 재사용할
수도 있지만, 만들기 자체가 조금 까다롭고 빨리
분해하기 어렵다. 지름이 큰 (2" 이상, 약 5cm
이상) PVC 파이프는 저렴하고 다루기 쉽지만,
내구성이 약하고 외관도 그리 멋지지 않다.

· 빨리 분해하려면 슬립온 파이프 이음매를
  사용하라.
· 테이블 높이 = 약 29"(약 74cm)
· 카운터 높이 = 약 36"(약 91cm)
· 바 높이 = 약 40"(약 100cm)

파이프 + 파이프 이음매

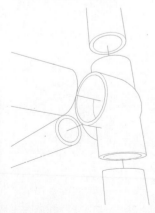

옵션 2 : 부품 다리와 상판

테이블을 부품별로 따로 구매하라. 이케아
IKEA에서는 대부분 테이블 상판과 탁자 다리를
따로 판매하고 있다. 이러한 부품들을 섞어서
사용하거나 아예 다른 부품과 함께 활용할 수도
있다. 이러한 방법은 조립이나 분해가 편하지는
않지만, 다양한 실험을 하고 활용해 보기에는
좋다. 가령 테이블 상판과 다리 사이에 합판으로
만든 상자를 추가해 보자. 모듈형 테이블이
만들어진다.

재료 구하기

지역 건설자재상에서 톱질 받침대, 상판 소재,
합판문 등을 구매할 수 있다.

파이프

스피드레일은 특수 알루미늄 파이프를 생산한다.
홀랜더 엠에프지Hollaender Mfg에서 구매할 수
있다(P.O Box 156399, 10285 Wayne Avenue,
Cincinnati, OH 45215; 800772-8800;www.
hollaender.com).

테이블 상판/다리
이케아(www.ikea.com)에서는 다양한 종류의
테이블 상판과 다리를 판매하고 있다.

참고하기

32
도구_모듈형 테이블

시작하기

건축학도들은 오랫동안 조립형 테이블을 잘
만들어왔다. 합판이나 문짝을 두 개의 톱질
작업대에 걸쳐서 테이블로 사용하는 것이다.
간단하지 않은가. 건설자재상에서는 가볍고
단단한 소재로 된 합판문을 저렴한 가격에
판매한다. 그러나 이런 문에는 손잡이
구멍이 미리 나 있어서 어떤 사람에게는
만족스럽지 않을 수도 있다. 그럼에도
불구하고 크기가 크고 합리적인 가격 덕분에
좋은 재료가 될 수 있다.

여느 톱질 작업대나 사용해도 되지만, 높이
조절이 가능하다면 유용할 것이다. 조금
더 투자할 생각이라면, 코팅된 금속 다리
또는 코팅되거나 도색된 합판을 사용한다.
놀랍도록 멋있다.

허용하기 : 대부분의 경우에 "예스" 라고 말하자

공간 디자인을, 특정한 권한을 부여하는
것이라고도 생각할 수 있다.

이런 관점에서 공간 디자인의 목표는
사람들이 중요하다고 믿는 행동을
스스럼없이 할 수 있는 공간을 만드는
것이다. 공간 디자인 과정에서 끊임없이
의사 결정을 해야 할 때마다 이 점을 항상
명심해야 한다.
　　더 나아가, 사람들이 스스로 그들의
공간을 변화시키도록 해야 한다. 권한을
주면, 사람들은 새로운 아이디어를
실현시키고 그 공간이 계속 진화하도록
하면서 공간을 창조해나가는 과정에 참여할
것이다.
　　그러나 너무 많은 변화는 공간을
조화롭지 못하게 만들고 통일성을 저하하는
등 부작용을 가져올 수 있다는 점을
유념하자. 가능성을 계획할 때는 그 한계
또한 고려되어야 한다는 점을 받아들이자.
이러한 태도는 여러분의 문화에 있어,
일을 쉽게 진행하는 것만큼이나 중요하다.
대부분의 경우 한계는 지나치게 많은

경고 : 암스테르담
본델파크Vondelpark
에서는 음악연주가
정말로 허용된다.
그렇다!

선택상황에서 복잡함을 줄여서 오히려
상황을 쉽게 만든다.

참고하기

207
통찰_녹슬음은 일종의 허용이다
221
통찰_창의성을 고무하기 위해 요소를
제한하라

스탠포드 제품 제작 연구실의 주조공장 바닥에 용해된 금속을 '떨어뜨려도 괜찮을까? 물론 괜찮다.

바닥재는 창의적인 활동을 만든다

특정한 행동이나 태도를 유도하고 싶다면 바닥재를 신중히 선택하라.

콘크리트 바닥은 소재의 특성상 강해 보이고 그리 조심하지 않아도 되는 인상을 주어 그 위에서는 실수를 해도 괜찮을 것만 같다. 무엇이든 시도해 보자! 대조적으로, 나무 바닥은 외관의 모습, 발에 닿는 느낌, 소리를 흡수하는 성질 등이 따뜻하고 친밀한 느낌을 만들어내어 상대적으로 조심스럽게 행동하게 된다.

카펫은 다양한 공간에서 기본으로 사용된다. 부드럽고 조용한 느낌을 주며 다양한 디자인이 가능하다. 창의적 공간에서는 아주 일부에만 깔 것이 아니라면, 이러한 특징을 잘 고려하여 매우 의도적으로 활용해야 한다. 콘크리트 바닥에 유성펜을 떨어뜨린다면 "어이쿠"라고 말하며 개의치 않겠지만, 카펫 위에서라면 "제가 한 게 아니에요"라고 말할 것이다.

참고하기

원상복귀

함께 사용하는 공간은 사용 후 원래대로 정리되어야 한다. 공간을 사용하는 사람들에게 다음 사용자를 위해 장소를 어떻게 원래대로 정리해야 하는지 알려주어라.

단일 용도의 공용 공간 :

공간을 재빨리 원래 상태로 되돌릴 수 있어야 한다. 최소한의 설정만으로도 공간을 사용할 수 있으려면, 공간에는 어떤 것이 갖춰져 있어야 할까?
어떻게 정리되어 있어야 할까? 어떻게 다시 채워 넣을까?

다용도의 셀프 서비스 공간 :

다용도의 셀프 서비스 공간 : 기본적으로 공간은 활용하기 쉬우며 거의 비어 있어야 한다. 즉, '백지 상태' 같은 수준이어야 한다. 필요할 때 바로 사용할 수 있는 물건을 일부 구비해 두는 것도 좋다. 그러나 쉽게 다시 정리할 수 있게 해둔다.

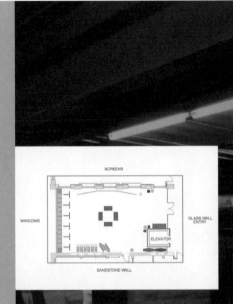

원래 상태를 정확하게 알려주어라.
공간의 원래 상태가 어떠했는지를 크게 적어 붙여둔다. 공간을 원상 복귀 시키는 방법을 쉽고 명확하게 순차적으로 적어두고 사진과 공간 레이아웃을 같이 붙여둔다.

그림과 글로 정리방법을 적어 눈에 띄는 곳에 붙여두면 사람들이 공간 사용 규칙을 정하고 공간을 정리하는 데 도움이 된다.

시작하기

여러분의 공용 공간 중 하나를 선택하여 기본 상태를 정의해 보자. 여기에 설명된 단일 용도의 공용 공간 혹은 다용도의 셀프 서비스 공간을 참고한다. 할 수 있는 모든 방법을 동원하여 새롭게 정의한 공간의 기본 상태를 사람들에게 알린다. 게시물을 만들고 사람들을 만나 직접 말하고 또 이메일을 보내본다.

참고하기

96
도구_POP사인
98
도구_비닐 커터

에스컬레이터 테스트

"에스컬레이터는 고장 나지 않는다. 단지 계단이 될 뿐이다" – 미치 헤드버그Mich Hedberg, 코미디언

에스컬레이터 테스트는 중간점검 방법으로 유용하게 쓰인다. 아이디어의 방향을 정할 때 간단한 질문을 던져보자. "사용하지 않을 때는 이것으로 무엇을 할 수 있을까?"

필기한 것을 디지털화할 수 있는 방법으로 두 가지가 있을 수 있다. 하나는 실제 화이트 보드에 글씨를 쓰고 카메라로 찍는 방법이다. 다른 방법은 디지털 칠판에 글을 적고 이를 자동 캡처하는 방법이다. 이 두 가지 방법 모두 장점이 있다. 하지만 에스컬레이터 테스트 관점에서 생각해 본다면 화이트보드와 카메라를 사용하는 것이 더 낫다. 화이트 보드는 고장 나지 않는다. 위에서 언급된 용도로 사용하지 않을 때에도 일반 화이트 보드의 역할을 충분히 한다.

물론 에스컬레이터 테스트가 모든 경우에 적용되는 것은 아니다. 예를 들어, 전원이 나가면 쓸모가 없어지지만. 그럼에도 불구하고 노트북은 작업에 없어서는 안 되는 도구다. 그래도 많은 경우 에스컬레이터 테스트는 매우 유용하게 활용할 수 있는 평가방법이다.

참고하기

207
통찰_녹슬음은 일종의 허용이다

지금까지의 모든 이야기는 사람에 대한 것이다

어떤 작업이 진행되는지에 대한 관심은 끄고, 사람들이 실제로 공간에서 무엇을 하고 있는지에 대해 관심을 가져라.

창의적인 '작업'을 할 때 사람들이 한 가지 활동만 하는 경우는 극히 드물다.
실제로 '사고thinking 즉, 아이디어'는 출퇴근길이나 샤워를 할 때와 같이 준비되지 않은 상황에서 생긴다. 작업 중인 디스쿨 사람들을 관찰해 보면 다양한 활동을 하고 있음을 알 수 있다. 타이핑을 하고 스케치를 하고 무언가를 만들고 다른 사람들과 이야기하고 커피를 마시며 낮잠을 자기도 한다.

일터 주변 또는 임의적인 공간에서 영감을 얻는다.
공간을 조금만 변화시키면 더 쉽고 즐겁게 작업할 수 있는 창의적 공간을 여기 저기 많이 만들 수 있다. 우리는, 사람들이 유리창을 포스트 잇을 분류하는 용도로 쓰고, 책상 아래 토스터를 가져다 놓아 간이 주방을 만드는 것 등 매우 다양한 행동을

보아왔다. 이러한 예시는 사람들의 충족되지 않은 욕구와 이에 대한 잠재적 해결안을 보여주는 단서가 된다. 여러분이 관찰해낸 것을 바탕으로 해결안을 만들어보자.

말과 행동의 불일치를 일치시키는 방법에 대해 생각해 보자.
말과 실제 행동 사이의 간극이 풍부한 영감을 제공할 수 있다. 가령 일할 때 넓은 공간이 필요하지 않다고 말하는 사람이 있을 수 있다. 그러나 실제로는 여러 개 작업실을 사용하며 그 사람이 떠난 자리에 마무리하지 않은 작업을 여기저기 남겨놓은 것을 볼 수 있다. 이러한 사실은 그사람이 인식하고 있든 아니든 그에게는 충족되지

않은 욕구가 있다는 것을 보여준다. 또한, 그가 공용 공간을 자신만의 공간으로 느끼고 있다는 것도 알 수 있다. 이처럼 간단한 관찰만으로도 다양한 디자인 기회를 포착할 수 있다.

참고하기

환경 협업팀

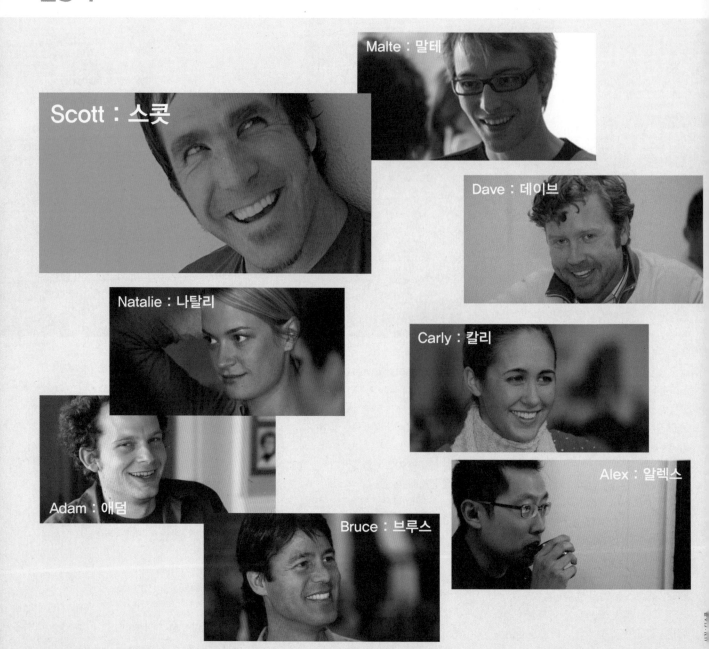

Malte : 말테

Scott : 스콧

Dave : 데이브

Natalie : 나탈리

Carly : 칼리

Alex : 알렉스

Adam : 애덤

Bruce : 브루스

Charlotte : 샬롯

Joel : 조엘

Lia : 리아

George : 조지

Scott : 스콧

Rich : 리치

Michal : 미갈

환경 협업팀
The Environments
Collaborative은
스탠포드대학 디스쿨
내 그룹으로, 학생,
직원, 방문객이
사용하는 협업 공간을
만들고 실험하는
역할을 한다. 디스쿨
내 다른 그룹과
마찬가지로, 마음이
따뜻한 디자이너와
건축가로 구성된 인력
네트워크 그리고
정규 직원이 함께,
혁신을 이뤄내기 위해
공간을 어떻게 하면
도전적으로 디자인할
수 있을 지 고민하고
있다. 디스쿨
학생팀과 마찬가지로,
환경 협업팀 구성원은
각 구성원의 엄청난
재능을 적극적으로
활용한다. 결국 환경
협업팀은, 디스쿨
환경을 디자인하고
만들고 때로는
청소하는 일에
도전장을 던지는
다양한 사람들의
집단이라고 말할 수
있다.

말테 정Malte Jung은 기계공학 분야의 디자인 연구자다. 그는 디자인 작업 시 팀에서 일어나는 감정의 변화 – 감정동학emotional dynamics – 에 대해 연구하고 있다.
Birch Hall, Sweet Hall

스콧 두얼리Scott Doorley는 스탠포드대학 디스쿨 환경 협업팀의 공동 책임자다. 그는 여러 가지를 시도하는 것을 심각할 정도로 매우 즐기지만 심각한 것은 좋아하지는 않는다. 그의 교육 및 업무 경력은 영화 제작, 디자인 그리고 교육 분야에 두루 걸쳐 있다.
Birch Hall, Sweet Hall, Bldg. 524, Bldg. 550

데이브 바가로어Dave Baggeroer는 엔지니어, 디자이너이자 사업가로 물리적/디지털 미디어 제작에 열정을 가지고 있다. 그는 현재 모바일용 소셜 소프트웨어를 디자인하고 있다.
Sweet Hall, Bldg. 524, Bldg. 550

나탈리 워이즈번Natalie Woyzbun는 예술가이자 디자이너이며, 전공은 큐레이터 연구다. 그녀는 인터랙션 디자인에 심취해 있으며, 최근에는 창의적 분야 및 디자인 전문가들에게 영감을 줄 수 있는 도구를 개발하고 있다.
Sweet Hall, Bldg. 524, Bldg. 550

칼리 기어Carly Geehr는 기계공학과 제품디자인 분야에 경력이 있다. 그녀는 직접 해 보고 만들어 보면서 문제를 해결해 나가는 것에 깊은 관심을 가지고 있다. 현재 음식 디자인 그리고 자원봉사와 관련된 사업 플랫폼을 개발하고 있다.
Bldg. 524

애덤 로열티Adam Royalty는 디스쿨의 선임 연구원Lead Research Investigator이다. 그는 수학과 교육 분야에서의 경험을 디자인에 적용해 보면서 디자인적 사고의 효과를 입증하는 연구를 하고 있다. 평소에는 장난끼가 많다.
Birch Hall, Sweet Hall, Bldg. 524, Bldg. 550

알렉스 고Alex Ko는 그래픽 디자이너이자 제품 디자이너로, 인테리어 및 건축 분야와 관련 매우 다양한 경력을 가지고 있다. 그가 현재 하고 있는 디자인 및 브랜드 관련 사업을 보면 장난감과 디자인 구현의 도구를 향한 그의 어린 시절 관심사를 쉽게 발견할 수 있다.
Birch Hall, Sweet Hall, Bldg. 524

브루스 보이드Bruce Boyd는 스탠포드대학 디스쿨의 기술 책임자다. 그는 15년 동안, 사람과 기술을 묶을 수 있는 혁신과 관련된 일을 하였다. 현재도 같은 주제를 고민하며 매일매일을 보내고 있다.
Birch Hall, Sweet Hall, Bldg. 524, Bldg. 550

환경 협업팀

조엘 새들러Joel Sadler는 기계공학자이자 디자이너로, 인공신체분야prosthetic augmentations와 관련된 사회적 기업에 관심이 많다. 그는 자메이카 원주민의 자손이며 로켓 선박과 전기 양Electric Sheep에 대한 꿈을 가지고 있다.
Bldg. 524, Bldg. 550

샬롯 버기스아우번Charlotte Burgees-Auburn은 디스쿨의 커뮤니티 책임자다. 그녀는 예술, 예술사, 연극 제작 분야 경력을 가지고 있으며, 디스쿨 학생과 직원이 디스쿨에 잘 적응할 수 있도록 하는 데 이러한 경험을 활용하고 있다.
Birch Hall, Sweet Hall, Bldg. 524, Bldg. 550

리아 시어버트Lia Siebert는 비즈니스와 기계공학을 전공하였다. 그녀는 사람을 위한 디자인을 하는 데, 자신의 두 전공분야를 적극적으로 적용하고 있다. 그녀는 의료 기기 디자인, 디자인 교육, 그리고 라틴 아메리카 지역 비즈니스 디자인에 이르기까지 다양한 분야에 걸쳐 일하고 있다.
Sweet Hall, Bldg. 524, Bldg. 550

조지 켐벨George Kembel은 디스쿨의 공동 설립자이자 총책임자다. 그는 엔지니어, 디자이너이자 사업가로, 스탠포드대학을 비롯한 전 세계 학생들 삶에 디자인의 효과를 전파하고 촉진하는 데 큰 관심을 가지고 있다.
Durand, Birch Hall, Sweet Hall, Bldg. 524, Bldg. 550

스콧 위트호프트Scott Witthoft는 현재 디스쿨 환경 협업팀 Environments Collaborative의 공동 책임자다. 그는 늘 무언가를 만들어 내는 사람이다. 때로는 예술가이기도 하다. 그의 전공 및 실무 경력 분야는, 토목공학, 구조공학 그리고 제품 디자인이다.
Bldg. 524, Bldg. 550

미갈 코펙Michal Kopec은 엔지니어이자 디자이너로, 글로벌 이익을 추구하는 사업 방식에 관심이 많다. 그는 주로 디지털/물리적 인터렉션 디자인 작업을 한다.
Birch Hall, Sweet Hall, Bldg. 524

리치 크랜댈Rich Crandall은 디스쿨 K-12 실험실의 책임자다. 그는 뭐라고 설명하기 어려운 알쏭달쏭한 사람으로 이채로운 경험을 가지고 있다. 현재는 보물을 찾는 탐험가며 이전에는 고등학교 수학 교사였다. 그는 자신의 비즈니스 정신과 디자인 감각을 K-2 교육을 재창조하는 데 적용하고 있다.
Birch Hall, Sweet Hall, Bldg. 524, Bldg. 550

이 특별한 사람들은 자신의 신념과 헌신을 바탕으로 환경 협업팀Environments Collaborative 작업을 하는 데 귀한 도움을 주었다. 가르치고 배우기 위한 물리적인 건물과 공간을 구축함에 있어 이들은 크고 특별하게 기여하였다. 이는 모두를 위한 디스쿨 경험을 만들어내는 데 큰 도움이 되었다.

버니 로드Bernie Roth
제임스 M. 파텔
James M. Patell
제임스 G. 파텔
James G. Patell
에리카 에스트라다
Erica Estrada
케리 오코너
Kerry O'Connor
알렉스 카작스
Alex Kazaks
릭 에링거Rick Ellinger
찰리 에링거
Charlie Ellinger
데이비드 클라우스
David Klaus

고병욱은 Design Thinking, Business를 통한 사회문제 해결에 관심을 가지고 있으며 삼성전자에서 사회공헌 업무를 맡고 있다.

김경원은 그래픽디자이너로 일하면서 대학에서 학생들을 가르치고 있다. 최근 「디자이너, 주인이 되어라!」(비즈앤비즈)를 번역하였다.

김기현은 사회문제를 해결하는 캠페인을 공공정책으로 만드는 일을 꿈꾸고 있다. 제일기획 굿컴퍼니솔루션센터에서 CSV 캠페인을 기획하고 있고, 고려대학교에서 국제학, 경영, 패션을 공부하였다. 정부 기관, 시민 단체, 사회적기업에서 일하였다.

김성미는 학부에서 산업디자인 전공 후 퍼시스에서 다양한 의자를 디자인했다. 보다 더 사회에 기여할 수 있는 디자인을 하고자 Parsons에서 Transdisciplinary Design 석사과정을 밟고 있다.

김시진은 건설 및 도시환경을 전공, 대학원에서 환경관리 석사과정 재학 중에 있다.

김얼은 디지털미디어디자인을 전공하였고, 사람들의 경험을 바꾸고 사회문제를 해결하는 것으로서의 디자인에 관심을 갖고 활동하고 있다. 현재는 디자인 컨설팅회사에서 인터액션디자이너로 근무 중이다.

김제화는 경제학을 전공했으며, 스타트업에 관심이 많고 현재는 한국산업기술진흥원 지역산업단에서 근무 중이다.

김진숙은 공간디자이너, 실내건축 전공, 디자인회사에서 디자인 리서치 연구과 공간 디자인을 하고 있다.

박승배는 서울과학기술대학교 디자인학과 교수, 이노베이티브 미디어 광고와 소셜 이노베이션을 연구하고 있다.

서민규는 윗동네×아랫동네 청년이 함께하는 기업 'edengreening' 공동창업자다.

소희선은 산업디자인전공 후, 경영컨설턴트로 근무하였으며 현재는 디자이너로 일하고 있다. 디자인을 통해 사람들에게 희망을 주는 일에 관심이 많다.

한국어판 공동 번역자

안수정은 세상의 가치있는 변화를 위한 Real why를 찾기 여정 중이다. 희망제작소 뿌리센터 연구원으로 근무 중이다.

양정애는 역사, 커뮤니케이션 디자인을 공부하고 IT회사에서 서비스 디자인을 담당하고 있다.

유혜인은 시각디자인학과, 미학 전공. KOICA 지구촌체험관에서 전시팀장으로 근무했으며, 현재 온라인 '디자인학교designerschool.net' 강사다.

이진현은 UX, 서비스 디자인, 비즈니스 디자인을 통해 세상에 가치있는 변화를 만드는 일을 실현하고자 한다. 제일기획 DX사업팀에서 Senior manager로 근무 중이다.

임현수는 그래픽 디자이너 디자인을 통하여 세상에 선한 영향력을 끼치고자 연구하고 있다.

정길락은 미디어와 테크놀로지의 상호작용에 관심이 많다. GE Korea에서 디지털 커뮤니케이션을 맡고 있다.

정수한은 공간의 컨텍스트 속에서 미디어의 가치를 고민한다. 바이널아이의 CX1팀 팀리더로 있다.

조현길은 실행을 통해 세상에 올바른 변화가 만들어질 수 있도록 주변을 돕는 것을 삶의 즐거움으로 삼고 있다. 삼성전자 SW센터에서 전략기획 업무를 맡고 있으며, Agile/Lean/Startup/Facilitation/TED/Holacracy/Hackthon 관련 커뮤니티 운영에 관여하고 있다.

최다니엘은 Central Saint Martin(UAL) 학부에서 Art Design and Environment(Architect) / University Colleague of London 대학원에서 MSc Cognitive and Decision Sciences를 다니다 휴학했으며 현재 INKE 영국 지부장으로 영국에 개인 회사 2개를 운영 중이다.

최설아는 건축, 디자인매니지먼트, Global Sustainability를 공부하였고, 엔지니어와 디자인매니저로 일하였다. 현재 건축도시공간 정책연구에 참여하고 있으며, 일상적 공간실천과 공간의식에 관심이 있다.

최희진은 영국 Lancaster University 디자인경영 석사과정에서 공공서비스디자인에 관한 프로젝트를 주로 수행하였다. 현재 한국전자통신연구원(ETRI)에서 근무하며 기술사업화 지원에 관련된 서비스디자인을 위해 고군분투 중이다.

황혜경은 'Ideas to Actions'를 통해 함께 더 나은 사회 만들기를 목표로 커뮤니티 기반의 교육 회사를 운영하고 있다. 하우투컴퍼니 대표이며 LEGO Serious Play 퍼실리테이터다.

나를
가르쳐주시고,
특히 길러주신
것에 감사하며

스콧 위트호프트 :
Scott Witthoft

나의 부모님, 토마스와 산드라
나의 형제, 제프리와 테오도르

나의 친구들과 가족들

셀 수 없는 기회에 감사하며

내 안의 믿음과
성장을 위한
곳을 허락해준
것을 감사하며

나의 친구와
가족이 되어준
것에 감사하며

스콧 둘레이 :
Scott Doorley

나의 부모님, 게일과 탐ʼ
나의 형제, 크리스

나의 아내, 레이첼

나의 딸들

당신의 신중함과 위트에 감사하며

끝없는 놀라움을
주는 것에 감사하며

나 스스로의
존재를 믿도록
도와준 것에
감사하며

감사의 말

이 책에 감사하며

스콧 둘레이와
스콧 위트호프트로부터
시작하여 :

그레이스 호손Grace Hawthrone

조지 캠벨George Kembel
데이비드 켈리David Kelly
버니 로스Bernie Roth
사라 스테인 그린버그Sarah Stein Greenberg

하소 플래트너Hasso Plattner
브리트 아르벨로프Brit d'Arbeloff
마이크 레빈달Mike Levinthal

리아 시어버트Lia Siebert
에리카 에스트라다Erica Estrada
코레이 포드Corey Ford
조엘 새들러Joel Sadler
토마스 보스Thomas Both
제레미 유트리Jeremy Utley
리치 크랜달Rich Crandall
캐롤린 오코너Caroline O'Connor
알렉스 고Alex Ko
케리 오코너Kerry O'Connor
데이브 베거로어Dave Baggeroer
애덤 로열티Adam Royalty

줄리안 고로드스키Julian Gorodsky
브루스 보이드Bruce Boyd
샬롯 버게스-오본Charlotte Burgess-Auburn
수지 와이즈Susie Wise

디스쿨과 우리의 목표를 위한 여러분의 모든 작업에 감사하며

찰리 에링거Charlie Ellinger
타미 굿달Tammy Goodall
킴 켄달 험프리스Kim Kendall-Humphreys
나탈리 그라첼Natalie Glatzel
에리카 바수Erika Basu
유리 제바Uri Geva
데베 스턴Debbe Stern
코리나 옌Corina Yen

밥 서튼Bob Sutton
테리 위노그래드Terry Winograd
짐 파텔Jim Patell
티나 시리그Tina Seelig
데브라 던Debra Dunn
페리 클리반Perry Klebahn
크리스 플링크Chris Flink
빌 모그리지Bill Moggridge
알렉스 카작스Alex Kazaks

리즈 게버Liz Gerber
스콧 클레머Scott Klemmer
제임스 몬시스James Monsees
브리안 위틀린Brian Witlin
콜터 레이즈Colter Leyes
애덤 프렌치Adam French
엔리크 알렌Enrique Allen
제이 쿠니Jay Cooney
니콜 칸Nicole Kahn
메그 리Meg Lee
웨잉 유Weiying Yu
수잔 호스킹Susan Hosking
앤 플레처Anne Fletcher
제니퍼 태크맨Jennifer Tackman
조프 켐벨Geoff Kembel

킴 삭Kim Saxe
앤드류 살버다Andrew Salverda

여러분의 끊임없는 열정에 감사하며

유스케 미야시타Yusuke Miyashita
데이브 비치Dave Beach
크레그 밀로이Craig Milroy
엘리사 페넨복Elysa Fenenbock
앤드류 타일러Andrew Taylor
대니얼 스테인복Daniel Steinbock
조나단 에델만Jonathan Edelman

에드 호워드Ed Howard
마이크 드레즈Mike Drez
프랭크 그라지아노Frank Graziano
데이브 쉽맨Dave Shipman
줄리 반하트 호프만Julie Barnhart Hoffman
짐 해켓Jim Hackett

짐 플러머Jim Plummer
샌디 미어Sandy Meyer
헬레나 십레스 팔라신Helena Cipres-Palacin
브리안 카릴리Brian Carilli
데이비드 커크David Kirk
밥 휠러Bob Wheeler
로라 브리포글Laura Breyfogle
엘라인 그라첼Elaine Glatzel
크리스 크리스몬Chris Crismon
크리스 워즈니Chris Wasney
카오리 아비코Kaori Abiko
매트 피에트라Matt Pietras
레이첼 페르난데즈Rachelle Fernandez

스콧 스토웰Scott Stowell
토드 히도Todd Hido
마크 루더포드Mark Rutherford
윌리엄 머서 멕러드William Mercer McLeod
마가렛 커민스Margaret Cummins
데렉 파거스트롬Derek Fagerstrom

디스쿨 학생들

이 책에 사용된 것

디자인

영문판 **make space**는 오픈Open(www.notclosed.com)에서 디자인하였다. 스콧 스토웰Scott Stowell, 요쉬 호즈미Yoshie Hozumi, 애덤 캇츠Adam Katz, 캐서린 커크 Catherine Kirk, 나즈 사힌Naz Sahin, 줄스 타디 Jules Tardy, 리안 타커Ryan Thacker, 아밋 웨버 Amit Werber 모두 이 프로젝트에 기여하였다.

한국어판은 꿈꾸는터에서 원서의 디자인을 최대한 유지하여 한글서체를 얹혀 디자인하였다.

영문판 **make space**는 어도비 인디자인 CS5, 일러스트레이터 CS5, 그리고 포토샵 CS5을 사용하여 디자인하였다.

한국어판 역시 어도비 인디자인 CS5을 사용하여 재디자인하였다.

저자와 디자이너는 시각적인 자료를 만들고 얻기 위해, 애플 텍스트에딧Apple TextEdit, 구글 스케치업Google SketchUp, 플리커flickr, 위키미디어 커먼스WikiMedia Commons, 디지털 사진 등을 추가적으로 활용하였다.

타이포그래피

make space는 1999년 요한나 바루 시코바 Johanna Balusikova가 디자인하고, 네덜란드 헤이그에 있는 타이포텍Typotheque이 발표한 직소Jigsaw 서체다.

사진

표지 사진은 토드 히도Todd Hido(www.toddhido.com)가 촬영하였다. 추가적인 사진은 윌리엄 머서 멕러드William Mercer McLeod가 촬영하였다.

이 책에 사용된 것

제작

그레이스 호손Grace Hawthrone

책을 포함하여 무언가를 만들 때는 직관력과 세심함이 필요하다. 그레이스는 이 책에 영감을 불어넣고 그것을 결실로 이끌어내는 일을 모두 해냈다.

윤동혁(꿈꾸는터, 편집디자이너)

새로운 것을 만드는 일만큼이나 원문책의 디자인을 유지하면서 다른 언어를 얹히는 일은 어렵다. 세심한 노력으로 원문책의 디자인 의도가 한군데도 훼손되지 않고 그대로 전달될 수 있었다.

인쇄

한국어판 **make space**의 초판은 현문인쇄소에서 인쇄했다.

종이

한국어판 **make space**의 표지는 랑데뷰 240g/㎡을 사용하였고, 내지는 그린라이트 80g/㎡을 사용하였다.

저렴하게 공간 구성하기

한정된 자원 내에서 크게 생각한다. 그리고 작은 변화를 주어 큰 차이를 만들어낸다.

개인 스튜디오 만들기

집이나 직장에서 스스로 공간을 만들어보자.

현재 공간에서 시작하기

공간, 공간을 보는 시각, 공간 안에서 하는 일을 바꿔라.
무엇이 여러분의 커뮤니티를 특별하게 만드는지 이해하고, 공간을 고쳐 특별한 점을 강화시켜보자.

새로운 발상을 위한 공간 만들기

아이디어 발상이 권장되는 문화를 만들자. 적극적인 자세를 취하도록 유도하고 작업 공간을 널찍하게 만들며, 기존 관습에 대해 대담해지자.

집중을 위한 공간 만들기

혼자 또는 함께 깊이 생각하고 집중할 수 있는 공간을 제공한다.

유연한 공간 만들기

사람들의 요구를 수용하는 공간을 창조한다. 그리고 사람들이 새로운 변화를 도모해 보도록 공간에 제약을 만들어둔다.

워크숍 하기

아이디어를 마구 채워 넣을 수 있도록 캔버스를 마련한다. 재료와 도구를 손 닿는 곳에 구비하여 맘껏 발산 할 수 있는 공간을 만든다.

공간으로 사람들의 행동을 유도한다

환경을 변화시켜 거기서 일하는 사람들의 습관을 바꾼다.

팀 공유 공간 만들기

사람들을 모으고, 그들을 움직이게 하자. 그들이 아이디어를 시각화할 수 있도록 지원하고, 집단의 잠재성을 깨달을 수 있도록 도와주자.

또 다른, 책 사용설명서

make space의 B면을 발견한 것을 환영한다!
여러분은 이 책을 활용할 다른 방법을 우연히 발견한 것이다. 폴Paul은 죽지 않았다.*

make space는 창조적 작업을 위한 환경을 구상하고 만들어갈 수 있도록 돕는 안내서다. 책 속의 팁과 방법은 집, 직장, 학교 어디든 창조적 활동이 일어나는 곳 어디서든 활용할 수 있다. 환경을 디자인한다는 것은 엄청나게 큰 일로 다가올 수 있다. 스케일은 엄청나게 크고 복잡한 감정이 일어나게 마련이며 수많은 의사결정을 해야 한다. 이 책의 내용은 이해하고 행동하기 적절한 수준으로 작게 나눠져 있다.

우리는 도구, 상황, 공간 연구, 통찰로 각 부분을 분류하였고 분류에 따라 순차적으로 내용을 섞어 적었다. 디자인 템플릿을 함께 제공하여 여러분의 아이디어에 영감을 주고 행동을 도울 수 있도록 하였다.

아마 이미 영감을 받았을지도 모른다. 그러면…여러분은 행동할 준비가 된 것이다. 하나의 행동이 다른 행동을 이끌고, 행동은 때로 "내가 어떻게 할 수 있을까…?" 라는 의문으로 시작한다는 것을 우리는 알고 있다. 여러분이 보고 있는 B면은 행동하는 것에서부터 시작한다. 각 섹션 흰색 영역 '시작하기' 에 있는 행동 지침서를 살펴보아라. 그러고 나서 머리말 아래 제시된 내용을 보고 실행에 옮겨보자.

비틀즈를 참조한 내용으로, 사람들은 비틀즈가 프로듀싱한 '레코드'라는 것을 거꾸로 틀면 "폴은 죽었다Paul is dead"라는 숨겨진 메시지가 들린다고 믿곤 했다(부모님께 물어보아라).

*Rock in peace, 존과 조지….

메이크 스페이스 : 창의와 협력을 이끄는 공간 디자인

초판 1쇄 2014년 11월 10일
2쇄 2015년 11월 5일
발행인 김정태
발행처 에딧더월드/MYSC
저자 스콧 둘레이, 스콧 위트호프트
번역 김얼 소희선 최설아 외 20명
대표기획 김정태 김얼
편집장 권영진
편집 권혁신
마케팅 백현모
디자인 윤동혁
컨설팅 김영준 이예지 한성휘
행정 남상미

주소 서울특별시 도봉구 방학동 444-31
전화 070.8650.2271
팩스 0505.827.0871
이메일 kkumter@naver.com(영업)
info@mysc.co.kr(원고)
출판신고 2009년 3월 24일 제302-2009-000022호
ISBN 979-11-85059-28-0
978-89-962544-6-1 (세트)

에딧더월드는 기존에 출판하던 국제활동과 유엔 관련 서적 외에 임팩트투자컨설팅 MYSC의 출판부문으로서 사회혁신, 사회적 기업가 정신, 사회투자 등에 관한 주제를 바탕으로 다양한 출판물을 기획하고 있습니다. 에딧더월드는 콘텐츠로 사회를 변화시키는 사회적출판을 지향하며, 꿈꾸는터와 함께합니다.